U0902278

国家社会科学基金西部项目
“构建膜拜团体社会预警体系与运行机制研究”（11XZJ017）成果

陕西师范大学优秀学术著作出版基金资助出版

陕西师范大学重点学科建设项目资助

膜拜危害的心理学预警思考

陈青萍 周济全 著

A Psychological Reflection on the Early Warnings Against Cult Jeopardy

中国社会科学出版社

图书在版编目（CIP）数据

膜拜危害的心理学预警思考／陈青萍，周济全著．—北京：中国社会科学出版社，2016.12（2017.12 重印）

ISBN 978－7－5161－9634－2

Ⅰ．①膜…　Ⅱ．①陈…　②周…　Ⅲ．①个人迷信—研究—中国

Ⅳ．①B038

中国版本图书馆 CIP 数据核字（2017）第 005164 号

出 版 人　赵剑英
责任编辑　凌金良
责任校对　冯英爽
责任印制　张雪娇

出　　版　中国社会科学出版社
社　　址　北京鼓楼西大街甲 158 号
邮　　编　100720
网　　址　http://www.csspw.cn
发 行 部　010－84083685
门 市 部　010－84029450
经　　销　新华书店及其他书店

印刷装订　北京鑫正大印刷有限公司
版　　次　2016 年 12 月第 1 版
印　　次　2017 年 12 月第 2 次印刷

开　　本　710×1000　1/16
印　　张　18.75
插　　页　2
字　　数　306 千字
定　　价　79.00 元

目　录
CONTENTS

第一章　新兴宗教运动背景下破坏性膜拜团体的发展概况

一　新兴宗教运动的兴起与发展

（一）新兴宗教运动的兴起情况

一般认为，新兴宗教运动（new religious movements）起源于19世纪中叶的耶稣基督后期圣徒教会、摩门教、耶和华见证人等教派，其出现被视为新兴宗教运动的开始。也有学者认为，标新立异的“新兴宗教运动”于20世纪60年代兴起于北美和西欧地区，其兴起有着深层次的社会和文化原因。随着工业文明的发展，社会结构以及社会管理模式的转变，对人们精神世界产生很大的冲击，在传统宗教无法给予人们所需要的安全感、归属感之时，民众便会转向对新兴宗教的需求。

宗教社会学家赫克瑟姆（Hexham）和鲍维（Poewe）把新兴宗教界定为：“直接与现代性相关的教派。”① “他们这里的现代性并非指尚未完全普及的工业化，而是指工业产品和科技意识所带来的变化，它意味着与旧事物相对的新事物，与传统相对的创新，包括要在思想、文化、宗教等方面都追求‘现代’。作为对现代性的反映而产生的新兴宗教，常常以更新社会为宗旨，按照其认为‘新的’观念来重建社会和宗教。”② 也有学者认为：“新兴宗教是一些随着现代化进程而出现的，脱离传统宗教的常规，

---

① Irving Hexham, Karla Poewe, *New Religions as Global Cultures*: *Making The Human Sacred*, Boulder: Westview Press, 1997, pp. 36 – 37.

② 彭时代：《宗教信仰与民族信仰的政治价值研究》，民族出版社2007年版，第12页。

提出了某些新的教义或礼仪的宗教运动和宗教团体。”[①] 还有学者认为：“新兴宗教不在于其产生时间长短，而在于教义、信仰观念、组织结构、活动方式等表现宗教特征的各个方面，新兴宗教的概念都显得零散杂乱，有一套完全不同于传统宗教的规定和解释，尤其在教义和礼仪上，新兴宗教和传统宗教有着根本的区别……突破了传统宗教的范围，或在传统宗教的框架之外另搞一套的，就是所谓的新兴宗教。”[②] 也有学者认为：“新兴宗教一般是指处于社会和文化的边缘地带，信仰和实践与主流宗教有较为显著的区别，并与其所处社会的政治、文化、宗教等主流机构和制度保持一定距离的宗教或灵性团体。”[③] 通俗地说，“新兴宗教是在现代化的进程中出现的不同于传统宗教教义、教规、修炼方法和传教手段的一种宗教团体。它具有三大特点：迎合现代人更为迫切的现实需要；它与主流社会文化之间存在着不同程度的分歧；在理性化与世俗化之间犹豫徘徊”。[④] 从不同的定义可以看出新兴宗教有别于传统宗教，它与主流社会价值观和传统宗教观念在一定程度上有所不同。

（二）新兴宗教运动的发展过程

近二百年来，新兴宗教运动出现了三次高峰：第一次高峰是19世纪中叶，第二次工业革命来临，机械化主导下的现代化席卷全球，已有的人与自然共存的价值体系受到严峻挑战，人类的控制欲望不断膨胀，社会政治制度急速转变，政教合一体制逐渐被摧毁，随着科学技术的更新，传统宗教受到挑战，人类丧失传统信仰而走向混乱。在此背景下，以美国为首先后出现了耶稣基督后期圣徒教会、摩门教、耶和华见证人以及伊朗的巴哈伊教，日本的黑住教、天理教、金光教、本国佛立讲等新兴宗教。第二次高峰是第二次世界大战前后，由于战乱和经济萧条，各国面临诸多困境。政府的无能、现实的创伤、国民的自信力急剧下降，使人们的信仰发生混乱。生存和死亡的压力以及对未来不确定的困惑，使人们将视野再次转向宗教。以日本为例，战后的日本作为战败国，遭受前所未有的压力，传统

① 戴康生：《当代新兴宗教》，东方出版社1999年版，第9页。

② 刘澎：《当代美国宗教》，社会科学文献出版社2012年版，第222页。

③ 李钧鹏：《新兴宗教运动十题：社会学研究的回顾》，《世界宗教文化》2011年第6期。

④ 彭时代：《宗教信仰与民族信仰的政治价值研究》，民族出版社2007年版，第13页。

宗教对此已经无能为力，这使新兴宗教得到了迅速发展，如创价学会、灵友会、世界救世教、善邻教、天照皇大神宫教等都兴起于这一时期。第三次高峰是20世纪60—70年代，伴随战后经济复苏，科技革命来临以及对旧价值观的否定，各种新兴宗教如雨后春笋般出现，并呈现多样化趋势，如美国人民圣殿教、科学教派、大卫教、天堂之门教；瑞士的太阳圣殿教；法国的雷尔教；以东方文化为导向的国际奎师那知觉协会、超觉冥想、雯哈嘉瑜伽和奥姆真理教；同时以神秘主义为主导的一些教团也先后出现。"新时代的信仰实际上是宗教、哲学、自然神论、精神疗法、神秘主义传统、原始宗教观念和一些现代科学观念的混合。"① 这种混合物在某种程度上符合了一些人的需要。按照一些社会学者的观点：当人类理性与科学无法再为日常生活提供终极意义时，意识形态会出现真空。"新兴宗教产生于意识形态出现真空之时，是通过对日常生活意义的寻找来填补这个真空地带。"② 大卫·布罗姆利（David Bromley）和布鲁斯·布拉欣（Bruce Brusching）指出："新兴宗教是社会与文化变迁的产物，是传统'圣约'关系向现代社会'契约'关系转变这一社会变革中的不可避免的产物。"③ "新兴宗教运动的兴起受到功利性个人主义和自我表现的反叛文化的广泛而持续的影响。"④ 新兴宗教的组织或活动中心多数是自治性的，它在传播过程中开展各种活动。比如，巴哈伊教设有社区学习中心、地方医疗诊所、卫生研习班、戒酒辅导站等。巴哈伊教还与其他国际组织共同推动健康教育、营养问题、农业种植、扫盲运动以及基础教育等活动，这些活动具有务实性特点，为人们的需要提供了服务，因此很快便在第三世界的国家流行发展起来。

随着工业革命现代化的兴起，社会结构由一体化向多元分化，其表现

---

① 刘澎：《当代美国宗教》，社会科学文献出版社2012年版，第226页。

② Irving Hexham and Karla Poewe, *Understanding Cults and New Age Religions*, Vancouver: Regent College Publishing, 1998; Rodney Stark and William Sims Bainbridge, *A Theory of Religion* (*New Edition*), Piscataway, N. J.: Rutgers University Press, 1996.

③ David G. Bromley, Bruce C. Busching, "Understanding the Structure of Contractual and Covenantal Social Relations: Implications for the Sociology of Religion", *Sociological Analysis*, Vol. 49, No. 3, pp. 15 – 32.

④ Steven M. Tipton, *Getting Saved from the Sixties*: *Moral Meaning in Conversion and Cultural Change*, Berkeley, C. A.: University of California Press, 1982.

是多方面的。首先是广泛的分工。现代化冲击使得传统宗教日渐式微，对于社会的控制力也急剧下降，不同类型的社会功能分别由不同的机构专门执行，教会权力被分散，甚至在很大程度上被剥夺。宗教信仰也与家庭背景有关，集社会经济、政治、教育、道德于一体的综合性大家庭的规模逐渐缩小，其功能逐渐被社会结构所承担，君主、官职的世袭待遇等被取消，家庭功能的分化也表现为社会角色的分化。其次，是宗教与其他社会结构的分化，政治与国家权力分立，政教合一的局面被打破，宗教与公共生活秩序分化，并与教育分离，其道德、法律的职能也被国家教育机构和法律机构所取代。① 传统宗教的衰微导致宗教分化，一方面表现为新兴宗教等团体数量的增加，另一方面表现在信仰的多元混乱，单一的“神”的力量被削弱，出现多神并存的局面，这一点在美国的新兴宗教中尤为明显。如“天堂之门”崇拜 UFO（不明飞行物）、“科学教派”提倡通灵术、“上帝之子”信仰摩西等。同时，一些西方学者认为，人类在过去几十年中对于神秘主义、超自然体验和灵性追求的升温，是对现实社会和文化变革的反映，是人类对现实世界的不满。比如，20 世纪 60 年代的美国，受冷战、越战以及各种社会问题的困扰，青年一代的价值观混乱，此时大卫·伯格（David Beng）创立了“基督少年会”，指责是美国政府导致了邪恶的世界，这正好迎合了当时青年的困惑，于是“上帝之子”在青年之中迅速传播。在现代社会，物质生活日趋丰富，社会结构不断转变，传统的价值观快速向功利方向转化。当传统宗教不能适应人们心理发展的需要时，便为新兴宗教的发展提供了机会。

综观新兴宗教运动，其兴起虽然不足 200 年，但其数量却不容小觑。新兴宗教运动与社会结构、生活方式、价值体系的变动有着密切关系，这也是其生存的主要空间。追随新兴宗教的人数众多，其原因何在？美国著名社会学家托马斯·奥戴（Thomas，F. O'dea）在谈到人为什么需要超验体验时，提出了三个方面的原因：一是生活在变化不定的环境中，无法预知一些对人的安全和幸福至关重要的事情，即人类生存具有偶然性的特点。二是人控制和驾驭生活环境的能力虽然与日俱增，却有其内在的局限性。从某种程度上说，人在需求和环境的冲突中有软弱性。三是人必须生

① 参见戴康生主编《当代新兴宗教》，东方出版社 1999 年版，第 29 页。

活在社会之中，而社会则按照某种秩序配置功能、资源和酬赏，社会包括劳动分工和产品分配，这需要某种强制性的合作，即人与人之间存在一定程度的统治和隶属关系，这使社会存在一种不安全的状态。① 托马斯·奥戴的分析比较合乎常理，人们需要某种力量和安慰。新兴宗教的出现从广义上说是人类文化与时俱进的产物，它与人的生存需要、生存危机和生存体验有关，同时也是人类心理需求的表现。因此，意大利学者马西莫·英特罗维吉（Massimo Introvigne）指出："新兴宗教运动不会消失，但也不会有意外的成功，现实并没有像20 世纪 70 年代众多研究者期待的那样，西方世界对于宗教的兴趣并没有下降，我们也没有看到有爆炸式的激增。"② 进入 21 世纪之后，新兴宗教从高潮期进入稳定发展期，但依然在不断地出现。

二　新兴宗教的特征与类型

新兴宗教出现于世界各国，各国不同的宗教传统、文化环境以及民族特性等因素都促发了新兴宗教的多样性，使其具有不同的类型与特征。

（一）新兴宗教的特征

新兴宗教的特征可以依据不同的角度予以分析。总体来看，新兴宗教相比于传统宗教存在三个重要特征：一是教义的独特性，宣称拥有真正的真理；二是信仰"现世的神"，其所崇拜的神是圣灵的复临，"教主"是唯一的真神；三是强调绝对的崇拜，完全服从教主。除此之外，从社会学角度分析，新兴宗教有以下几点特征：大多数新兴宗教成员以年轻人为主；新兴宗教运动的多数成员具有比较高的教育水平；新兴宗教运动以事业有成的中产阶级人口为主；女性在新兴宗教运动中占有很大比重；在种族上，白人成员占多数。③ 总之，归纳起来，新兴宗教有以下一些特性：①具有较强的逆反性，对于社会生活有不同的价值观念，这表现在教义的

① 参见［美］托马斯·奥戴《宗教社会学》，胡荣、乐爱国译，宁夏人民出版社 1989 年版，第 7 页。

② Massimo Introvigne, "The Future of New Religions," *Futures*, 2004, Vol. 32, pp. 979 – 990.

③ 参见李钧鹏《新兴宗教运动十题：社会学研究的回顾》，《世界宗教文化》2011 年第 6 期。

独特性上，还表现在组织活动上；②追求神秘体验，制造神圣和神秘的超自然体验并以此强化信徒的动机；③具有教主崇拜倾向，相信教主拥有超常的能力，能带领信徒得到拯救；④具有商业化特征，往往建立各种企业以求营利并图发展。

（二）新兴宗教的类型

新兴宗教类目繁多，划分标准也不一致，很难从单一角度予以全面概括。因此，从文献资料和现实角度观察可以归纳有以下几种类型。①

本土型：这主要集中于各地区的原住民或原始民族之中，他们植根于本土的宗教文化土壤，并以此为基础进一步发展和延伸。

外来型：这是基于外来宗教文化的传播，后在当地得到发展，如东方印度教、佛教等教派的演化与壮大。

复古型：强调对于古代宗教的复兴，或者改进古代宗教的信仰而形成的类型。

新潮型：标新立异，以不同于一切既定宗教为目标，强调独特性。

混合型：这是新兴宗教中数量最多的类型，随着社会发展，人们都有精神更新的倾向，有些传统教派未能顺应社会发展而道学气太重，感动人们的力量不大。而全球文化的快速交融，使一些传统信仰渐趋融合并相互吸收优点，创建了综合东方神秘主义文化和西方圣灵运动的新兴宗教，如奎师那知觉协会、丹佛禅修等，其教义多以某种信仰为主，同时兼具其他宗教教义内容。还有一些新兴宗教配有一些宗教理论，加上练身动作和类似的放松、冥想等静功练习，强调修炼健康。这些内容将传统宗教的内容进行重新组合，也容纳了传统宗教所不容许的内容，适应了人类多元化信仰的追求。

学者沃利斯（Roy Wallis）从宗教与文化的关系角度，借鉴韦伯的理论将新兴宗教运动归结为三种类型：拒斥世界、肯定世界以及适应世界。②这种类型划分与“对立型”“矫正型”“逃避型”的划分有相似之处，同时也与宗教依据内外关系划分的“封闭型”“开放型”有一定关联。新兴

① 戴康生主编：《当代新兴宗教》，东方出版社 1999 年版，第 15 页。

② Roy Wallis, *The Elementary Forms of the New Religious Life*, London: Routledge & Kegan Paul, 1984, pp. 10 – 39.

宗教对周围文化的开放接纳程度，实际上也是其发展壮大的一种表现，“开放型”新兴宗教的组织结构并不那么严格，甚至教义也不固定，可以随时代和社会需要而更新，这使其成员的流动性比较大。而“封闭型”新兴宗教的扩张迅速，内部关系紧密，组织结构严密，对内保持团结，对外则戒备森严，这就使其具备了“逃避型”的倾向，它与主流社会的文化意识脱节，很容易发展成为对抗性冲突，甚至发展成为破坏性膜拜团体（Destructive Cult Groups），比如美国的吉姆·琼斯领导的“人民圣殿教”就是一个典型例子，该团体属于“拒斥世界”的类型。

新兴宗教的类型是多元化的，没有统一的固定标准，随着发展其自身也会经历一些变化，所以很难将一个新兴宗教完全归于某一类型，更多的是在上述类型中呈现混合性。随着时间流逝，有些新兴宗教会适应人类的精神文化需求，渐渐发展为正统宗教，比如巴哈伊教就是这种情况，但有些新兴宗教却一味拒斥世界、逃避世界并与主流社会文化意识相对抗，随着冲突的日益加剧，突破临界点而发生“质变”，最终走向破坏性膜拜团体的方向。

三　破坏性膜拜团体的基本认识

（一）破坏性膜拜团体概述①

目前，对于破坏性膜拜团体或邪教，经常被引用的定义是 1985 年 9 月，在美国威斯康星的拉辛举行的教派专家代表大会所做出的定义：“要求其成员绝对忠诚或效力于某一人物或主张，其首领为实现自己的目的而不惜通过操作、诱导和控制手段损害信徒的家庭和社会环境的，以宗教、文化或其他形式出现的集团或团体。”② “邪教是一种对某人、某个观念或事物怀有巨大或过度热衷的团体或运动，为了团体领袖的目标，往往通过损害成员及其家庭和社区的利益，并通过反伦理手段进行蛊惑性控制（与

① 近年来，国际学术界通用“Destructive Cult Group”即“破坏性膜拜团体”以凸显其犯罪性质，近似于国内的邪教。本书也将采用“破坏性膜拜团体”（书中个别处简称为“膜拜团体”）；破坏性膜拜团体成员简称为“膜拜成员”，以避免带有过度负面评判称呼的“邪教成员”，便于他们接受心理干预和促进社会回归。

② ［西班牙］佩佩·罗德里格斯：《痴迷邪教》，石灵译，新华出版社 2001 年版，第 18 页。

朋友和家人隔绝、使用特殊手段煽动或暗示、施加强大的团体压力、信息控制、对个性扼制或采用激进的评判标准，培养对团体的强大归属感和脱离团体的恐惧感等）。”① 西班牙著名学者佩佩·罗德里格斯在其著作《痴迷邪教》中指出：“‘邪教’是指所有那些采取可能破坏或严重损害信徒的固有性格，采取胁迫手段来招募信徒和传布教义的团体或集群，那些为了自己的存在而完全或严重破坏信徒与原有社会的生存环境，乃至破坏自己的感情联系及有效沟通的团体或集群，以及那些破坏他们自己的运作机制，践踏在一个法制国家里被视为不可侵犯的法定权利的团体或集群。”② 该定义被引用的也很多。邪教对社会安全和政治秩序以及人民生命财产造成了严重的威胁，因此有学者认为：“它是具有犯罪性质的伪宗教组织。”③

1988 年，学者罗宾斯（Robbins）回顾了社会学领域对邪教定义的研究，他归纳了四个基本观点：①危险的、独裁性质的团体；②文化上创新或超文化的团体；③组织松散的宗教团体；④分为几类：听众邪教（成员通过报告或录音等方式获取信息）、客户邪教（成员寻求特殊的利益，如心理疗法和精神分析）、邪教运动（要求成员高度投入和参与）。④ 美国学者斯蒂文·哈桑在《走出邪教》一书中指出：“邪教是一种过激信仰，使用哄骗、欺瞒和思维强制手段损害个人的自由信仰，导致个人完全依附于团体领导，这是邪教区别于其他宗教组织的关键。”⑤ 2001 年，美国学者赫伯特·L. 罗斯戴尔（Herbert L. Rosedale）指出：“我们需要从三个方面研究邪教现象。第一，邪教领袖和其信众之间的关系；第二，邪教信众和其他社会公众之间的关系；第三，这个宗教团体与社会之间的关系。”⑥ 综上所述，国际社会对于邪教的鉴别，主要依靠两个划分依据：一是看其与

---

① 中国反邪教协会、美国家庭基金会编：《关爱生命·远离邪教》文集，2004 年 3 月，第 111 页。

② ［西班牙］佩佩·罗德里格斯：《痴迷邪教》，石灵译，新华出版社 2001 年版，第 14—15 页。

③ ［英］凯特·洛文塔尔：《宗教心理学简论》，罗跃军译，北京大学出版社 2002 年版，第 24 页。

④ 中国反邪教协会、美国家庭基金会编：《关爱生命·远离邪教》文集，2004 年 3 月，第 110—111 页。

⑤ ［美］斯蒂文·哈桑：《走出邪教》，杨善录、杨菲译，安徽文艺出版社 2001 年版。

⑥ 中国反邪教协会、美国家庭基金会编：《关爱生命·远离邪教》文集，2004 年 3 月，第 116、121 页。

宗教有何不同；二是看其及信徒的行为特征。

国内关于邪教的认识与国外观点基本相同。最高人民法院和最高人民检察院，关于办理组织和利用邪教组织犯罪案件具体应用法律若干问题的解释中第一条指出："邪教组织"是指"冒用宗教、气功或其它名义建立，神化首要分子，利用制造、散布迷信邪说等手段蛊惑、蒙骗他人，发展、控制成员，危害社会的非法组织。"① 邪教具有的特征是："教主崇拜、精神控制、编造邪说、敛取钱财、秘密结社和危害社会等特征。"② 学者孔祥涛在《邪教问题论纲》中指出："任何一个团体必须同时具备三个要素才能构成邪教组织：一是利用宗教性或哲学性邪说；二是结成固定的组织；三是有危害人权、破坏社会秩序的行为。前两个要素构成了邪教概念中'教'的方面，最后一个要素构成了'邪'的方面。一个团体，无论其是传统教派还是新兴教派，无论其是否有宗教之名，只要同时具备了以上三个条件，就应该算是邪教。"③

邪教或破坏性膜拜团体从来就没有避免冲突，而是制造麻烦和是非不断。他们借宗教之名活动，其核心事件都是围绕着政治，本质上是作为政治团体而存在的，其目标指向就是建立政权。比如，1921 年，韩国的"普天教"教主宣布国号，登上皇位自称是东方联盟的盟主。美国的"人民圣殿教"教主吉姆·琼斯在圭亚那建立了琼斯镇王国，日本的"奥姆真理教"教主麻原彰晃在富士山下的上九一色村企望建立国中之国的奥姆帝国，其组织体系十分完备，依照国内政权组织形式，建立起一套包括法皇官房、信徒厅、防卫厅等在内的"政府机构"。近年来，国内四川凉山地区破获了一个"门徒会"团体，该团体居然拟订了一份"政权名单"，上面赫然列着一旦推翻现政权，拟出任从县长到省长各类职务的人员名单。"全能神"的组织体系也有同样严格的编制，在他们编写的"教义"中，把中国共产党称为"大红龙"，其终极目的就是推翻"大红龙"，推翻现行政府，建立"神的国度"。他们设立了"女基督"高居神坛，"大祭司"

① 《中华人民共和国最高人民检察院公报》，1999 年第 6 期。

② 中华人民共和国司法部编：《依法取缔邪教组织、防范和惩治邪教活动》，法律出版社 1999 年版，第 2 页。

③ 孔祥涛：《邪教问题论纲》，社会问题研究丛书编辑委员会编《宗教、教派与邪教——国际研讨会论文集》，广西人民出版社 2004 年版，第 179 页。

总领全局，“七长老”把持监察组，九牧区瓜分全国（分别对应全国34个省市区），教会渗透到地市、县城和乡镇。“被立王”也有一套建立“新天新地新的神国”的建国纲领。这里引用金宜久先生的一段话借以说明邪教或破坏性膜拜团体的活动：“宗教极端主义者在布道宣教的名义掩护、庇护下，利用宗教从事暴力恐怖、分裂国家等极端主义活动就不是什么宗教问题，而是政治问题了。”①

事实证明，邪教或破坏性膜拜团体所倡导的世界观不能代表和反映人民群众的根本利益，也不能指导人民群众解决现实中的各种困难，更不可能提高广大人民群众的生活水平。他们借宗教之名义，宣扬所谓的“普世价值”“末日避祸”“身体健康”等许诺只是吸引民众加入，他们所倡导的活动变质之后，带给人们的是心身痛苦的灾难。

（二）破坏性膜拜团体形成原因分析

破坏性膜拜团体多数是由新兴宗教衍生演变而形成的一支具有社会破坏性的团体。为什么有人愿意加入并痴迷其活动？为什么它能够发展壮大而形成一定的社会基础？这其中有什么原因？分析其形成原因与下述因素有关。

1. 经济发展不平衡带来的影响

社会矛盾是破坏性膜拜团体产生的根本原因之一。我国在改革开放以来，东、西部经济发展不平衡，贫富两极分化加剧并造成国内一些矛盾突出，成为膜拜思想滋生和蔓延的主要原因。尤其是一些边远地区因特殊的地理环境，经济发展速度较慢，群众生活处于贫困、落后和封闭状态，文化生活枯燥，物价上涨、交通不便，再加上某些个人境遇挫折，为膜拜思想的滋长和蔓延提供了条件。“当政府不能给民众以信心和保障时，人们生活在一种对前途无依的担忧中，就会迫切需要一种方式来减轻这种担忧。这就为膜拜团体的发展带来巨大的契机。膜拜团体利用人们的灾难畏惧情结，通过治病救人、入教免灾的宣传，迎合人们的需求，获得了长足的发展。”②

① 金宜久：《不能将宗教与宗教极端主义混为一谈》，《中国宗教》2002年第4期。

② 元青、刘善红：《我国历史上邪教产生和发展的背景分析》，《中国反邪教通讯》2014年第5期。

2. 境外敌对势力渗透带来的影响

近年来，境外通过邮寄和运送书籍、报刊、音像制品，电台广播，国际互联网和人员交往等，加紧对我国社会各层面的思想意识形态领域的渗透，其传教活动形式多种多样，大力发展成员以扩大影响和开展活动。这些渗透与分化，弱化了一些群众的社会主义核心价值观，削弱了部分民众对中华文化的认同，从而陷入膜拜文化的价值观中。

3. 社会生活剧烈变迁带来的影响

社会生活剧烈变迁使人们心理承受了空前的压力，这些都为膜拜团体的滋生和发展提供了一定环境。具体来说，主要表现在两个方面：首先，剧变使原有的社会主义信仰体系有所削弱，宗教因素同膜拜思想混淆在一起，为其滋生创造了条件。其次，剧变给人们造成了空前的心理冲击，在思想混乱中膜拜思想成为一部分人填补意识真空的内容，成为缓解信仰危机的精神寄托，这为膜拜团体的发展创造了机会。

4. 个体心理病态倾向带来的影响

任何事物在发展中都会发生量变和质变，膜拜团体的发展其中有一部分是由信仰者推动的。一些有心理问题者对于膜拜思想具有易接受性，他们极其单纯以至于盲信盲从并偏激狂热，在思想观念和行为活动上发生质的变化时，其信仰也就完全脱离了原先的宗教价值，成为背离主流信仰的膜拜观念了。在他们看来，“教义”是至高无上的最高准则，为“教主”牺牲是神圣的殉教行为，是舍生取义通向“天国”之道，这为膜拜团体的发展壮大起到了推进作用。

人类社会在发展前进，当物质的丰富满足不了人的“欲望”时，人们便会希望摆脱生命的“有限”去追求“无限”，其中方法之一便是宗教，当传统宗教无法满足个人精神需求之时，便会转向新兴宗教，而新兴宗教在发展过程中走向极端，则演变成了破坏性膜拜团体。

（三）破坏性膜拜团体发展过程及其演变规律

一般认为，破坏性膜拜团体的发展有两个来源：第一，在初创阶段就以极端教义立教的新兴宗教；第二，新兴宗教“封闭式”“逃避式”的发展模式，使其偏离社会主流意识要求，而发展成为破坏性膜拜团体。其演变过程有规律可循，如果一个新兴宗教具备以下几种特征，其发展壮大的结果就会走向破坏性膜拜团体。

1. 多元信仰的混乱与不确定性

破坏性膜拜团体的信仰呈现多元化状态，由一种或多种信仰或崇拜所构成。吉姆·琼斯创立的“人民圣殿教”，其教义中就混杂有马克思主义观点、灵魂解脱学说、法西斯思想、基督教教义等，是东拼西凑的“拼盘”理论，根本无法构成一个教派生存的信仰体系。“天堂之门”更是将基督教教义、科幻小说、彗星传说、世界末日观等内容汇集为一体，以外星飞碟为崇拜对象，鼓吹世界末日的来临。“奥姆真理教”则是融合了瑜伽、佛教和基督教等元素。我国的一些膜拜团体则喜欢将佛教、星象、占卜等神秘文化综合成一个混合体。由此看出，大多数破坏性膜拜团体并不存在明确的教义，其教义往往是以教主的主观思想为主，如“统一教”的教主文鲜明，在他撰写的《神圣原则》中，将人类历史划分成三个阶段：亚伯拉罕时代、基督时代、文鲜明时代，他宣称自己就是耶稣的复临。大卫·伯格在创立“上帝之子”之后，便以自己撰写的《摩西书信》取代《圣经》。美国学者贝格尔（Peter Ludwig Beger）说：“宗教一直是人类历史上抗拒混乱无序的最有效堡垒之一。”① 而破坏性膜拜团体混乱的教义与不确定性让其丧失了宗教的功能，它必然会在发展中受到各种质疑和批评，它也必然会反抗而走向反社会主流意识的道路。

2. 由神的崇拜转向教主膜拜

膜拜团体在创立之初都会宣称自己有信仰的神，如“上帝之子”崇拜摩西，“太阳圣殿教”尊圣殿骑士为神，但随着自身发展壮大便转向对教主个人的膜拜，教主也开始自称是神的化身了。“太阳圣殿教”副主教迪·芒布罗称自己是远古“玫瑰十字会”大主教的灵魂再现，是“圣殿骑士团”留下来的精英；“上帝之子教”的大卫·伯格称自己是上帝的儿子，是耶稣的兄弟；“奥修教”的教主阿恰里亚·拉杰尼希声称自己是700年前一位大圣人转世，是“世尊”，是“赐福者”；“奥姆真理教”的教主麻原彰晃则称自己在喜马拉雅山得道解脱后变成了“神”，

① ［美］彼得·贝格尔：《神圣的帷幕——宗教社会学理论之要素》，高师宁译，上海人民出版社1991年版，第104页。

是“大黑天”的化身；国内“华藏宗门”教主吴泽衡自称是佛教直系第88世、禅宗第61世、曹洞第51世、子孙僧系第32代衣钵传人，自封为“觉皇”“大日如来佛”的化身，吹嘘自己拥有“天眼通”“宿命通”等神奇功能。成员对教主的顶礼膜拜使他们获得了绝对权威和至高无上的权力，他们将自己的私欲以“神”的名义推向整个教派。于是，跟随教主“升天”便成了许多成员的使命，从而引发了一幕幕由极端膜拜导致的人间惨剧，而那些具有政治野心的教主也成了破坏社会、危害民众人身安全的罪魁祸首了。

3. 对膜拜成员实施精神控制

精神控制就是对个体的感觉、知觉、思维、意志、情感等心理活动实施综合性的控制，限制个体对外界信息的交换和加工处理，进行长期单一的信息输入，从而异化个体的心理—行为活动以达到控制。几乎所有的破坏性膜拜团体都会采用感觉剥夺、抽象空间技术、临场感强化、超常体验等手段对成员实施精神控制，因为这是“教主”巩固其“神圣”地位并使成员效忠自己的主要手段。换句话说，只有当成员被精神控制了，他们才能够唯命是听，唯命是从，心甘情愿地去做教主的工具，教主也才能够实现自己的目的。有的膜拜团体要求成员加入后要离开原生家庭，将膜拜团体作为新生的家庭，成员之间是兄弟姐妹，教主是“父亲”。许多成员被限制在有限的范围内活动，如日本“奥姆真理教”总部在梨山县上九一色村，成员仅限于在村内活动，每天的任务就是修行，连饮食和睡眠这些生理需要都要被严格控制。美国的“人民圣殿教”教主吉姆·琼斯干脆将教团整体迁到南美洲圭亚那成立了“琼斯镇”，把成员聚居在一起，形成一个相对封闭的生活环境，以便于进行控制。“科学教”教主哈伯德激励成员参加“净化治疗”，要求先断绝与亲友的联系，辞职参加团体活动。国内的“华藏宗门”，在多个省份配有专门的协调员，教主吴泽衡甚至编纂了《华藏宗门宗脉世系表》《戒律度》《戒品示》等书籍影像，对弟子进行控制。还有的膜拜团体采用电子监控设备监控成员的住处，隔绝他们与外界联系，甚至进行严密监听，一旦成员有所动摇就会以“神”的名义进行惩罚，以入地狱、家人遭报应等恐吓手段进行强化控制。

4. 膜拜思想下行为的反道德性

破坏性膜拜团体的思想和行为与现实社会的要求格格不入，其思想极端、道德低下、淫乱行为普遍发生。如美国的“上帝之子”教主大卫·伯格，他鼓励男女成员自由组合，将《圣经》中“信的人都在一处，凡物公用”的话语歪曲利用，认为男女的生殖器官亦为公用，“所谓爱情，性才是真正的爱情”，并用“情爱钓鱼法”去吸引圈外人员入教。印度“奥修教（唯一教）”的教主阿恰里亚·拉杰尼希宣称，唯有“奥修教”才是唯一可信的、智慧的宗教，以性爱为始基，要成员通过性经验达到真爱的“宗教”境界，并创立男女双修在内的112种修行方法。美国“大卫教”教主大卫·考雷什声称，世界上的女人都属于他，并“娶”了17个妻子，诱奸多名女性成员。国内的“全能神”也惯用“美人计”诱骗他人，该教常常利用“爱情”和“婚姻”关系诱惑单身的人，在其《摸底明细表》中专设“是否单身”一栏，以介绍女友为由吸引他人入教。在长三角、珠三角等地务工、长期与配偶两地分居的男工人是他们“传教”的重要目标，入教的人员有着混乱不堪的男女关系，他们“唱新歌”“跳灵舞”“过灵床”，从事集体淫乱的活动。“华藏宗门”教主吴泽衡也是以“男女双修可以使人达到学佛的最高境界”为引诱，胁迫女弟子与其发生关系，甚至连晚辈和幼女也不放过。①

5. 内部组织严密且等级森严

破坏性膜拜团体在发展过程中都会形成一套组织控制体系。“上帝之子”实行金字塔式的组织体制：自己的家族为皇室，教主大卫·伯格自称国王，是最高领导者。下设首相、部长、总监督、监督、总牧区、牧区和牧者。每个牧区负责三个“家庭”，每个“家庭”由一位牧者作为领导和监督，家庭人数一般不超过10人，每一个新人加入“家庭”时被称为婴儿，“家长”给他取一个圣经人物的名字。成员在“家庭”中按时读《圣经》和学习教主伯格写的《摩西书信》。奥姆真理教“奥姆宪法”规定教主麻原彰晃是“神圣法皇”，制定尊师重道等级体系，并依照日本国内政府体制，设立教内机构，如法皇官房、法皇内厅、东信徒厅、西信徒厅、谍报省大臣、防卫厅等，俨然是一个国家的组织建构。森严的等级体系一方面维护了教主的权威，另一方面也成为教主施行淫威，对成员进行剥削和迫害的工具。

① 黄庆畅：《人民日报》2015年7月16日第9版。

6. 以“道”敛财囤积财产

破坏性膜拜团体在最初阶段，由小团体发展而来都会经历一个先诱惑后敛财的过程。吉姆·琼斯于1956年建立“国民公共教堂”，提供医疗服务并自己掏钱帮助失业和饥饿的人。随着“人民圣殿教”的壮大，琼斯开始接受捐献而大肆敛财，他在瑞士银行有1500万美元的存款。“科学教”教主哈伯德说：“为每个字一便士而写作是可笑的，一个人若想发财，最好的方法是创建他自己的教会。”他们在一份教派内部文件中写道：“赚钱，赚更多的钱，不要问用什么方法和为什么，赚钱就是目的。”① “唯一教”教主拉杰尼希个人拥有财产4亿美元、4架飞机以及近百辆豪华汽车。“奥姆真理教”教主麻原彰晃在东京、大阪等地开有弹子房、多家商店、咖啡店和饭店，并拥有公司、电台、房地产等形形色色的产业。1995年，日本警视厅所做的资产调查报告显示，“奥姆真理教”在6年时间里就积聚了1000亿日元的财富。中国的膜拜团体教主也是一样，在创立之初，其宗教倾向、政治倾向并不确定，动机主要是受到现实经济利益的驱动，以教敛财增加自己的经济财富。他们敛财的主要方式是收徒敛取钱财、接受成员捐献、出售教义书籍、售卖影像资料以及创办企业等，同时进行财产的商业扩大化运作。比如，“‘华藏宗门’教主吴泽衡收取拜师费、开佛具店、开御膳房等，要求弟子购买1700元的僧衣、3900元的佛珠、600元的香。每逢生日、成道日、佛诞日聚会等，吴泽衡就会放出银行账户，收取各地信徒的供养款、奉献金，千方百计地敛财”。② 正是因为巨大经济利益的驱使，才使得膜拜团体层出不穷，其教主是“天下熙熙，皆为利来；天下攘攘，皆为利往”。③

破坏性膜拜团体从初始创立到发展壮大，演示了一个以教主崇拜为“基石”，以身体健康为“诱惑”，以精神控制为“手段”，以敛财经营为“力量”的发展途径，也完成了他们集权统治和规模发展的过程。膜拜团体滋生与发展壮大是在社会矛盾的背景下，个人主义极端化的膨胀，“教主”在力量壮大之后，便开始向政府索要权力，希望参与政治活动。

① 钱凤元主编：《世界邪教全景透视》，经济日报出版社2000年版，第279页。

② 黄庆畅：《人民日报》2015年7月16日第9版。

③ 司马迁：《史记·货殖列传》第一百二十九章。

如吉姆·琼斯在教派壮大后便加入民主党，麻原彰晃也曾以“真理党”的名义竞选日本众议员，他们稍有不顺就开始反政府，做出破坏社会秩序的一系列事件，一步步地走向与社会主流意识背道而驰的方向。

（四）破坏性膜拜团体的发展态势与趋向预测

目前，破坏性膜拜团体出现了一些值得关注的发展趋向，有必要关注其未来走向并做好一定的形势预测。

1. 已形成较为系统的思想体系

膜拜思想作为意识形态内容的体现，必定显现为破坏性的社会政治行为，借宗教名义取政治之实，这一直是其主要目标。为了实现这一目标就必须把膜拜思想教条化、系统化、极端化，构成一套完整的思想体系，再配以与之相应的行为活动，才能形成一支足以与政府叫板的力量。他们“打着宗教旗号，对宗教进行歪曲的和极端化的解释，煽动宗教狂热和极端思想主张，制造不同信教群体之间的仇视和斗争，并采取极端手段以求摧毁一切现存社会秩序和世俗国家，建立神权统治为目的的一种思想和行为体系”。① 对于这种现象必须提高警惕。

2. 招募对象聚焦于青少年人群

膜拜团体加强了向青年人群进行思想渗透，组织者认为，青年人文化基础好，传教的辐射效果更好。他们争夺意识形态领域的主导权，争夺教育阵地、争夺青少年、争夺未来，目的是要动摇国家的思想基础和执政根基。比如12岁的刘思影、17岁的李亭、20岁的陈果，还有山东招远杀人案中就有一名16岁少年。“‘血水圣灵’山东特区2014年新发展教会人员中青少年高达30%。”② 一些青少年和青年涉世不深、阅历尚浅、信念不够坚定，对社会的认识还欠全面，他们“心理免疫力”不强，无法对历史和现实进行对比，缺乏对家庭、社会和国家的认同感，这为膜拜思想渗透和拉拢提供了机会。

3. 以农村地区为活动基地

破坏性膜拜团体多以农村地区、偏远地区和城乡接合部为主要活动区

---

① 马品彦：《宗教极端主义的本质与危害》，《新疆社会科学》2008年第6期。

② 稽石：《起底邪教“血水圣灵”》，《南方都市报》2015年9月7日第A04—05版。

域，如“门徒会”“呼喊派”“被立王”等团体，其在农村活动的特点是：①原有团体纷纷改名换姓，但换汤不换药的本质一样；②小型团体活动频繁，虽影响力有限，但宣传教义思想一直持续未断；③有跨境跨区活动特点，如“门徒会”“全能神”“灵灵教”等在西北一带流窜活动频繁，煽动只要入教就能“粮满仓，钱满罐”，教唆成员传教并激化社会矛盾。而“血水圣灵”总部在台湾地区，2014 年初，江西“特区”已有 613 个教会，“教主”左坤要求全国教会骨干学习“江西经验”。① 甚至有膜拜团体提出以“农村包围城市”的战略方针，“以和平的健康方式实现目标”，这种战略使他们在一些农村地区加强了活动。

4. 传播手段和形式多样化

膜拜思想的传播扩散已不再局限于特定区域和人群，亦不再是某些国家或地区的局部现象，而成为一种具有广泛影响的世界现象。这种局面的形成与现代联络手段的便利有关。由于国内打压力量较大，许多传播方式更加隐蔽、手段更加高科技化，彼此之间通过互联网联系，活动后迅速化整为零分散各地。有的团体通过网络传播膜拜思想，通过智能手机传播相关的视频、音频与图片，还有的干脆切断电视信号直接插播其宣传内容，等等。传播手段的方便性使一些膜拜团体发展迅速。据警方数据显示，“血水圣灵”仅山东“特区”中的德聊、德济、长丰三个小片区，2014 年 7 月至 12 月就发展教会 65 个，教徒达 2000 余人。②

5. 呈现明显的国际化趋势

近年来，膜拜现象已趋向于全球化、国际化的发展态势。一些膜拜团体也在积极寻求国际合作，寻求资金、设备和人员等支持，谋求与境内外膜拜团体或极端团体相对接。有些破坏性膜拜团体在国内遭到重创，其总部已移至国外，在世界各地设立分部并大肆招募成员。2015 年 4 月 14 日，俄罗斯斯塔夫罗波尔电视台晚间新闻播出一条“中国邪教招募斯塔夫罗波尔市民”的新闻。同时，有些膜拜团体与国外的反华势力接触，强力向我国输入侵蚀民众的思想，并制造花样不断的破坏性活动。国外某些机构收容并支持这些膜拜团体的反华活动，作为他们威胁中国政府的一个筹码。

① 嵇石：《起底邪教“血水圣灵”》，《南方都市报》2015 年 9 月 7 日第 A04—05 版。

② 同上。

这些活动用事实证明膜拜现象是十足的政治问题，而根本就不是什么宗教问题了。

6. 有与境内外极端组织结合的倾向

现代联络手段的便利、宗教极端思想长期渗透，以及破坏性膜拜团体所持有的政治目的，使膜拜思想、宗教极端思想以及恐怖主义思想正在悄然接触，三者之间有着殊途同归之处，其宗教极端思想的本质或一致或相近。愈来愈多的事实表明，鼓吹膜拜思想的势力最终可能走向恐怖主义，如“奥姆真理教”就是一个典型例子，他们施放沙林毒气毒害了5000余人并毒死12人。由于政治层面的目标和活动，以及膜拜—极端势力联合下的扩展，将会给社会带来更大的危害。

四　破坏性膜拜团体与新兴宗教的基本认识

新兴宗教在产生初期由于对传统信仰的叛逆，常常遭到传统宗教的批评，但新兴宗教的发展也不是一成不变的，随着社会发展和价值体系的改变，以及在不同文化的传播与交融背景下，使得新兴宗教呈现出不同的发展方向：一些规模较小，局限在一定群体内的新兴宗教，随着教主去世以及内部分裂而逐渐走向消亡；一部分新兴宗教则在发展过程中有序传承和调整自己的教义，并与社会主流价值体系相融合，成为宗教群体中的一支新兴力量，这一部分多是新兴宗教运动中的“前辈”，如巴哈伊教、摩门教等；再就是极少数团体会坚持极端的教义，对教主狂热崇拜，并与社会主流意识对抗，甚至对抗政府酿成危害社会的事件。也就是说，新兴宗教在发展过程中具有一定的规律，它在经历了初创的“立新”阶段之后，为追求长远发展，其教义和规范会与社会主流文化进行一定的融合与互补。但是，有些新兴宗教则违背了对人类关怀的主旨，它更关心的是“教主”的私人利益，故其在发展过程中会发生许多变化，或分裂、或消亡、或演变发展成为某种膜拜团体，甚至偏离了人类精神文化的本质需求，与社会正确价值观相背离，从事危害公众财产和生命安全的犯罪活动，最后演变或蜕变成了破坏性膜拜团体。

新兴宗教依然属于宗教范畴，而破坏性膜拜团体已经远离了传统宗教，它是在新兴宗教运动中出现的一种特殊而又个别的现象，也是一种非常态的现象。一些学者认为，有些膜拜团体产生于新兴宗教运动，是新兴宗教运动极端发展的结果，它具备新兴宗教运动的五个特点："对现实的逆反性，强调超常的直觉经验，极端的末世学说，教主崇拜和运动的商业化。"① 破坏性膜拜团体是新兴宗教运动发展过程中偏离社会主流文化的一种团体，它与新兴宗教相比，对传统教义持反对态度，对教主绝对化崇拜，容易激化成员与社会的矛盾，具有强烈的反社会性。所以，社会常用"邪教"这种带有负面含义的评判来称呼。学者戴康生指出："邪教作为宗教学研究中的一种专指时有两个方面：第一，它属于新兴宗教的范畴，但它在思想指导活动上，都有一个比新兴宗教更为极端的特征，即绝对的教主至上，信仰教义，鼓吹末世论；第二，它的形成有一个动态发展的过程，当代公认的一些邪教团体，在开创初期都可以归于新兴宗教一类，如后来发生震惊世界的'人民圣殿教'，在开始时只是一个'国民公共教堂'，其宣传的内容是耶稣基督的爱心和爱行。'奥姆真理教'在 1989 年注册登记时，是以弘扬古代瑜伽、原始佛教、大乘佛教为背景的，成为日本政府认可的团体组织，但随着势力壮大，它就具有政治倾向了。还有 1997 年集体自杀的'天堂之门'教派，开始是由信仰'飞碟'之类的太空爱好者聚集在一起，后来转变成为一种具有神秘信仰的邪教组织了。"②

20 世纪 70—80 年代，我国在改革开放初期，社会处于空前的变革时期，经济发展快速，传统的社会价值体系有所解构，而新的价值体系尚未建立起来，文化市场也变得繁荣和多元化。一部分人在社会转型期间显得迷茫与不知所措，一时不知道应该去跟什么"风"，而社会转型期也往往是膜拜团体的高发期。当时出现了席卷全国的"气功热"，一些人借"气功"名义建立团体，建立之初并没有表现出反社会性，它们在发展过程中有了自己的"教主""教义""行为方式"，随着规模的不断壮大，教主的野心开始膨胀，他们要求实实在在的利益了，开始讨要各种权力，当要求未能得到满足时，即挑动成员围攻国家机关、鼓动成员上访，致使许多人有工不做，有地不锄，"端碗吃肉，放碗骂娘"，甚

① 陈霞：《当代社会的新兴宗教运动》，《四川大学学报》（社会科学版）1995 年第 1 期。

② 戴康生主编：《当代新兴宗教》，东方出版社 1999 年版，第 311 页。

至教唆引火自焚等，这样的团体显然失去了“气功强身”的意义，更不具有宗教的性质，而成为威胁社会安全和政治秩序的破坏性膜拜团体了。

五 破坏性膜拜团体与传统宗教的认识界限

关于宗教的概念，我国著名宗教学家吕大吉先生在《宗教学通论新编》中指出：“宗教一词是外来语，最早源于印度佛教。佛教以佛陀所说为教，以佛弟子所说为宗，宗为教的分派，合称宗教，意指佛教的教理。”① 他又指出：“宗教是把支配人们日常生活的异己力量幻想的反映为超人间、超自然力量的一种社会意识，以及因此而对之表示信仰和崇拜的行为，是综合这种意识和行为并使之规范化、体制化的社会文化体系。”②世界上著名的三大宗教：佛教、基督教和伊斯兰教，它们所发挥的作用是：“政治气质的升华，重视教育以及不断丰富礼拜内容等，这些都对社会起到了至关重要的稳定作用。宗教是通过具体的文化和社会活动发挥其独特的增强社会凝聚力和稳定的作用。”③

（一）宗教活动具有持久性心理慰藉作用

宗教作为一种社会文化现象和意识形态，它在与社会相适应的过程中，在促进社会政治、经济和文化的和谐方面发挥了特殊的功能。“爱国爱教、扶危济贫、乐善好施、热心公益是中国宗教的共同传统，宗教教义具有构建和谐社会的内在诉求和理论机制，各宗教中与构建和谐社会相契合的思想，可以为社会主义和谐社会的构建增加活力。”④ 宗教信仰以其教义、教规、礼仪来规范信教者的理想追求和道德操守，无论哪一种宗教都将杀人、盗窃、奸淫等行为归入禁止之列，这些行为操守对于信教者的行为具有约束作用，起到了维护社会和谐的作用。

宗教心理慰藉作用主要体现在如下方面。

---

① 吕大吉：《宗教学通论新编》，中国社会科学出版社 1998 年版，第 53 页。

② 同上书，第 79 页。

③ 参见时春荣《美国的基督教与社会稳定》，《国外社会科学》2008 年第 3 期。

④ 戴晨京：《中国宗教与中国社会和谐》，《宗教与和谐社会》，（澳门）新纪元国际出版社 2007 年版，第 79 页。

1. 宗教的心理调节功能

宗教信仰是人们对外部世界的态度和特定情境中的一种特殊情感，它与人的心理活动有密切关联，因为人都有内在的精神需要。人不仅是作为一个肉身存在，更重要的是有精神的需求，而宗教精神和神圣感正是精神存在的一个重要层面。另外，各种宗教都有自己独特的修习方法，可以通过心灵教育、灵修神学、修习禅定等方法调整心态，提升心理的安全感。

宗教心理调节功能的原理如下。

（1）缓解压力以安慰情绪

人们在现代竞争激烈的社会中生存，难免遭遇这样或那样的挫折，有时候自己足以应对，有时候却无能为力。当人遇到困惑、迷茫、不顺和无助的逆境时，容易引发心灵痛苦，此时到宗教的领域中去祈祷或倾诉，将内心痛苦宣泄出来，让压力得到释放，从而使心理获得慰藉和稳定情绪。本研究调查了陕西省长安区一个自然村的110名村民的宗教信仰情况，村民信教原因之一是在困惑时需要心理安慰。因此，选择“在感情受挫和生活痛苦”时占有15.6%；“内心需要和心灵追求”占21.9%，“好奇与怀疑”占21.9%，“其他原因”占6.3%。

（2）知足安乐以平静心境

“宗教探讨人生痛苦的产生之源有其独特的方面：即它不是更多地向外在的现实世界中去寻找，而更根本的是向人的内在世界中探求。在宗教看来，人生痛苦的产生之源在于人的欲念和不知满足的贪求。”①由此，宗教教义要求人们要知足，要有平静的心境，避免对于世俗价值的过分追求，消除内心的烦恼、怨恨和痛苦，这可以缓解或摆脱对功名利禄的贪欲执着，摆脱对生、老、病、死的困惑与恐惧，从而达到把心态从不平衡导向相对平衡的状态。在上述自然村的村民调查中，关于“宗教信仰对您的思想、生活产生何种影响”这一问题时，村民回答可以“使人乐观”和“使人增长智慧”占30.2%。这说明一些农民可以从宗教信仰中获得一定的心理满足感，更重要的是可以提升自己的乐观情绪。

（3）主动忏悔以安抚心灵

忏悔是修行的一项重要内容。宗教中的忏悔要求人勇于承认自己的过

---

① 王永智：《论宗教信仰与人的需要》，《齐鲁学刊》2011年第6期。

错，更好地约束自己，同时给予已有错的人留下一条悔过自新的后路，以便于他们消除沉重的负罪感，把心态调整到重新做人的信念之中。可以说，宗教精神的这些原理或特定的信念，在某种程度上构成了宗教心理调节的内在基础，凭借信仰的支撑和安慰去克服不幸事件带来的心理伤痛，并由此使心理和行为达到和谐状态。这也是宗教的一种力量，可以说宗教为人们提供了一条心理意义的释放痛苦的途径。

2. 宗教的心理归属功能

人只要一息尚存，就会一直寻找存在的认同感，寻找自我归属之所在。生命旅途并非总是一帆风顺，当人处于困境之时，除了家人、朋友给予帮助之外，心灵同样需要有一个寄托之处，需要一份保护。马斯洛的需要层次理论认为，人在基本的生存需要满足后，就希望获得安全感和归属感的满足，而宗教的存在给人们提供了心灵的休憩场所，它不会因为时空变换而有所减弱，你在任何时候都可以“到教堂去，将烦恼丢在那儿”。宗教通过特定的祈祷仪式、宗教语言、规范活动等一系列秩序化的行为，使人们重新获得对心理的控制感，似乎能够穿越生命中的困惑去找到精神宁静的“避风港”。因此，有些人在宗教团体中会获得一种心理归属感，而宗教也展现了包容、接纳和通达，使人对宗教产生依恋感。

3. 宗教的人际交往功能

每个人都需要人际交流。心理学研究表明，人与人的交往是获得安全感的有效途径之一。2014 年 10 月 16 日，第二十七届世界佛教徒联谊会在陕西宝鸡召开，来自 30 多个国家和地区的高僧大德、中外嘉宾和佛教四众弟子 4000 余人云集佛门圣地法门寺，极大地增进了各国人民相互了解和信任，推动了不同文明的交流互鉴，来自各地的人们在参与宗教活动中，产生了心理共融。在社会生活中对于那些失去其他形式支持的人来说，这种形式的人际交往就是一种支持来源。为什么农民信教者多？因为“农村的文化基础设施严重缺乏，农民生活单调、孤独寂寞，而宗教能够将农民带出以家庭为中心的日常活动，扩大社会交往的圈子，打破日复一日简单重复的单调生活"。[①] 在宗教团体内，定期的宗教聚会满足了人际交往的心理需要，他们有着共同的信仰，相对于外人而言，其教内人员的开放性较高，更容易交往，这对于缓解人际焦虑有一定的调节作用。

（二）破坏性膜拜团体具有虚幻性心理安慰作用

破坏性膜拜团体不同于传统宗教，它不是一个开放的系统，而是一个比较封闭的团体，其信仰多崇拜现世的"神"即"教主"，教主将自己的意愿通过精神控制强加于成员，异化他们的心理意识，使之听命于自己。

破坏性膜拜团体虚幻性的作用有如下方面。

1. 满足虚幻的精神安慰作用

本课题组在调查中发现，一些人在传统宗教中得不到满足，便转向外来宗教或新兴宗教，同时也会进入一些似是而非的膜拜团体之中，从自己也弄不清楚的"教义"中寻求安慰，说一些"信的就上天堂，不信的就下地狱"之类的话，牵强地安慰着自己脆弱的心灵。人生在世十之八九会遇到许多挫折，有些是依靠个人力量难以解决的困难，由此而产生焦虑、抑郁和无助等一系列心理困惑，希望通过某些教或"教主"得到安慰。心理学承认主观经验、思维和意志的力量，在临床心理学上也有"安慰剂效应"，即在某种情况下使用无药效的药，使病患症状得到一定的缓解，但其力量是建立在现实可行的条件下，其效应时间也不会持续太长，它只是一种主观的补偿心理，毕竟不能真实地解决现实问题，只是在特殊情况下临时使用。如果长期制造虚幻的精神安慰作用，会让人陷入虚假之中，结果可能会付出很大的代价。比如，某膜拜团体主张"不要搞农业生产，庄稼不用打药，天父会照看的"。一些农民整天坐在家里祷告，不种地、不锄草、不施肥。这样做，来年会有收获吗？虚幻毕竟不能代替现实。

2. 满足特殊人格者的安慰作用

膜拜团体之所以能在社会生活中发展起来，是因为它在一定程度上

---

① 欧阳肃通：《转型视野下的中国农村宗教——兼以乡村基督教为个案考察》，中国社会科学出版社 2009 年版，第 283—285 页。

满足了一部分人的心理需要。如果有些人存在人格缺陷，就会表现出一些行为偏差，因为人格对行为活动具有指向性作用。比如，对于有偏执倾向和自恋人格倾向者而言，他们自认为高人一等，非同“常人”，不应该去信仰常人所信仰的宗教，而喜欢转向带有奇异色彩的膜拜团体。又如成员是依赖性人格倾向者，他们会把自己的命运拱手交给“教主”去裁决，自己不用努力去想办法解决困难，他们似乎心情放松，好像得到了暂时性的心理安慰，放弃了自己做主的权利，满足了潜意识中的无为惰性。还有一些人并非真正的皈依，而是一种变相的需求，满足其在现实生活中无法得到的东西，如权力、金钱、美色等。因此，可以看到膜拜团体的教主及其一些骨干成员，他们在社会生活中并不是成功人士，但他们在膜拜团体内却具有很大的权力，他们可以拿走成员的财物、可以命令成员去各地传教、可以蒙召女成员为其服务。这种生存姿态显然是一种低自尊和不良人格的倾向。可以说，膜拜团体也是一些人格病理者的活动场所。

3. 满足升天欲望的安慰作用

宗教教人渡人渡己，修现世而知来世。而一些膜拜团体“教主”创教的目的并非普度众生，他们并不强调现世，只强调成神成仙，入教目的就是修行以摆脱现世走向“神界”，为此要断绝俗世的一切关系，斩尽路上所有的障碍。成员加入膜拜团体是想寻找精神寄托或解决问题，但是教主告诉人们的只是如何在“末日”来临之前“升天”，“升天”之后便没有烦恼了，“升天”是解决一切问题的“法门”。“人民圣殿教”教主吉姆·琼斯将成员带到圭亚那原始森林里，让他们的生活回到了落后状态，制造这种落后的社会生活能让成员升天吗？“奥姆真理教”的教主麻原彰晃制造沙林毒气杀人能让成员升天吗？如果只要来世，人又何必在今世生活？这些鼓惑方式不可能解决问题，反而容易导致成员意识混乱和出现严重的心理问题。

（三）引导社会民众享有健康的宗教信仰

宗教作为一种社会文化现象，既涉及个体的信仰层面，也涉及社会的道德层面，它是对社会主流文化的补充，尽管其本身缺乏某些科学论证，但也满足了部分民众的心理需求和人际交往的需求。有心理需求，就会有心理效应的产生及其社会能量的释放。因此，须正确引导民众的心理需求，以获得良好心理效应，让民众会分辨宗教与破坏性膜拜团体的界限，将宗教信念与社会主义文化相适应，对于那些假借宗教之名，行欺骗之实的膜拜团体予以抵制。

本课题组对陕西省长安区的农民进行了宗教信仰问卷调查，调查发现：村民对于宗教都有一定的认识，同时也能分辨宗教团体与破坏性膜拜团体的基本特征。对于“听说过以下哪些是邪教?”这一问题回答中，对国家明文禁止的“邪教”认识普及率达到62.5%。在关于“邪教与宗教的区别”这一问题回答中，村民对于这二者之间的区别特征也有基本认识。许多村民认识到，正统宗教的价值观和伦理观中有许多内容可以与社会主义思想相通，比如劝人从善、志愿服务、维护社会和谐等，而邪教则是以宗教为外衣蛊惑人心，并不是真正的宗教组织（见表1－1）。这样的认识觉悟显然是近年来教育引导的结果。

表1－1　长安区村民对邪教现象的认知情况（题目为多项选择题）

项目	内容	百分数
以下哪些是宗教?	佛教	11.0
	基督教	25.6
	天主教	21.5
	道教	15.7
	伊斯兰教	22.2
	其他	4.0
以下哪些是邪教特征?	教主崇拜	15.0
	精神控制	27.7
	编造歪理邪说	29.4
	收敛钱财	27.9
以下哪些是邪教的本质?	反科学	36.4
	反人类	31.6
	反政府	29.0
	反社会	3.0

续表

项目	内容	百分数
邪教与宗教的区别?	崇拜对象不同	21.7
	活动方式不同	25.5
	对社会和人类的态度不同	32.1
	对金钱的态度不同	20.7
你听说过哪些邪教?	会道门	7.3
	主神教	17.1
	门徒会	11.8
	实际神	1.3
	法轮功	62.5

调查题目中有一些多项选择题，结果显示：村民信教目的比较单纯，主要是保佑健康。大多数村民参加宗教活动是想解决“精神上的烦闷”和“身体上的痛苦”。农民所承受的生活压力较大，他们在社会竞争中往往处于弱势，在与困难的较量中常常败下阵来。因此，他们在困难时需要某种精神慰藉。他们的信教途径主要是受到家庭、朋友和教会成员的影响。信教类型主要是个人崇拜型、精神寄托型和信教治病型。

学者杨庆堃在《中国社会中的宗教——宗教的现代社会功能与其历史因素之研究》中指出：“我国宗教最大的特点就是弥漫性，这种特点使得我国的宗教与世俗、民俗等交织纠缠在一起，甚至成为社会组织整体的一部分。”① 在中国的寺院和庙堂随处可见拜神的地方，对“神”的崇拜早已通过丰富的神话传说植根于民众的心灵深处，成为一种根深蒂固的情结。杜继文先生曾归纳说：“最具中国传统特色的宗教，大体可用‘敬天祭祖’概括之；对待鬼神的态度，则可用孔子所谓‘敬鬼神而远之’概括，而支配一切宗教观念的，依然是突出人定胜天的巫觋精神。”② 从主观方面讲，中国农民普遍具有“善有善报，恶有恶报”的因果轮回信念，这与宗教劝人从善，主张利他、广爱众人，向往普遍的幸福思想相吻合。从

① ［美］杨庆堃：《中国社会中的宗教——宗教的现代社会功能与其历史因素之研究》，范丽珠译，上海人民出版社 2007 年版，第 25、29 页。

② 杜继文：《中国的人本主义传统和无神论精神》，《科学与无神论》2008 年第 1 期。

客观方面讲，农民的文化程度普遍不高，社会交际圈较窄，农村文化活动匮乏，精神文化生活得不到满足，他们通过宗教寄托自己的愿望。因此，可以说，宗教的存在是人类心灵的一剂“安慰剂”，不可能将其消除，但要让民众学会分辨真宗教和伪宗教，引导民众拥有健康的宗教信仰。

归纳本段内容可以明确的是，传统宗教与破坏性膜拜团体的分界线很清晰，两者在根本目标、理论基础、意识形态、思想观点、社会主张、话语体系、行为活动等方面都是不同的。破坏性膜拜团体在思想观念上偏激，在行动上狂热和极端，为了达到政治功利目的而不择手段，不识国家大体，在本质上完全背离了宗教的宗旨。它们之所以日渐衰落，根本原因就是因为他们背离了宗教的精神和原则。

六　破坏性膜拜团体与宗教极端主义思想的联系

（一）宗教极端主义思想的基本认识

在公安部教材编审委员会所编写的《国内安全保卫学》中，将宗教极端主义定义为：“以其极端的、激烈或畸形的崇拜和信仰为精神支柱和精神动力，利用其信仰的唯一性和排他性，控制和欺骗一些信仰虔诚、崇拜狂热的信徒，主张以暴力恐吓等极端方式推翻世俗政权、建立宗教统治或消灭异己的宗教团体和人员。”① 也有一些学者论述了宗教极端主义的概念、形成原因、基本特征等。金宜久在《当代宗教与极端主义》中指出：“宗教极端主义即宗教异化、蜕变而出的异己物和异己力量的典型表现。”② 吴云贵在《伊斯兰原教旨主义、宗教极端主义与国际恐怖主义辨析》中指出：“以宗教名义进行暴力恐怖活动，就偏离了宗教的善良宗旨，就可以称为宗教极端主义。”③ 宗舜法师指出：“宗教极端思想从来不是正信宗教的合理内核。”④ 宗教极端思想是背离传统宗教的极端特殊思想，它是一种

① 公安部教材编审委员会：《国内安全保卫学》，中国人民公安大学出版社 2001 年版，第 57 页。

② 金宜久：《当代宗教与极端主义》，中国社会科学出版社 2008 年版，第 183 页。

③ 吴云贵：《伊斯兰原教旨主义、宗教极端主义与国际恐怖主义辨析》，《国外社会科学》2002 年第 1 期。

④ 参见宗舜《“极端”思想从来不是正信宗教的合理内核》，《中国宗教》2004 年第 2 期。

与宗教有关，但具有偏激的主张与要求，或以偏激手段实现其主张与要求的思想和主义。综合一些资料，将宗教极端思想的认识归纳为以下几点：①宗教派别以及教义的分化、异化或对宗教教义的歪曲利用；②狂热“领袖”对成员采取激进的“精神控制”，将自身作为“神”在世间的“授权人”吸引成员，并强化成员对宗教极端思想的认同；③宗教政治化。宗教狂热并不一定会演变为宗教极端思想，但狂热化的发展一旦与宗教政治相结合，其结果必定会发生演变，从而异化、蜕变为宗教极端主义。总之，宗教极端思想是指某种特定的思想、宗旨、学说、理论和对客观世界、社会生活以及学术问题所持有的主张，其突出特点是具有极强的排他性。因此，宗教极端思想是暴力及恐怖活动的思想基础，它危害国家、社会以及人民生命安全，损害宗教形象，所从事的也不再是宗教活动，而是非宗教的社会政治活动。

（二）破坏性膜拜团体与宗教极端思想的联系倾向

破坏性膜拜团体不能算作宗教，但它无疑是宗教极端思想的产物。它在引发恐怖活动袭击时，与宗教极端团体有相似之处，已经成为世界公认而突出的公害了。据统计，全世界约有3000多个破坏性膜拜团体，它们从意识形态、经济制度、法律规范、文化艺术、伦理道德、风俗习惯等方面对民众进行挑拨、煽动和蛊惑。它们“在全世界范围内以各种残暴的形式向人类社会的安全稳定发起挑战”。[①] 如1978年美国的“人民圣殿教”914名教徒集体自杀；1995年日本“奥姆真理教”制造东京地铁毒气事件，导致5000余人中毒；2000年乌干达“恢复上帝十诫运动”制造了530名教徒集体自焚惨案。我国的破坏性膜拜团体制造的恐怖事件也时有发生，如2002年“3·1”咸阳杀死宾馆服务员事件，2003年浙江“6·26”系列投毒致17人死亡事件，2014年“5·28”山东招远杀死就餐人员事件，等等。在这些恐怖事件里都有着宗教极端思想的幽灵。

宗教极端恐怖团体打着宗教旗号，主张通过“圣战”以武力推翻现有政权，建立政教合一的国家。破坏性膜拜团体也与宗教极端团体有某些相似之处，他们的目的与政治相互融合，要求政治权力和地位，一旦得不到

① 胡宗音：《世界主要邪教团体简介》，《国际资料信息》2001年第5期。

满足则可能走向极端，也可能逐渐地向宗教极端团体靠近，成为借宗教之名掩饰的政治团体，他们同样会采取恐吓、欺骗或暴力手段，如“全能神”推翻“大红龙”以“建立神的国度”，所不同的是组织形式和行为方式不同。破坏性膜拜团体的思想实质和诉求目标突出的特点是政治性越来越强，他们在壮大后把“建立神的国度”思想极端化，这一点可以被宗教极端势力所利用，而宗教极端团体的所作所为也会对膜拜团体起到示范作用。因此，破坏性膜拜团体极易外化为恐怖暴力性冲突，因为其所依据或遵循的思想凸显“斗争”理念，容易与不信其教的人发生冲突，并把冲突、矛盾和偏狭狂热地诉诸恐怖活动，以暴力方式去对待社会。如美国“人民圣殿教”在与政府武力对抗 51 天后集体喝氰化物自杀，我国的河南省唐河县“全能神护法队”曾在 12 天内制造了 8 起抢劫、打断受害人四肢、割去耳朵、杀死儿童等案件。也就是说，破坏性膜拜团体所遵循的思想是宗教极端思想的一种特殊表现形式，或者说宗教极端思想是破坏性膜拜团体的思想支撑，其终极目标都是指向政治活动，所产生的都是社会破坏行为。

第二章　剖析膜拜团体精神控制使用的技术

一　精神控制的概念

（一）精神控制的基本认识

精神控制，即操纵控制人的精神，使人的心理活动与行为活动发生异变。一般情况下，人都有快乐的需求，这多与性生理兴奋、物质享受、权力使用、人际关系和谐等因素有关，这是人的本性，是人向往和追求的目标，这些快乐是不需要精神控制的。但是，如果组织者要利用这些快感现象，达到所谓“神圣”目的，那就需要精神控制了。

精神控制的前身是“洗脑”，是20世纪50年代初在美国首先问世的术语，意思是指：“用一种特殊方法成功地打破人头脑里的固有信念或心理定式，使其改造成为一种新的观念。”① 人将接受的信息在脑部中枢神经系统内进行处理，组织者在人进行认知信息处理的时候，使用一些影响信息判断的操作手段，就可以达到控制人的思想、情感和行为的目的了。美国在朝鲜战场使用过这种方法，运用于俘虏身上，消除他们原有的观念，支配他们的思想，让他们背叛原有组织，这就是“洗脑”由来之一。人一旦被“洗脑”了，其一系列的心理活动便被控制了。20世纪70年代后，从字面上看“洗脑”之词似乎有些血腥味儿，因此“洗脑”一词逐渐被弃之不用，取而代之的是“精神控

---

① 引自［日］西田公昭《マインド・コントロールとは何か》，日本名古屋大学演讲资料，2001年10月。

制”，它同样是出现于美国，其字眼比起“洗脑”显得柔和一些，但二者的本质一样。

精神活动即心理活动，其发生与支配器官是“脑”。脑位于颅腔内，它是体内外各种信息处理的“司令部”，它与全身各处有神经连接，其功能是对输入的各种信息进行加工、整合，并对人的思维和行为发挥调节与控制作用，从而对身心活动乃至行为活动进行管理。因此，脑，尤其是大脑皮层高级中枢神经系统，它是精神活动产生的物质基础。精神控制是建立在脑部神经系统条件反射的基础上，通过运用一系列特殊方法打破人原有的心理定式，以便对人的精神活动给予影响和控制。通俗地说，精神控制即组织者系统地运用某种超乎常规的方法，对他人的心理活动（认知、情感和意志等）给予影响和控制，使他人服从组织者意愿的过程。

精神控制是古今中外一切破坏性膜拜团体通用的手段，也是判断一个组织是正是邪的主要依据之一。那么，他们是怎么进行精神控制呢？20世纪70年代，美国研究膜拜问题的著名心理学家——玛格丽特·泰勒·辛格博士，她用“洗脑”描述过一些组织的招募活动，她认为“洗脑”是膜拜团体对信徒普遍使用的操纵技术，“洗脑就是思想改造”。① 1988年，美国学者斯蒂文·哈桑出版了《反对邪教精神控制》（*Combating Cult Mind Control*），他采用“精神控制”一词来说明邪教的手段。1995年，日本心理学学者西田公昭先生，他在《精神控制是什么》（《マインド・コントロールとは何か》）中指出：“精神控制是组织者为了自己组织的目的，对信徒施加影响，使信徒心理过程和行为活动受到一时性或永久性的控制，使之完全接受某种特定的观念。如果这种控制程度异常强烈，就会内化演变成一种信徒自觉自愿的行为了。”② 2015年，美国学者瑞克·艾伦·罗斯（Rick Alan Ross）在《邪教：洗脑背后的真相》（*Cults Inside Out：How People Get in and Can Get out*）中指出：“‘洗脑’已被用来解释执着迷恋某个追求、团体或领导的人。为何会做出有损于自己的利益，却能满足对他们施加影响的人的利益的一些行为。这种比喻性的说法意味着存在

---

① ［美］玛格丽特·泰勒·辛格：《邪教在我们中间》，刘宇红、黄一九译，湖南人民出版社2000年版，第15—17页。

② ［日］西田公昭：《マインド・コントロールとは何か》，日本名古屋大学演讲资料，2001年10月。

这么一个过程：将一个人原有的思想从脑中洗尽，然后取而代之以一个教团、运动或教主所宣导的新思维。”① 罗斯在书中揭示了各种类型和规模大小不同的邪教团体运作内幕，深入分析了其所采用的非常独特的精神控制方法，比如“强制性说服”“情感控制”“强有力的暗示”等。几乎所有学者的认识都有共同性：精神控制就是通过瓦解人的认识，使人彻底改变对自己经历和生活的看法，然后给他们灌输新的价值观和世界观，使他们依赖于某个组织或某个人，并成为该组织的工具。精神控制在主观方面是激发人们进入虚幻状态，即进入一种假想的世界里；在客观方面使成员陷入严格的封闭状态，在这种事先设计的空间环境里，成员不分昼夜地被组织者激励着，对组织者所发出的指令无论合理与否都不做任何判断，只是绝对地去服从，完全失去了自我，这就是被精神控制了。

（二）精神控制的基本标准

著名学者罗杰特·杰伊·利夫顿（Robert Jay Lifton）在《思想改造和愚顽心理》中阐述了判断精神控制的八条标准，归纳如下。②

1. 环境控制

控制环境与内部交流。这不仅要控制人们交流的环境，更要控制人们的头脑。一些团体举办各种培训班、宣讲会、小组会、祈祷晚会等活动，时间安排得极其紧凑，成员根本没有交流的可能，更不用说接受外部的环境信息了，即使接触有限的信息，也多是社会上负面的信息，只能起到强化精神控制的作用。

2. 神秘操纵

人为策划一些貌似自发的“超自然”事件，让人体验神秘的感觉。我们会有这样体会，当看到一段感人肺腑的情感故事时，往往会去反思甚至忏悔之前自己所犯的错误，这在宗教布道中尤为明显，究其原因是

---

①［美］瑞克·艾伦·罗斯：《邪教：洗脑背后的真相》，关群译，（香港）和平图书有限公司2015年版，第108页。

② Robert Jay Lifton, *Thought Reform and the Psychology of Totalism*, University of North Carolina Press, 1989, Original Publisher: Norton and Co, 1961, p. 435.

教堂环境以及故事营造了一种自发忏悔的暗示氛围。有些团体很极致地运用这种方式，其精神控制表面上看是自发的，但实际是刻意安排的计划。

3. 纯洁性要求

即要求成员绝对遵从教团的理念和行为规范。教义是唯一的真理，非此即彼，要么你信奉"神"，要么你反对"神"，二者必选其一。这是一种苛刻的要求，这种非黑即白的思维模式，让成员觉得必须在教团标出的"善"与"恶"中做出选择。

4. 强制性坦白

有时候，负罪感和羞怯感也是一种压力，它打破了个人隐私的界限，要求一切思想、感情或者行动，无论过去的或是现在的，如果不符合教义准则，就要告诉大家或公开去认罪、去忏悔。忏悔的内容是不会被遗忘或谅解的，而是用来达到控制之目的。

5. 神圣科学

即认为本团体的教义无可指责，相信该教团的教义是科学与道德的绝对真理，不容有任何疑问或者其他观点存在。受到这种"神圣科学"影响的成员，通常将价值判断局限在狭窄的规则内，没有模棱两可的余地。

6. 加载语言

加载语言即操纵语言去替代理性思维，使用语言来限制成员的思想，他们使用一些意思绝对、非善即恶、终极思想的词语，只有他们圈子内部的人才能听得懂，并成为教团内部频繁使用的专用语言。这种语言不是用来作为个人交流思想观点的工具，而是一种无思想者的语言。

7. 强加于人的教条

教义优先，信仰至上，任何事情都必须被纳入教义框架之中并符合教规教义，成员哪怕不理解也要全盘接受并坚决服从，教团把信仰强加在个人的经验、良心和正直之上，不允许有任何的质疑。

8. 丧失生存权

生存权取决于是否相信教义，是否服从教义。此外，还取决于是否全身心地投入思想运动之中。在本教内的成员才有权利生存，所有退教的人、批评家和持有不同意见者都无权生存，生存是教主的恩赐。

如果这八条标准俱全，无疑就是破坏性膜拜团体实施的精神控制了。人的精神一旦被控制，就与现实隔离开了，人就会停止清醒的思考，移向想象的空间，陷入虚幻的追求之中。当精神控制内容与本人的意识水平相吻合或者出于对某种现象的极端崇拜时，他们就会将教义精神与本人的肉体、精神连接起来而热衷于其活动。陷入这种活动之中的人，为了信仰会狂热地把全部感情投入进去，在他们的脑子里只想到为教主和团体尽忠献力，他们会牺牲快乐、禁欲亲情、乞求“圆满”、渴求“进入天堂”。这样，他们从思维活动到躯体活动都被精神控制划定了严格遵守的界限，就失去在现实生活中应该享受的丰富多彩的生活了。

二　精神控制的模式

精神控制并非简单的思想控制，它是对个体的思维、感情、意志、行为和信息接收等内容进行全面控制，他们将各种方法交织在一起，运用各种手段塑造人的“膜拜心理”。

（一）精神控制的基本模式

1. 信息控制模式

信息控制就是运用各种手段阻断个体对一些信息源的接触，限制个体之间自由的信息更新和交换。对于破坏性膜拜团体而言，信息控制即避免成员接触与膜拜内容无关的信息，组织者会动用各种手段来屏蔽和封锁外界的信息，成员没有或少有机会接触外界信息，没有书籍、报纸、电视、广播等信息源，更不会接触到批评性的信息。比如，“科学教派”提供专门软件来屏蔽成员的救助网址，成员接触的媒体信息都是挑选出来的负面信息，并借以告之成员外面的世界是多么险恶，还是留在教内安全。信息控制与思维控制、行为控制密切相关，信息一旦闭塞，在缺少信息源刺激的状况下，成员的思维功能就可能退化，从而产生“信息疾病”，其主要表现有四种特征：①认知改变。认知狭窄和判断能力下降。②出现幻觉和妄想。强烈的幻觉和妄想容易导致非理性的、暴力的和自毁性的行为。

③没有了思想，关闭了大脑接收信息的功能。④没有了感情，变得麻木。① 如此之下，成员就成了“教主”所期望的“棋子”了。一些膜拜团体除了对成员的外界信息控制之外，还鼓励成员之间互相监视，组合“搭档”互相监督和控制。其“老成员带新成员”模式就是一种监督体系，老成员要时刻向“上面”汇报新成员的各种信息，成员如有“罪过”，那就会成为恐吓、控制和操纵成员的“把柄”，因为宽容在其团体中是不存在的奢侈念头。

2. 思维控制模式

思维控制的实质就是通过单一的信息刺激、感觉剥夺等限制性手段摧毁个体正常的思维，并在此基础上塑造成员偏执极端的思维模式。在破坏性膜拜团体中教义是绝对的真理，必须无条件地全部接受，没有任何质疑的余地，要求成员建立一种非黑即白、非此即彼的绝对化思维模式。在思维控制中，断言与重复是重要手段。断言即不断声称自己的观点无误而不理睬任何其他的推理和证据。法国社会心理学家古斯塔夫·勒庞（Gustave Le Bon）指出：“让某种观念进入群众头脑的最可靠方法之一，就是做出简洁有力的断言，对任何推理和证据都不加以理睬。一个断言越是简洁明了，证据和证明看上去就越贫乏，它就越具有威力。而任何一件断言的事情，无一不是通过不断重复才在群体的头脑中根深蒂固。”② 在破坏性膜拜团体中教主的言论是成员奉行的准则，是不容置疑的断言，如“我是世间唯一的上帝”，“只有我才能拯救你们”。这些“教主真言”在经过不断地重复后内化为成员的思维内容，他们将复杂事情简单化处理，不断地重复玄妙的经文、术语并进行自我暗示。实际上，这些是自我催眠的过程，也是观念自我强化的过程，成员专心念“经文”“真言”“圣文”，排斥其他的信仰体系，逐渐放弃了原有的思考方式，而转向偏执和绝对化的思维模式。除此之外，组织者还着力固化成员的负性认知，使其认为离开团体就是背叛，会遭受万世轮回的报应之苦等。成员的思想一旦被控制了，任何微弱的信息都可能诱发膜拜冲动行为，比如有的成员脑

---

① Conway, Flo, and Jim Siegelman, *Holy Terror*, Doubleday & Company, Inc., Garden City, New York 1982, p. 150.

② ［法］古斯塔夫·勒庞：《乌合之众——大众心理研究》，艾之凡译，中山大学出版社 2013 年版，第 113 页。

海里一浮现“教主”的指令，立刻就会激发自己而采取行动。

3. 感情控制模式

感情控制就是通过歪曲、压缩个人感觉来削弱个体的自我意识，缩小个人的感情范围，从而变得情感淡漠。破坏性膜拜团体鼓励成员脱离家庭，将亲情、友情、爱情等视作“修行”障碍而要坚决抛弃。如“唯一教”宣称“婚姻是一个枷锁”，公开反对婚姻。“奥姆真理教”不允许父母和子女同处一室修行。人的感情内容很丰富，而感情又与道德有密切联系，是维护亲朋关系的标准之一。学者康韦（Conway Flo）和西格尔曼（Jim Siegelman）在《迷失》中说：“感情是我们最精确的个人道德监视器，这种道德对于个人而言即决定什么是正确和什么是错误，以及我们针对他人行为公平与否的判断。有时候，当某种关系变得亲密时，感情智慧就可能被压抑、扭曲和陷入混乱。”① 膜拜团体一方面笼络成员的关系，另一方面鼓励他们忏悔“感情罪过”，使成员的感情陷入混乱之中，认为自己有很多不足，亲人以及朋友都不值得思念，思念亲人的感情是世间普通“常人”自私的感情，都是修行路上的障碍。如果成员感情一旦被某种关系所控制，正常的情感就会被压抑，就会变得麻木和冷漠，情感活动就会受到影响。

4. 行为控制模式

有一种“行为控制器”，可以控制人的行为举止，这是建立在神经网络结构功能基础上所研发出来的一种仪器，用以控制在室外玩耍的小孩子不出意外行为。而破坏性膜拜团体所实施的行为控制范围要大得多，主要是通过各种手段了解成员的现实情况，掌控其生活环境、行为方式和日常活动等。一方面，行为控制运用隔离环境、膜拜仪式、学习教义、集体讲习班等形式，占用成员的活动时间，并且通过集体活动制度等方式，改变成员之前的生活作息和行为习惯。另一方面，限制成员与家庭和社会联系，未经组织者允许不能随意行动，严格执行团体的规章制度，让成员有忙不完的膜拜活动，没有时间去做有“主见”的事情，久而久之便形成了一套特殊的行为模式，变成了“工具性行为”了。

---

① Conway，Flo，and Jim Siegelman，*Holy Terror*，Doubleday & Company，Inc.，Garden City，New York，1982，p. 216.

破坏性膜拜团体就是在这种精神控制过程中强化着成员的“膜拜心理”，使他们变得思维简单、感情淡漠、敌视外界、极其虔诚。此时的成员便沦落为“教主”的工具了，其工作就是不断地“劝诱”其他人加入进来，并听命于“教主”指令去进行各种膜拜活动。

（二）塑造膜拜人格模式

1. 人格的基本观念

人格是各种心理特性的整合，即指一个具有特定遗传素质的人，在社会化过程中形成和表现出的思想、情感以及行为的特有模式，此模式包含了个体独具的、有别于他人的、稳定而统一的心理品质，也是相对稳定的心理组织结构，它是在遗传基础上与社会环境的交互作用中形成的心身动力系统。人格具体分为两个方面：人格倾向性和人格心理特征。前者主要包括需要、动机、兴趣、信念和价值观等，它们形成于后天的社会化过程中，是人格的外在表现；后者涉及个体的性格、气质和能力等，这些成分在不同程度上受到先天遗传因素的影响，因此具有一定的稳定性。从心理学角度判断心理健康与否的一个原则，就是强调人格的相对稳定性原则。所以，人格对于心理健康而言是极为重要的因素。当个体能够与社会环境发生积极互动，能产生良好的社会行为则是健康的人格。反之，若个体的价值观和言行举止与社会要求格格不入，则可能存在人格不良的倾向。

2. 人格的基本特征

（1）独特性与整体性的特征

人格的形成受到遗传、教育、环境等因素的交互影响，虽然人们在思维方式和行为方式等方面表现出相似性，但每个人的生存环境以及经历不同，都印入了各自的特性，因而人格因人而异，具有一定的特点，决定着人的思想和行为的独特性，即个体有什么样的人格类型，便有什么样的思维方式和行为方式。这也是有别于他人的心理特征，所谓“人如其面，各不相同”，这就是人格的独特性。但是，人格中的各种心理特征彼此交织，相互影响，个体的气质、性格和能力等因素也对人格产生影响，所以人格是由多种成分构成的一个有机整体，具有内在的一致性，也体现出整体的精神风格。

（2）稳定性与可塑性的特征

人格的形成是生活经历和遗传背景的共同作用之结果，这是一个长期的过程，不受时间和环境的限制，表现的行为方式具有一贯性。一旦成年之后，人格定型了则难以改变，因而人格具有较强的稳定性。所谓“江山易改，本性难移”，指的就是人格的稳定性。同时，人格也具有一定的可塑性，在遭遇一些重大事件或变故之后可使人格发生改变。人格的稳定性和可塑性特征，一方面保障了个体行为的一贯性，另一方面又保证了个体的适应性，使得个体的发展更具有伸展性，在面对困难时表现出良好的应对能力。然而，在一些特殊环境中，又使得个体存在极强的易受暗示性，从而改变行为的活动方式。

（3）生物性与社会性的特征

人格的形成是以神经系统的成熟为基础，这是其生物属性或人格的生理基础。人格又受到遗传因素的影响，父母双方或一方患有精神疾病、孕期药物滥用、精神创伤等都会给子女留有不利的遗传因素，对于人格倾向产生不良影响，尤其是精神疾病的遗传更容易使个体形成异常人格。同时，人格又是在一定的社会文化环境中形成，个体在行为方式中会反映出生活中的社会文化特点，会遵守社会规范要求去行事，这是社会的约束。人在后天成长过程中，如果家庭结构不健全、家庭暴力或感情冷漠等不当的教养方式以及童年创伤等因素，都会对人格形成产生消极的影响，甚至会在消极环境作用下形成反社会性人格，只有在生物性和社会性的良好统一中才能形成健康的人格。

3. 破坏性膜拜团体塑造人格模式的过程

破坏性膜拜团体塑造人格模式的过程实际上就是实施信息、思维、感情和行为控制的过程，应用这些精神控制手段强制性、剥夺性地改变成员原有的人格模式。通过人格解冻、转变以及再凝结过程，将成员的原有人格模式摧毁并改造，逐渐地构建起成员的“膜拜人格”，以便于使他们无条件服从“教主”或“教义”，其塑造人格模式的具体过程如下。①

① ［美］斯蒂文·哈桑：《走出邪教》，杨善录、杨菲译，安徽文艺出版社2001年版，第41—55页。

（1）解冻：人格解体的过程

解冻“旧人格”，即摧毁成员的原有人格模式，动摇成员的原有认识和观念。膜拜团体在实施一系列精神控制手段之后，要求成员反思自己的过去并重新做出解释，使成员对自己之前的行为方式产生怀疑，否定已有的人生观和价值观，将过去的行为视为自己犯下的“罪孽”。由此，一些成员会产生深深的负罪感，并对之前“所犯罪行”进行忏悔，否定真实的自己。

（2）转变：人格转变的过程

转变过程是将成员从“旧人格”塑造成“新人格”的过程。此时，成员正处在一个人格混乱状态。组织者会利用教义信息、思想控制和环境控制等手段阻止成员接触外界信息，他们利用自我认罪、忏悔仪式、奖惩强化等手段去强化成员对原有人格的否定，否定自己原有的人生经历，接受强化输入的膜拜观念，强行塑造成新的“人格”。一些成员会逐渐服从“教主”意志，模仿“教主”的言行举止，并将这些内化为自己的人格模式。

（3）再凝结：强化新人格的过程

再凝结，即“新人格”的强化和稳固。通过解冻和转变两个过程之后，“旧人格”逐步被否定和抛弃，“新人格”初步形成。此时，团体会采取一系列手段进一步强化成员的“新人格”，他们通过更换姓名、改变衣饰发型、赋予某种职位等，使成员接受全新的自己。一些成员甚至会接纳团体的安排组建“新家庭”，抛弃旧有的亲属关系。最终形成的“膜拜人格”成为思维简单、感情冷漠、行为刻板，言行与常人格格不入，心理只是依赖于教主的虔诚信徒了。

三　精神控制的方法

破坏性膜拜团体使用各种各样的方法对成员进行精神控制，既有直接的立即见效的方法，也有在几周、几个月甚至一年后才产生效果的方法，其方法与过程大致如下。

（一）利用宗教名义诱惑

任何一种政治组织或社会组织，如果采取宗教的形式，就容易在群众中普及、扩展和扎下根来。这种形式既可以避免一些社会风险，也可以借助宗教的影响力，堂而皇之地表现和宣扬自己的信念。

破坏性膜拜团体吸引民众多采用如下一些方法。

1. 利用宗教信誉诱惑民众

传统宗教在中国盛行了几千年，其“慈悲为怀”的伦理思想，已成为民众心中的准则与理念。一些膜拜团体善于打着“宗教”幌子，将传统宗教的声誉“占为己有”，或者借用其中一些理论成为推销自己的方法。2009 年 7 月，中国政府网站公布的正式定名为邪教组织的有 14 种，这其中打着基督教旗号的就有 12 种。“全能神”就是打着“基督教”名义诱惑民众的邪教组织。有些膜拜团体标榜自己是合法的“宗教组织”，甚至其教团的图案都类似于某个传统宗教的图形，他们借助正规的教堂或场所进行活动，以佛教或基督教的名义招募成员。这种情况在我国较为常见，尤其是一些比较偏远的地方，很容易诱惑一些未得到正规信仰引导的群众。在一些农村地区的小村庄里，有些村民参加了某个团体的活动，还以为这是加入了基督教呢，他们只知道“信主要上天堂，不信主则要下地狱”，而对于基督教的根本价值体系并不完全了解。① 有一些膜拜团体表面看起来很柔和，让你心灵和身体都得到“净化”，一旦进去被洗脑之后就身不由己了。有一位乡村小学女教师，身世有些坎坷，经历了经济拮据、亲人分离等挫折，觉得自己的命运悲苦，她看了一些宗教方面的书，感觉到内容太陈旧，欲解而不得其解，心理常常处于无奈之中。当她接触到了某个膜拜团体后，感觉其中既有宗教内容的灵幻，又有现代科学术语的闪光，还有悲天悯人的关怀，一下子就抓住了她的心，她一头扎了进去，而在进去之后不久，就由不得自己把钱物都献了出来。中国的“信男善女”很多，有些人对宗教知识了解的有限，以至于影响了自己正常的生活。

2. 利用宗教情感诱惑民众

“宗教情感是与宗教信仰相联系的、人们对超自然力量及其象征物所产生的一种体验，它是在宗教环境中培植、在宗教礼仪中逐渐熏陶出来的一种特殊心理状态。”② 在宗教的形成、发展和巩固过程中，宗教情感具有

---

① 王奇昌：《南阳市镇平县北庄基督教调查》，《科学与无神论》2008 年第 1 期。

② 沙连香主编：《社会心理学》，中国人民大学出版社 2007 年版，第 335 页。

很重要的推进作用，它具有“对神灵的敬畏感、对神灵万能的惊异感、对神灵存在的依赖感、对神灵审判的罪恶感、对神灵交往的神秘感和期待感以及对宗教理想的虔诚感”。[①] 所以，宗教心理学家威廉·詹姆斯（William James）指出：“在宗教里，情感是主要机能，而哲学是次要机能。”[②] 传统宗教有自己的教义、仪式和戒律，信奉者在庄严肃穆的气氛下，静坐、沉思、打禅，会产生一种神圣的宗教情感，这种情感会使他们虔诚地笃信宗教并主动献身于宗教。膜拜团体打出的第一张牌就是“感情牌”，感情的创伤使人们需要安慰，而组织者的“善解人意”，利用宗教情感让一些人未经信用核实便加入了进去。比如“人民圣殿教”在圭亚那建立的团体，聚集了近千名具有同样信仰的人在这个圈子里活动，他们实行财产公有制，按劳分配，“教主”吉姆·琼斯（Jim Jones）声称这是一个大家庭，家庭成员要互亲互爱，不能有任何隐私，“教主”是父亲，成员是兄弟姐妹，这对于一些有宗教情怀的人来说有极大的吸引力。当然，“教主”的宗教情感是虚假而狠毒的，最终将这近千名成员引入了火海。

3. 利用宗教价值诱惑民众

追求人生目标，实现自我价值，这是每个人生存的意义之所在，人们也在发展中积极寻找自我实现的资源。人们这种实现自我价值的期盼经常被膜拜团体利用，比如“奥姆真理教”常用的语言是：“在这里你将获得自由，获得神的眷顾，你是上帝的儿子，你的存在是上帝的选择，你是使者，是先知。跟着教主，你将进入天国。这对于苦苦追寻人生价值和意义的人来说，这样的言辞是何等的诱惑。于是，本应属于社会的青年精英们，就这样成为了麻原彰晃奥姆帝国的核心力量。”[③] 美国学者菲利普·G. 津巴多（Philip George Zimbardo）说：“邪教承诺、满足个人的大多数需求并对生活中的失败者给予补偿，让他们残缺的世界变得更安全、更健康，对他们孤独的内心予以关爱，并且可以预测和控制未来。”[④] 有些成员由于受疾病、压力、工作不顺、家庭不和等因素困扰，其固有的价值观

---

① 沙连香主编：《社会心理学》，中国人民大学出版社 2007 年版，第 335 页。

② 同上。

③ 罗伟虹：《世界邪教与反邪教研究》，宗教文化出版社 2002 年版。

④［美］菲利普·G. 津巴多：《解读今天的邪教其背后的隐藏与折射》，耿耿译，《科学与无神论》2011 年第 4 期。

被现实打破，亟须填补空缺的心灵，他们在团体中似乎能感到存在的价值，感到自己被需要、被重视、被尊重，从而被诱惑进去。

4. 利用超自然体验诱惑民众

科学的进步是人类探索精神的完美体现，但它并不能解决现实生活中的所有烦恼。现代人的生活节奏越来越快，各种压力有增无减，一些人开始对现实感到不满和厌倦，他们希望能有超自然的体验，有超凡的能力，有某种奇迹发生。于是，各种先贤哲学、宗教思想、心理催眠、瑜伽、禅修、全系疗法等便风行起来。而教主更是见机行事地打出了超自然体验的幌子，利用“灵修”“开眼”“密修”等方式开班授课，借此招募成员。教主对于成员的心理也颇有研究，他们将人们对神秘的好奇心利用到极致，利用当前科学依然无法解决的所有疑惑，利用人们对于未知领域有着本能的探索倾向，将自己装扮得极为神秘。教主作为一教之主，为保证至高无上的地位，擅长依靠各种手段制造自己的神秘性，如“奥姆真理教”教主麻原彰晃，身披长发，络腮胡须，紫袍白裤，给人一种得道高人、超凡脱俗的感觉。除去这些外表的神秘外，教主还宣称自己具有神力以及各种神秘的经历，他们或某夜顿悟，或深山修道得到了“神”的指点，或“仙人附体”而具有了包治百病的超凡能力。他们借超自然体验之名诱惑成员深入其中，再对成员实施精神控制，使成员深信“教主”是当世唯一的真神，唯有崇拜和追随才能够获救，如此一来就失去了自己对于现实的认知智慧了，更不会去判断真假之伪了。

5. 利用健康期盼诱惑民众

学者乔丹（Jordan）曾经指出：“华人的宗教信仰有三个特性：条件性、累加性和互换性。这三种特性都与健康追求有关。比如条件性，这是指宗教信仰依附于该宗教或是信仰系统中的医疗系统的有效性，即华人对于宗教系统的判断乃是根据外在的标准，而不是根据该信仰系统本身来决定，而其中‘医疗’的成功与否是一个人是否认同某一信仰，或是宗教实践体系并继续保持忠诚的重要逻辑。”① 当今中国的社会发展以及医疗水平还不能满足人们身心健康的需要。据有关资料显示，我国健康人口比例为

① 沙连香主编：《社会心理学》，中国人民大学出版社 2007 年版，第 340 页。

总人口的15%，15%为非健康人，70%的人处于亚健康状态。目前，我国普遍存在看病难、看病贵的问题，城乡之间、地区之间、不同收入人群之间存在明显的医疗服务差距，医疗条件还未成为我国国民促进健康的途径，健康知识普及还远远低于人们的实际需要，而健康又是与民众生活质量以及心理满足感最为密切的因素。因此，膜拜团体常常是从健康入手，在招募成员时吸引人心。如“科学教”的“净化疗法”就是利用健康为突破口，首先对成员做心理测试，然后动员新人参加“听析会”“劝告会”，接着再实行维生素和矿物水疗法以消除“恶积”，最后再强力灌输其教义。这种“净化疗法”实质就是精神控制的过程。我国的一些膜拜团体更是打着健康旗号，鼓吹该教该功包治百病，诱惑人们有病求治的急切心理而加入进去。

（二）制造感觉剥夺环境

破坏性膜拜团体最重要的特征就是控制成员与外界环境的交往，这是精神控制最常使用的方法之一，其“邪”之所在就是禁锢人的思想，让人不去对比、不去思考、不去分析、不去判断，让人无从辨别真伪，这样就需要控制住人接受信息入脑的第一道关口——感觉。

1. 感觉剥夺的原理

“感觉是人脑对直接作用于感官的客观事物的个别属性的反映。”① 人对客观事物的认识是从感觉开始的，它是最简单的认识形式，比如当一堆橘子作用于我们的感觉器官时，我们通过视觉反映它的颜色；通过味觉反映它的味道；通过嗅觉反映它的气味；通过触觉反映它的形状。人们通过感觉从外界获取信息，认识和分辨事物的各种属性，然后在大脑皮层对这些信息进行分析和加工处理，并与已经存储在脑内的既往信息进行对照，从而产生对外界事物本质属性的认识。因此，感觉是人类认识和体验世界的方式，它在认识过程中担负着对信息进行传导和分析的任务，它是一切心理活动和行为活动的基础，也是意识形成和发展的基本成分。

“大脑皮层的神经结构是一个强韧而开放的系统，有高度的适应能力。脑功能的运作是动态的，在匮乏环境中或受到严重损伤后会停滞下来，而

---

① 彭聃龄主编：《普通心理学》，北京师范大学出版社2008年版，第172页。

在丰富环境的刺激作用下可提升运作效能。"① 感觉对于人类来说意义重大，就一个正常人而言，为了满足生存质量的需要，为了维持神经系统某种程度的机能觉醒，必须从现实环境中获取可靠的信息，因此适度的感觉信息刺激是必要的，一定水平的感觉输入是必不可少的，它不仅能提供人类生存的重要线索，而且增加大脑皮层的唤醒机制，从而激活生理和心理系统的活力，这些功能使人保持较高的思维效率，形成正确认识和有效的反应速度，以便于及时有效地把握客观环境，为维护身心功能提供必要的保障。就连植物人都要不断地给予各种感觉的刺激，比如给予视觉、听觉、触觉和运动觉等刺激以促进功能恢复，何况正常人呢。

感觉剥夺，这是指有机体与外界环境刺激处于高度隔绝的特殊状态，即给予生物体感受器刺激的量减少，或者使人处于某种特定感觉刺激的强制性环境里，其刺激具有极为单调和反复持续的性质，或者给予感觉刺激的量并不一定减少，而是减少了参与其他活动的量。通俗地说，感觉剥夺就是使人尽可能少地接收信息，尽可能少地产生感觉，尽可能少地对客观事物形成正确有效的分析，从而使人因信息不足而导致情绪消沉或产生冷漠的生活态度。在我们的日常生活中也常常遇到感觉剥夺环境下引发的问题。比如，普通人坐上三天三夜的火车，会出现"幽闭综合征"现象，感到昏眩、烦躁和郁闷；现时的一些"宅人"，由于长期与社会环境处于分离状态，也容易诱发种种心理问题和行为问题。

世界上第一个"感觉剥夺实验"② 是在1954年，由加拿大蒙特利尔的麦吉尔大学的心理学家贝克斯顿（W. H. Bexton）等人完成的。基本内容是：把大学生志愿者置于极少有刺激作用的实验环境里，放置在被剥夺了光、声、触觉的房间里，使其极少有可能产生感觉，并要求志愿者停留时间尽可能地长久。每人每天可获得20美元的报酬，食物、水及上厕所均可以得到保证。刚开始的时候，参加实验的志愿者认为很轻松，都乐意接受这项实验。最后，志愿者的反映是，第一天容易度过，整天睡觉，但是逐渐变得烦躁不安，情绪开始起伏波动，尽管有高额奖励，却很少有人愿意接受两三天以上的感觉剥夺实验，几乎没有志愿者愿意在这种环境中生活

① 梅锦荣编：《神经心理学》，中国人民大学出版社2011年版，第472页。

② 李心天主编：《医学心理学》，北京医科大学、中国协和医科大学1998年版，第94页。

一周。实验结果表明，这些志愿者在感觉被剥夺的实验期间，注意力不集中、思维不连贯、逻辑混乱、条理不清、反应迟钝、情绪烦躁，有的志愿者甚至还出现了幻觉、神经症样症状或恐怖症状。有一些志愿者从实验室里出来，在描述感觉时说道："我的思想似乎像一团棉花浮在我的身上""物体看上去是弯曲的""物体似乎在动"等。在他们眼里的平面似乎变得弯曲了，物体的大小与形状似乎都改变了。用脑电图记录这些志愿者在感觉剥夺前后的脑电活动，发现在剥夺一段时间之后，其脑电图出现一种慢波（这种慢波通常是在成人睡眠时出现，而不是在觉醒时出现），还有主要脑区活动的节律频率也变得缓慢了，这说明大脑皮层的功能被抑制了。以后，在美国、英国和中国多次重复进行的感觉剥夺实验都得到了类似结果。

在海勃（D. O. Hebb）的实验室所进行的感觉剥夺实验证实，受试者在感觉剥夺试验七天后，出现了典型的心理病理现象：①错觉、幻觉、感知觉障碍以及继发性情绪和行为障碍；②对刺激过敏，紧张焦虑，情绪不稳；③思维迟钝；④受暗示性增强；⑤出现躯体化症状以及各种神经症样症状。这些症状出现的原因是因为："正常的脑机能有赖于脑干网状结构激活系统的活动，网状结构通过上行纤维不断向大脑皮层发出张力性信息冲动，这是使个体能够保持清醒的神经生理基础，与此同时，网状结构还参与感觉控制，注意力集中，学习和习惯化的过程。"① 当人处于感觉剥夺时，通过感觉通道传入网状结构的有效信息减少，大脑皮层会出现感觉真空状态，而此时不相应的信息乘虚而入并得到不断地强化，这种强化的信息很容易占据在大脑皮层之中，继而刺激神经系统产生错觉、幻觉和受暗示性增强等异常现象。感觉剥夺实验说明：由于缺乏或减少了信息刺激，会严重影响人的思维过程，并波及情感和意志活动，造成心理功能紊乱乃至行为失常现象。当然，这里所说的感觉剥夺是在人为操纵环境中长期进行的一种被动现象，而不是医学气功锻炼中的主动入静方法，后者是减弱自己对意念之外其他刺激信息的感觉，以达到静心修身之目的，它有时间的限制，这与人为制造的感觉剥夺有很大的区别。

---

① 王晓慧、孙家华主编：《现代精神医学》，人民军医出版社 2002 年版，第 17 页。

2. 膜拜感觉剥夺的程序

“感觉剥夺”是破坏性膜拜团体最常用的精神控制方法之一，其关键就是控制成员与外界环境的交往。膜拜团体活动具有很强的封闭性和排他性，要求成员长时间在一种安静和闭锁的环境里活动，给予极为单调的视觉、听觉、触觉的刺激信息，隔断成员与家庭、他人和社会的联系，这种活动场面类似于感觉剥夺环境，其活动也可以被认为是处于一种自体的感觉拘禁状态。比如，李某某为了家人能过上好生活，一直很努力地做着小生意，一家人也生活得平平安安。他在加入某膜拜团体后，感到自己过得太辛苦了，逐渐地把生活希望寄托在“圆满”上。每天天不亮就开始“打坐练功”，深夜也仍然看“经书”和“练功”，再也无心经营小店，缺货也满不在乎，对于实实在在的生活失去了兴趣。他长时间独自待在一个房子里，很少与他人接触，甚至与家人也很少交流。他说：“我就是要每天都保持在‘悟’的状态，而不是人间的琐事。”结果在三年之后，李某某由于正常信息量输入减少，导致感觉敏锐性降低，意识清晰度低下，思维反应迟钝，判断分析能力减弱，并失去对现实世界的正常理解和认识能力。

一个人一旦切断了自己与他人以及社会的有效信息交流，脱离社会现实生活，长时间处于感觉剥夺状态，限制了其他信息来源，只锁定一个信息来源中心，就等于缩小了自己的客观世界，阻止了去学习认识世界的机会，将自己束缚在只能提供一个答案的单一信息与思维之中，这种思维只会开辟一条走向心理依赖的褊狭道路。膜拜团体组织者知道，成员与社会联系得越少，就越能建立所培植的信念，就越能高效率地改造思想和控制行为。所以，组织者很重视人为地操纵成员疏远社会，疏远不相信该教、该功的人群，他们以这种方式使膜拜团体得到巩固和发展。

破坏性膜拜团体制造感觉剥夺的基本程序及其后果如下。

（1）制造感觉剥夺环境导致幻觉现象

破坏性膜拜团体想方设法地运用各种技术剥夺成员的感觉信息，他们把成员的生活安排得很满，早上修动功，白天读经文，晚上练静功，周末交流练功体会，节假日听报告等。他们让人在封闭的房间里静坐几个小时练静功，双目一闭，就关闭了人的最广泛的感觉通道，同时配合说教的影像资料，不断地播放教义内容让成员去听、去想、去模仿，没有娱乐，没有假期，没有个人爱好，年复一年，日复一日，时间一长成员便因为缺乏现实信息的刺激，心理功能、生理功能以及社会功能在不知不觉中退化了，他们在感觉剥夺中只能依靠想象的内容来充实着头脑，思维活动单调地停留在自己所制造的虚幻世界里。笔者在对一些成员的访谈中发现，他们述说最多的是幻视、幻听、幻嗅、体感幻觉等虚幻性的感觉内容，其幻觉图像鲜明，如同在头脑里出现一种立体似的情景一样，甚至有一种身体“被触动”的临场感，好像真的一样。80%以上的人追求这种虚幻效果，并且在追求中被组织者强化着奇异的心理体验。陷入这种感觉剥夺状态中的人，感觉一旦与现实隔离开了，就会停止清醒的思考，无法对任何事情做出理性判断，完全失去了自我。某地女成员韩某某，因练功产生幻觉，幻觉到了“另外的空间”，见到了与自己发生过节的张某，她认为“另外空间发生的事情与自己所在的空间相对应”，在幻觉中“尊师”一再要求自己杀死张某，于是在大年初二的晚上，韩某某持刀闯入张某家中，对着张某头部连砍两刀。

（2）操纵感觉剥夺条件导致恐惧情绪

人在面对挫折或感到困惑时，对暗示的信息会变得特别敏感，总是想寻求一种安慰和保护。组织者正是利用了人的这种心理，虚构“地狱”和“世界末日”让人恐惧，然后再以“救世主”身份带人进入“天堂”，让成员臣服于他。一旦成员进入感觉剥夺的练功环境中，就会被包围在对教主权力绝对服从的氛围之中，每天给成员灌输单一密集的“天堂与地狱”信息，让成员对其依赖越来越深而不能脱离。有一位年轻成员，其父母也是某膜拜团体的成员，母亲因病不就医，单纯练功，最后不治身亡。而“尊师”并没有“发功”救母亲，为此她感到很痛苦，从而产生了怀疑，但另一方面，她又相信有地狱惩罚，因为“尊师”说过，“背叛我的人，将入地狱”。她既害怕“形神全灭”的地狱之苦，也担心自己进不了天堂，整日里忧心忡忡、郁郁寡欢，处于情绪恐惧之中。人一旦陷入了感觉剥夺的怪圈，就将自己推向了恐惧状态，这种恐惧的威胁可以是虚拟的，但它同样给成员的心理带来极大恐慌，更何况破坏性膜拜团体对于背叛的人是给予实实在在的严厉惩罚，他们对于想脱教的人，就盗用修行的名义把人禁闭在感觉剥夺的密室中，采用逼迫的方法使人就范。

（3）强化感觉剥夺过程导致成员思维偏执

在感觉剥夺的练功过程中，组织者要求成员对事物做统一思考和统一行动，他们运用“不二法门”的概念禁锢成员的思想，让成员不去接触正教，只能修一种“法门”，只能读一门的书。他们反复持续地给予成员同一种信息的刺激，使成员注意力长时间集中在一种意念、一种物象或一类动作上，头脑里不装其他内容了。在无其他信息选择的情况下，教义观念渐渐地渗透进头脑里了，接着所思所想的内容与教义观念融合一致，就产生了稳定的膜拜信念，继之再内化成个人的信仰体系，便形成坚定不移的偏执思维方式，这样身体和心灵就都被牢牢地囚禁在膜拜信念之中了。成员何某在家中独居一室，执着练功，很少接触外界其他活动，专一地修炼。有一天晚上，他在窗前练功时发现眼前有持久的亮光，认为这是“尊师”显灵，内心更加执着追求“灵光”再现。实际上，这股亮光是当晚下过雨后，路边积水反射的新安装的路灯灯光。“在所有人性的弱点当中，没有什么比偏执对人的自尊和人的社会关系更加有害，它是社会现实被扭曲的最主要例证。产生于人脑里的偏见，能够贬低人的人格和毁灭人的生命。”①

（4）依据感觉剥夺手段进行精神控制

破坏性膜拜团体采用感觉剥夺并不只是局限于剥夺成员的视觉、听觉和触觉信息等，而在于控制成员的精神世界，即运用感觉剥夺的目的是要控制成员的精神活动。客观现实环境是决定心理功能的重要因素，即人的心理功能必须依赖于一定的客观现实，感觉被剥夺了，其一系列的心理活动便被操纵或控制了，长期如此就不可避免地会出现三种生理心理异常现象：①3D 症状。虚弱（Debility）、依赖（Dependence）和恐惧（Dread）。②虚幻追求。隔离现实，妨碍清醒思考，移向想象空间，出现像梦境一样的变态意识。③功能退化，失去社会现实理解力和解决问题的能力，其社会生活、生命热情与行为都会发生颓废现象。“一个人经受的剥夺越多，他就会变得越顺从，他就不再会对强加给他的剥夺实行反抗。”② 简言之，

① ［美］理查德·格里格、菲利普·津巴多：《心理学与生活》，王垒、王甦等译，人民邮电出版社 2004 年版，第 521 页。

② ［美］埃里希·弗罗姆：《生命之爱》，王大鹏译，国际文化出版公司 2003 年版，第 26 页。

通过感觉剥夺方法，将人诱导进入一种特殊的意识恍惚状态，再将教义的思想输入成员的头脑中，从而产生精神控制的效果，其感觉剥夺过程就是精神控制的过程。

（三）使用抽象空间技术

1. 利用抽象空间技术强化记忆

关于抽象空间的认识，著名心理学家荣格认为，抽象是与移情相对应的心理内倾机制的产物，它是将对象的特性脱离开对象实体而与理性的构想相耦合的结晶，这种结晶又成为人们理解和主宰世界的工具。人们主要是从两个方面来完成抽象空间的认识，一是从具体存在而实在的形体性来认识；二是从所谓的“虚空”现象中形成对空间概念的认识，这需要动用想象。人的感官喜欢变化，讨厌千篇一律，耳朵总是听到一种连续的音调或者眼睛死盯着一个点，都会感到不舒服。因此，在教育中常常采用教学方法和谐与奇特相配合，多样化统一。比如，在语言运用中，时而抑扬顿挫，时而快如连珠，时而降低音调，用音调音速来把控学生情绪，使教学引人入胜，同时运用粉笔颜色和形状、肢体语言和动作、多媒体教学设备等，把所要讲授的抽象理论以空间有形的形式表达出来，运用这些技巧使学生强化抽象内容的记忆。而一些“教主”在利用抽象空间技术方面也是颇具功夫，他们为了让成员们信服，故意创设情境表演“特异功能”来忽悠大家。比如“华藏宗门”的教主吴某某在表演吸烟时，能让烟从脚底出来，其实是他让弟子从淘宝上购买的魔术烟花。其目的非常明确，就是强化成员的记忆，佩服他的“神力”进而接受其控制。有些成员可以在静功的冥想状态中，脑海里会突然出现已经死亡了十几年的人，站在面前并与之说话的情景，这是一种在“虚空”现象中大脑空间发生记忆内容移位的错觉。人类具有自我稳定的生理机能，同时也具有不稳定的心理机能，这是发生抽象空间想象活动的基础。

2. 利用抽象空间技术强化想象

人类随着漫长的生物功能的进化，大脑的想象能力十分丰富，生理也会顺应想象而产生一定的反应，有时候甚至会被自己的想象所控制。比如，在炎热的夏天，你走进一个红光照明，墙壁和地板都涂以红色的房间里，就会感觉身上热烘烘的，而走进一个淡蓝色的房间就会感觉凉爽一些。这是客观环境引起的心理联想和生理效应，红光是暖色调，有暖和感，而蓝色是冷色调，有寒冷感，这在一定程度上具有调节情绪的作用。同时，这也是大脑皮层产生的想象力带给人们的感觉控制。每个人都有想象力，有的人在看了震撼人心的影视节目后，会躺在床上久久不能入睡，浮想联翩地想着剧情内容。比如，在看完电影《泰坦尼克号》之后，许多情感丰富的女性会沉浸于男女主人公的爱情故事中，被杰克和罗丝的爱情所感动，也渴望自己能拥有这样一段刻骨铭心的爱情，她们会不自觉地将自己置身于女主人公的世界里，想象成为这段绝世恋情的当事人，感受着这段浪漫、欢乐和心痛的恋情。有许多女性在时隔多年后回忆起这部影片的场景时依然会泪流满面，而听者也会被带入想象的情境中，想象着杰克拥抱着罗丝站在泰坦尼克号的船头，罗丝伸开双臂迎风破浪的画面。时至今日，这一镜头依然被无数情侣重复演绎，这也就不难理解《泰坦尼克号》电影3D版在2012年上映时，票房价值依然如旧了。

人的思维是灵动的、活跃的、富有想象的。有的人一边乘坐着地铁，一边策划着放假时应该到哪里去旅游，想着下一步如何发展自己的计划，他的注意力并不在车上。人每天都是在“想象世界”里生活着，人的思维会受到想象信息的左右，想象对人具有深刻的影响作用。有时候，人们在某种特定情况下，想象世界中的影响力比起现实世界中的感觉似乎要强烈得多，尤其是一些迷信内容的想象，迷信者的内心深处本来就有某种潜在的期待，当迷信内容与现实生活中的某些事物恰巧吻合时，就会直接影响其心理意识和行为活动。比如，一些成员在患病时有强烈的康复欲望，想象着“师父”发功给自己治病，只要疾病有一点儿起色就认为这是师父的功劳，他们在想象中迷惑着自己，因拒绝就医而延误了治疗时机。

3. 抽象空间技术的神经学机理

神经心理学理论认为：“脑功能依循用进废退的原理，脑功能训练给大脑提供有计划的刺激作用，并且调节行为……人脑是一种适应性强的器官，刺激作用经由感觉神经通道进入大脑之后，能够改变大脑的运作历程和神经结构，以应对环境的改变。学习就是通过不断的刺激作用改变脑部神经结构的历程。这种训练是一个重新学习的历程，通过重复练习，使技巧成为自动化的习惯反应，不必思考就能自动执行了。”① 其精神控制也是在此认识基础上，有计划、有针对性地安排各种训练活动。许多膜拜团体都有演示引导的手段，以强化成员的追随心理。有些功法有很强的夸张性，一边用演示法表演形体动作，说一些迷惑性很强的“宇宙语”，一边再配合着阴阳怪气的声调，强化成员的印象和记忆，还不仅仅是利用肢体动作和语言诱惑，而且还大量运用影像、录音等高科技设备，以便于更有效地控制人的心理活动，使人快速进入精神控制之中。同时，膜拜团体还扩张了某些社会习俗对人的心理影响作用，操纵一些迷信信息去强化心理动机，然后再将这些信息与特定的临场感连接起来，使人容易形成某种膜拜信念和特定的行为活动方式。

（四）激发神秘体验技巧

宗教经验是宗教的核心要素之一，对于这种非理性的感觉经验，并没有一个明确的定义。美国著名心理学家威廉·詹姆斯（William James）认为：“私人的宗教经验的根底和中心在于神秘意识状态，宗教经验有四个最基本的特征：①超言语性，即无法用言语表达；②知悟性，即彻悟状态，是理智无法探测的；③短暂性，即持续时间短，但印象却持久；④被动性，即一种被别人更高级的权力控制的感觉。”②

宗教经验具有超越性和神秘性，这是宗教的特性之一。破坏性膜拜团体更是用心于宗教经验的利用，尤其是“教主”最愿意玩弄“超自然能力”。如日本“奥姆真理教”教主麻原彰晃，他宣称自己在喜马拉雅山上得到“顿悟”，拥有了先知先觉的预测能力，又宣称自己练成了“飘浮神功”，并花钱出版了《超人能力秘密开发法》一书；韩国“统一教”教主文鲜明称自己是“耶稣复临”，标榜当今时代是“文鲜明时代”；美国的“大卫教”教主大卫·考雷什自称“基督转世”；“人民圣殿教”教主琼斯干脆宣称自己就是神的化身。他们都说得出神入化，好像神话故事一样。然后，这些“神”运用“冥想”“催眠”“暗示”等方法诱导成员经历体验。我们不用去分辨这些教主的宗教经验是真是假，值得关注的是成员们

---

① 梅锦荣编：《神经心理学》，中国人民大学出版社 2011 年版，第 473 页。

② ［美］威廉·詹姆斯：《宗教经验之种种》，唐钺译，商务印书馆 2007 年版，第 377 页。

所感受的体验，多数成员都喜欢神秘体验，有的说练着练着就有了腾云驾雾般的“升仙感”，并从内心认定它是真的。我们曾经向一些成员请教“‘天堂’是什么?”‘圆满’是什么?”“‘来世’是什么?”等问题时，他们只是简单地回答说“这是不可言喻的”。我们相信一些体验具有超越性，它是精神层面的内容。但是，任何体验最好具有一些与现实相联系的功效，否则怎么能体现它的意义呢？的确，在这个世界上还有很多未知的“黑箱”有待科学家去破解，我们也不否认“心理感应”的存在，但是科学是可以验证的，存在因果机制的关系。比如，人们过去对抑郁症不了解，现在已经知道其发生是与脑内缺乏5－羟色胺之类的神经介质有关，从而破解了抑郁症之谜，找到了有效的治疗方法。

有一些体验是可以采用一定的触发因素而激起，这可以用“沙赫特模式”来试作解释。沙赫特和辛格（S. Schachter & J. E. Singer）认为，人的认知是情绪的重要决定因素，认知水平可以调节情绪状态。两位学者在1962年的实验中，叙述了他们对情绪中认知因素和生理变量之间复杂关系的见解。其实验是：将被试分为实验组与控制组，实验组被注射肾上腺素，注射后其植物神经系统兴奋，引起心跳、气促、脸红、手颤等现象；控制组被注射生理盐水，注射后其身体不发生任何生理变化。两组被试接受不同处理后，将他们混合编成两组，分别置于两种情景中等待一段时间（做视力检查）。然后，实验者对实验组（注射肾上腺素）中的一半人告知注射的药物会影响他的生理变化，对另一半人则不作任何说明；对控制组的被试也不作任何说明。经实验者安排，其中一组在等待期间，有人做滑稽表演，情景令人发笑；另一组在等待期间，有人故意对他们进行干扰，强行要他们填写问卷，其中一些内容令人尴尬，目的是引起他们恼怒。结果，知道药物效应的被试，将自己心跳、气促、手颤等生理变化归因于药物所致，而不归因于外在情景；不知道药物效应的被试，则将自己的生理变化解释为自己的情绪反应，认为情绪变化的原因来自情景。在令人发笑的情景中，实验组内未被告知药物效应的被试，表现出较强烈的兴奋情绪；在令人恼怒的情景中，实验组内未被告知药物效应的被试，表现出较强烈的愤怒情绪。

沙赫特和辛格用实验证实了认知引发情绪的变化，再导致生理和行为变化的过程。由此，两位学者得出结论说，可以通过控制被试的认知而操纵其生理的唤醒状态，并以此解释被试的情绪变化机理，即认知引导情绪的变化。可以说，破坏性膜拜团体制造成员的特殊体验，开始是采用语言暗示形成其认知的改变，再采用背景音乐激发成员的情绪体验，然后再通过一系列强化方法巩固成员的膜拜思维和行为方式。

四　精神控制基本程序

精神控制的过程实际上就是对成员心理活动的重塑过程，主要有以下四个步骤。

（一）程序一：临场感的强化

临场感就是让人有身临其境的感觉。近年，部队军事演习的要求就是提高临场感。2015 年，在某集团军一场进攻战斗演练现场出现惊心动魄的一幕：步兵发起冲击时，一发炮弹“轰”的一声在离官兵不远处爆炸，弹片横飞，官兵迅即卧倒……现场观摩的所有人惊呼：真炮弹！真炮弹！现在的军事演练不设模拟环境，打的全是真炮弹、真子弹和真导弹，火药味儿十分浓厚。官兵置身于真枪实弹的环境中，谁也不敢掉以轻心，训练效果十分明显，避免了走过场的现象。这种硝烟之下的实战化战场态势的临场感训练，结论就是“打不打实弹，效果大不一样”。经过这么一次临场感实战演练，情景刺激如此强烈，给人留下的记忆也是深刻而难忘的。再举个例子，人们喜欢看电影，当坐在电影院里看电影时，可以完全忘却自我，全身心地投入电影的世界里。你的注意力都在电影内容里，故事情节抓住了你的注意力。电影之所以能抓住你的心，也在于它努力创造了“临场感”的效果，讲故事强调“入戏”和观众的“代入感”。电影中的临场感一种是艺术营造的临场感，述说的故事让人觉得是真实的。另一种是技术营造的临场感，这归功于摄影技术让观众被代入的临场感得到强化。现在，电影临场感伴随技术的发展得到了更大的发展，3D 摄影与放映技术都是朝着逼真的临场感方向发展，3D 电影《阿凡达》因为创造了视觉的逼真形象而给观众带来更强的临场感，为观众提供了一种浸入式的体验。有时候，不恰当的临场感对人的心理活动也会产生很大的影响。某市一名少年，沉迷在网游“魔兽世界”里狂玩了三天三夜，把自己全部融进了“召唤师”的魔幻之中，在他脑海中一直有个声音让他不停地指挥别人打BOSS。回家经过一座大桥时，突然出现被网游控制的感觉，他一刹那从桥上跳了下去找“装备”。这是网络游戏中的魔幻故事控制了少年的思维活动，是网络游戏情景的临场感导致的结果。

破坏性膜拜团体会想方设法地运用各种临场技术，来刺激成员的中枢神经系统兴奋，诱发成员加入并产生紧紧跟随的心理。有一位成员讲述：她是怀着好奇心，抱着试试看的想法去珠海拜见某大师。到了其家客厅，聚了三四十个人。一介绍，有北京的一级演员，有上海的博士、银行的高管，还有这个人是什么背景，那个人是什么背景……一听，就觉得都是高大上、有品位的团体，就想加入。后来她加入“华藏宗门”后才发现，这些人其实是用来充当门面的，只要有新人来，就会如法炮制，把他们像摆设一样搬出来炫耀一番，这种临场感充满让人心生向往的诱惑。更有甚者，有些膜拜组织者还激发成员的幻觉，在幻觉中加强成员对信仰的崇拜，再强化他们对教义的迷恋，最后进入妄想的“临场感”境地。某地有一位女士，她因虔信某教，精神恍惚，总喜欢拿“梦”说事。有一天早晨一起床，她情绪高亢，对丈夫说，她梦见了自己能在空中飞跃，她展开双臂兴奋地在房子里做鸟状飞跃，并炫耀地说着“自己修炼的‘层次高了’，能‘白日飞升’了，就要‘圆满升天了’”之类的话。类似这样把梦境内容当成真实现象的事例在成员中也不少见。

破坏性膜拜团体喜欢采用影像设备来制造临场感。当然，他们在精神控制中使用虚幻内容的临场感和娱乐界中的临场感具有截然不同的意义。他们采用封闭的环境，诱人在封闭的房间里静坐几个小时去练功，如果思维一直停留在虚幻的世界里，对眼前存在的现实世界视而不见，就会因缺乏现实感而进入虚幻状态中。笔者在与一些成员的访谈中发现，他们述说最多的是虚幻性的感知觉内容，如幻视、幻听、幻嗅、体感幻觉等，有的成员表示在祷告中感觉自己看到了某种“神迹”，或者接收到了“神”的指示，其幻觉的对象十分鲜明丰富，并伴有强烈的“身临其境”的临场感。如果组织者技术水平高的话，对于实施精神控制是特别有效的，甚至这种“临场感”可以被视觉化，导致被控制者见到了与平常状态完全不同的景象。比如，有的成员在练功时一想到“尊师”，仿佛就得到了一种力量，甚至有些人在不练功时，只要一想到或看到“尊师”画像，立刻就像条件反射一样，仿佛看到了“尊师”真人，听到了“尊师”的教诲，甚至感到了“尊师”的抚摸。如果这种崇拜现象一经出现，那就是进入精神控制步骤二的状态了。

（二）程序二：信念建立的强化

学者勒庞（Gustave Le Bon）说：“当领袖们打算用思想和信念，给群体的头脑施加影响时，有三种手段：断言、重复和传染，其作用虽然缓慢，然而一旦生效却能持续很久。”① 断言常常是一些“简练、高度浓缩、颇具权威性的语言，并成为教团内频繁使用的专用语汇”。② 这些内部行话越简洁就越有威力，而不去考虑证据和事实。当一个断言获得有效的重复，并且在群体中达到一致的时候，舆论便形成了势不可当的传染机制。比如，“消业”的断言不断地被重复，而不断被重复的结果就是传染力越来越大，最终在成员的头脑里扎下根来，在圈子内很快地流行开来，并用这种威力的信念指导着行为，团体中的每个人都视“教主”的言行为圣典，没有人会提出异议。许多事例显示，“教主”擅长把他的控制计划和人的心理欲望紧密联系在一起，善于利用人们最关心的健康问题来打动人心。每个人都有健康和长寿的愿望，那么就把你这种强烈的欲望激发出来，以达到后续控制的目的。比如，日本的“奥姆真理教”教主麻原彰晃，他就娴熟地抓住了人们的这种心理需要，他称他所创的瑜伽功是“引导灵魂趋向最高境界的力的修行”③，劝导人们去追求“高境界”的健康，以诱惑人们加入其功的修行之中。“高境界”健康的口号也正中人们下怀，一些人就像被施了魅惑的符咒一般，很容易就被吸引进去了。

接着，破坏性膜拜团体就开始实施独霸成员头脑信仰的计划了。他们严格要求成员对事物做统一思考和统一行动，他们运用“不二法门”的概念禁锢人的思想，让成员不去接触正教，只能修一种“法门”。佛教中有“不二法门”之说，其意是指一切万法在终极上都有一个共同的本质，在

① ［法］古斯塔夫·勒庞：《乌合之众——大众心理研究》，艾之凡译，中山大学出版社 2012 年版，第 112 页。

② ［美］瑞克·艾伦·罗斯：《邪教：洗脑背后的真相》，关群译，（香港）和平图书有限公司 2015 年版，第 113 页。

③ ［日］岛薗进：《奥姆真理教的轨迹》，东京：株式会社岩波书店 1995 年版，第 48 页。

本质上是“不二”的，而“教主”利用这一术语要求成员只能读本团体一门的书，甚至连《圣经》《道藏》都归入禁书之列，目的就是不希望人们在对比中发现破绽，从而无法辨别真伪。组织者在练功过程中要求成员虔诚，反复持续地给予同一种情景的刺激，强化成员反复读同一本书，反复进行同一种活动，注意力长时间集中在一种意念、一种物象或一类动作上，在无其他信息选择的情况下，一些观念就慢慢地渗透进头脑了，“尊师”就是“神”，此功就是“神功”的意识得到了强化，并形成坚定不移的行为意向，这样就被牢牢地囚禁在膜拜信念之中了。有一位成员，他排斥一切，过着“八不”生活，不看报纸、不看电视、不听广播、不干家务活、不管孩子、不与功友外的人来往、不参加娱乐活动、不参加单位的任何活动。除了练功，就是不停地抄写“经文”或背诵“经文”。他把注意力只放在一个点上，练功占据了他生活的主要位置，一切事情都以练功为中心，忘却了社会生活的责任。一直到经过学习教育后，这位成员才认识到，自己那个时候是被单一密集的膜拜信息所“洗脑”了，好像是进入了一种与崇拜对象二者合一的状态里了，忘却了现实生活中的一切。

（三）程序三：恐吓威逼的强化

破坏性膜拜团体注重培植成员的恐惧情绪，如果他们有任何疑虑都会被视为不忠诚的征兆，就会利用他们敬畏生命的胆怯而施加恐吓。这是膜拜团体惯用的手法，也是一种精神暴力。有些膜拜团体在实行练功活动中，一是把“尊师”幻化成“神”让成员崇拜，借“神”的旨意来强化自身的权威，将自身作为“神”在世间的“授权人”管控成员，强化着成员的“忠诚”并需要他们作出“奉献”；二是为成员幻化了未来的归宿，要么进天堂，要么进地狱，何去何从全由表现而定。这样一套天国约定和地狱威胁的奖惩体系给人的心理带来很大压力，他们把期盼与恐惧交织在一起，不敢背叛。有些胆小怯懦的成员相信“无处不在的法身时刻在监视着自己”，即使做个梦都会产生联想，具有极强的受暗示心理。加上“业力返还”“遭受报应”“形神俱灭”等说法，修炼之心丝毫不敢动摇，唯恐动摇会遭到惩罚。比如，“奥姆真理教”就采用心理操作技术使人失去理智，甚至采取绑架和虐杀的方法进行恐吓。1989 年 11 月，横滨市的坂本堤律师一家三口被害，就是一件典型的事例。有人加入“全能神”，要亲笔签订“保证书”，“一旦泄密，全家死光，本人遭殃，被神击杀、投入地狱”。“华藏宗门”要求拜师时要发毒誓：不能怀疑、不能背叛，否则没有好下场。“教主”多次对弟子说：“如果违背师命，就会得癌症、绝症，家人将不得好死，会下十八层地狱。”

这里有一位前成员李某的自述：“我患有较严重的关节炎，经常疼痛，乏困无力，迫切地想消除疾病痛苦。抱着祛病健身的想法开始练功和祷告，过了一段时间感觉身体好像好一些了。从此以后我就更加上心了，对‘神’不敢有丝毫的不敬。‘上面’见我心诚，加紧了对我的培养，一方面用提高心性、上层次、圆满等，使我一步一步地越陷越深。只要‘上面’一叫，我逢叫必去，不管啥时候，撂下家里的事情就走，完全不顾生病的丈夫和年幼的孩子，也完全失去了自我，成为被操控的机器了，我只想快点儿走进‘天堂’；另一方面‘末世论’‘宿命论’‘业力论’也牢牢地拴住了我，我害怕形神俱灭，永受六道轮回之苦，我一想到这就感到毛骨悚然。一边是天堂的‘好处’，一边是地狱的‘恶果’，我就在这无形的枷锁里挣扎着，每天都忐忑不安，疑神疑鬼，晚上的梦境内容都让我疑虑重重，频频被噩梦惊醒。由于极度恐惧，严重影响了我的饮食睡眠，身体也每况愈下，感觉自己好像掉进了无底深渊，每天都在想着怎么办？怎么办？”当一个人感到害怕的时候，或者面对未知的困难感到恐惧时，很容易失去主见并产生认知偏差。破坏性膜拜团体就是利用了人的恐惧心理，虚构“地狱”和“世界末日”让人恐惧，再以“救世主”的身份让人屈服而不能脱离。

（四）程序四：持久的精神控制

这是精神控制的最后阶段。在科学理论上一直存在大脑皮层加工的定位观和整体观。这两种理论都有道理，故而也一直是相提并存。神经心理学认为：“人类不同形式的心理活动与神经活动的区域性增强有关。”① 膜拜团体以声音、图书、画像、场景等作为条件刺激的强化物，在膜拜活动不断刺激下，大脑皮层的一些无关区域经过多次强化形成了相互联系，再

① ［英］马尔科姆·吉夫斯、［美］沃伦·布朗：《神经科学、心理学与宗教》，刘昌、张小将译，教育科学出版社 2014 年版，第 35 页。

经过进一步强化，则将这种联系巩固下来，便构成了大脑皮层的某种病理性兴奋灶。“大脑皮层接受‘经文’的部分就呈现了强烈的兴奋状态，而皮层的其他部分——几十年形成的对客观世界和对自己认知的理性逻辑性部分，则处于被抑制的状态了。”① 米切尔·斯皮泽欧（Michael Spezio）等人采用核磁共振影像研究，清晰地显示了“当被试集中注意听所阅读的短文时，顶叶区和额叶区大脑皮层的激活度有所增强（主要是脑左侧区）。最有趣的发现是观察同一群人（有长期祷告经历的基督徒）在祷告冥想时，额叶区和顶叶区的脑活动再次增强，但只表现在右侧，且额叶区活动的范围扩大了。右半球被认为更多地参与情绪及与自我有关的信息加工”。② 神经病学家欧萨姆·穆拉莫图（Osamu Muramoto）对人们信仰极度虔诚的原因做了研究，他认为：“超级虔诚是由于脑内侧前额皮层的不断激活所致……脑内侧前额皮层在人们虔诚信仰宗教时起着执行者的作用。”③ 这些研究说明了人在某种特定的心理状态下会伴随着特定脑区的活动，至于特定的脑区活动是否会形成某种心理缺陷而导致变态意识，这一直是有争论的问题。心理学中常常涉及偏执心理，德国精神病学家克雷奇默（Kretschmer）指出：“偏执狂不应该被认为是一种疾病，而是那些具有敏感人格的人出现的心因性反应。”④ 学者们普遍认为，偏执观念不仅脱离不了意识执拗这样的固定观念，而且还被认为是自我意识过剩，同时伴有焦虑、适应不良和非做不可的行为表现。

在经历了上述四个步骤之后，成员就形成了牢固的膜拜观念，至此就完成了被精神控制的全部过程。如果以上几个步骤反复进行的话，要从精神控制中脱离出来，就不能依靠自己的力量了，自己已经无能为力了。另外，如果步骤三与步骤四的状态经历了几个月、几年的话，就会远离现实世界而生活在虚幻世界里，最终的结果就是导致心理变态。精神控制的完

---

① 北京市防范和处理邪教问题办公室主编：《防范邪教工作理论研讨会论文集》，2009 年，第 84 页。

② ［英］马尔科姆·吉夫斯、［美］沃伦·布朗：《神经科学、心理学与宗教》，刘昌、张小将译，教育科学出版社 2014 年版，第 35 页。

③ Interview of Osamu Muramoto, “Cortex Keeps Time in the Brain's Religious Orchestra,” *Scienc and Theology News*, 14, No. 10, 2004. p. 9.

④ ［美］Michael Gelder, Richard Mayou, Philp Cowen：《牛津精神病学教科书》（*Shorter Oxford Textbook of Psychiatry*），刘协和、袁德基主译，四川大学出版社 2004 年版。

成也就意味着变态心理的形成，这些变态心理在常人眼里有一种怪异感，但对于一些成员来说却有一种自豪感，他们感到自己有异于“常人”，上“层次”，成为“高人”了。当我们对他们说，你被“精神控制”了时，他们就会立刻反驳，他们认为自己没有被精神控制，而是具有了非凡的特异功能。

关于精神控制的深浅程度，这是一个难以说清的问题。但是，对于精神控制是可以进行观测的，有如下三种方法可以试用。

第一种方法，依据头脑里的思维内容进行考察，如果思维方式和思维内容都发生了异常变化，并且很难改变，那就是深度的精神控制。

第二种方法，可以对“修炼”过程中的成员加以测试。如果是处于自我催眠的状态中，则可能会抑制大脑皮层的活动，而大脑皮层支配着身体的运动，如果给予刺激而身体有运动产生则为浅层精神控制，在刺激后没有明显运动产生则可以被认为是深度精神控制的状态。

第三种方法：言行观测。如果内心装满了膜拜内容，虔诚地相信这些内容，并且在行为表现上有极端的膜拜活动。比如，“尊师”说，“为了我，去献身、去流血才好呢”，如果遵循这些“教言”去舍身行动的话，那深度的精神控制关系就形成了。

五　精神控制异化成员心理的阶段

精神控制简单地说就是膜拜信念的反复强化，而一个人对于膜拜信念的接受，实际上是一种态度形成的过程。社会心理学家凯尔曼（H. C. Kelman）认为，态度形成要经历服从、认同、内化三个阶段。同样，成员对于膜拜信念的建立、认同与巩固也要经历服从、认同、内化三个基本阶段。

（一）服从阶段

关于服从，这是指个人依照社会要求、群体规范或他人愿望而做出的行为，或者说是一个人主动的、有意识或无意识地服从另外一个人。韩国曾经做过一项心理学实验，随机选择 5 名大学生接受眼科检查，医生在做完正常的眼科检查项目之后，分别要求学生做一些与眼科检查无关的奇怪动作，如用舌尖够鼻子同时转动眼球，做兔子跳、俯卧撑，模仿大象，把水涂抹在肚脐周围等。无一例外5名学生都服从了医生各种奇怪的指令，当问到为什么会做这些平常不会做的奇怪动作时，他们都给出了相似的回答："因为他是医生，这样做肯定有他的道理。"医生在这里代表了权威，人们对于权威人士很少会去质疑。

破坏性膜拜团体为了巩固发展和保持与成员之间的联系，必须采取一套约束成员的强化手段以进行控制，而充当强化手段的"教主"就代表着权威。心理学家大卫·梅西克说："如果某位领导者是某套思想体系的'狂热信仰者'，他就能'唤醒群体的信仰'，而要做到这一点，该领导者必须使用'具有魔力的话语'来表达其观点。这些用强有力的话语表达出来的思想，能够抓住某个群体并控制其行为。"① 心理学家弗洛伊德认为，群体中的有些个体具有"一种渴望服从"的特点，以至于"他们本能地将自己置于某位领导者的权威之下……这种本能或对于服从的需要，导致了群体对任何自命为该群体主人的遵从"。② 在膜拜团体中，无论成员是被什么目标所吸引，只要一进去就会被包围在对教主权力绝对服从的氛围之中，当身边的骨干人员选择服从"教主"指令时，其他成员也会模仿、跟随和服从，骨干人员的行为为成员提供了参照和示范。同时，一些成员也为了避免被群体拒绝和否定，而采取与他人一致的服从行为。这是一种通过树立教主权威来实施的精神控制。而"教主"也善于抓住大多数人的服从心理，开展各种各样的集体式活动，要求成员"集体练功""背经文""思想汇报"，在思想和行动上保持高度一致。成员在群体氛围中看到别人都能理解照做，而自己不理解则说明心性不好，悟性不高，需要加强修炼，不敢怠慢，即使新成员还没有产生感觉，但看到周围"功友"都热情洋溢地说"就是好，病好多了"之类的话时，就会质疑自己的感受可能迟钝，而会迫使自己做出与周围人相同的言行。他们开始是模仿和跟随，继之就会无条件地服从了。其实，盲目服从也可以说是一种惰性的投机心理，或者说是一种"木偶现象"。这是心理不成熟的表现，在丧失自己独立的思考能力之后，服从心理也就会表现得更强。

① ［美］大卫·梅西克、罗德里克·克雷默：《领导心理学》，柳恒超、刘建洲等译，复旦大学出版社2010年版，第98页。

② ［奥］西格蒙德·弗洛伊德：《弗洛伊德文集》，车文博译，九州出版社2014年版。

（二）认同阶段

较早提出认同概念的学者之一是心理学家弗洛伊德。他认为："认同是一个心理过程，是个人朝向另一个人或团体的价值、规范与面貌去模仿、内化并形成自己的行为模式的过程，认同是个体与他人有感情联系的原初形式。"① 我国学者沙莲香认为："认同是维系人格与社会及文化之间互动的内在力量，从而维系人格统一性和一贯性。因此，这个概念又用来表示主体性和归属感。"② 从信仰角度上讨论认同，它是一种取向，包括心理认同取向和社会认同取向两层意思：心理认同，是指认识与情感的一致性，经过认同形成人的自我概念；社会认同，是指人们在交往过程中，被他人的经验所吸引，而与他人有了共同的想法。

美国心理学家谢里夫（Muzafer Sherif）做过这样一个经典实验：要求实验参与者在一个全黑背景上判断一个光点的运动量，没有任何参照点，要求参与者判断光点移动的距离。虽然光点是静止的，并没有发生移动，但看上去像是在运动，这是利用了一种自主运动效应的错觉现象。起初，个人判断的差异很大。然而，当参与者被召集到一起，每个人大声说出自己的估计结果时，发现其他参与者报告的移动距离渐渐地与之接近了，他们在听到其他参与者的报告后会逐渐认同他人的数据，最后产生与众人相同的报告结果，判断趋向于一致了。谢里夫研究的最后一部分更有意思，在结束集体观看之后，参与者被要求单独报告时，其报告结果也与群体报告的结果基本相同。这说明，参与者受到信息影响而产生了认同。简单的距离判断尚且如此，而信仰作为一种集体仪式的人际交流活动，其信息影响力更大。在集体仪式的情境中，群体背景会唤起成员的竞争和被评价意识，从而使其行为的内在动力加强。在这种情景下，一些成员期望得到积极评价的动机被激发，从而导致膜拜行为效率明显增加，被评价意识越强烈，这种作用就会越强烈。所以，许多成员在群体活动的气氛下，情绪会表现得更强烈、更亢奋，他们的心理认同感会增强，在参加几次活动之后，就趋向于认同膜拜教义的观点了。有一位已退为二线的中学老师说：

① See David and L. Sills Editor, *International Encyclopedia of the Social Sciences*, Vol. 15, by Crowell Collier and Macmillan. INC., 1968, p. 250.

② 沙莲香：《社会心理学》，中国人民大学出版社 2002 年版，第 102 页。

"我在课堂上讲课神采飞扬、意气风发，课下也与学生打成一片，深得学生喜爱。当初次接触某膜拜团体时，并不相信'祛病''消业''圆满'之说，认为医学科学才是真道理。但在参加了初级、中级培训班之后，感到悟性大开，在结业时被任命为当地辅导站的负责人，负责招收并指导其他学员练功，这让自己有了尽职尽责的使命感，开始认同该团体的观点了，力求练功'精进'并大力宣传，自费购买了该团体的教义读物发给学生，行为也严格按照团体的指令去做了。"这就是认同要素，也是成为让他忠诚于膜拜团体的前提条件。

破坏性膜拜团体的建构，是由一些人所具有的特定思维方式和价值观所决定的，当一个人产生了与团体相同的观点时，也就被该团体所肯定了，他会在这种肯定中产生某种心理体验，如果他对这种体验持肯定态度，那就是认同效应了。这种效应一旦产生，既是作为成员身份认同而存在，也是作为团体内群体的特征，他们可以脱离某一群体而进入另一群体，甚至会将自己的人格价值、行为力量和生命意义都押进去了。

（三）内化阶段

"内化指的是个体接纳他人的影响，且完全接受他人的态度，这种态度不再只是一种公开的表示，而是已经成为个体自己观点的一部分了。"① 有些成员在经过各种强化训练之后，很容易把"教义"的内容内化为自己的价值观，而这种价值观一旦形成，就可能在头脑里长期存在下去了。如果认知价值观与膜拜观念融合一致，会在某些情境中抛弃社会规范或者道德约束，而执行膜拜团体的要求，加入重复的、冲动的、情绪化的，甚至是破坏性的活动中去。有一位在事业单位工作的成员，他每天都会执着地背诵"经文"，把其中内容逐渐内化成为自己的价值观和人生态度。当国家宣布取缔某膜拜团体后，他很不理解，认为让人修炼成"真、善、忍"是教人"做好人"，还能"祛病健身"，减轻国家负担，有什么不好呢？这可能是政府的误解和偏见。为此，他"护教"之心坚定，认为自己必须坚持按照"修炼人"的标准去做，一定要完成"尊师"对他的考验，他多次去北京"护法"，散发传单、在外宾面前抨击中国社会的负面事件，他认

① 沙莲香：《社会心理学》，中国人民大学出版社 2002 年版，第 221 页。

为这是“英雄之举”，不达目的决不收兵。这种在某种信仰上比较狂热的人，其思想观念、行为活动不断地在向偏激方向发展，这时他所信仰的早已不是“真、善、忍”的宗教内容了，而可能是非宗教性质的社会政治活动了。

在强化训练之下，经过上述三个阶段，成员把膜拜观念内化成为自己的信仰内容，其表现就是痴迷心理。“痴迷概念的核心思想就是缩小生活中的活动范围，直至给人留下唯一的余地，那就是痴迷活动。”① 痴迷是一种盲信、一种偏执、一种超价观念（Over-valued idea），即超出常人的理念。“这是一种在意识中占主导地位的错误观念。它的发生虽然有一定的事实基础，但是这种观念是片面的，与实际情况是有出入的，只是由于对这种观念带有强烈的感情色彩，因而才坚持这种观念不能自拔，并且明显地影响到行为活动了。”②

学者佩佩·罗德里格斯在《痴迷邪教》中提到痴迷心理和行为的主要表现。③

①过分的或不能节制的程度，已经迷恋到失去了理智的标志；

②过多或超凡的投入，对活动的偏爱超出预定的限度；

③当事者拒不承认自己对某种活动有所依赖；

④对所嗜好的活动以及与之相关的仪式执迷不悟，一再参与；

⑤当不能参与所迷恋的活动时会出现心理戒断症状。

在整个练功过程中，服从、认同、内化是膜拜心理形成的三个基本过程，也是被精神控制的过程，同时也是成员心理异化的过程。膜拜团体从一开始就制造特殊的场景，利用人们对事物缺乏科学认识，以及善良、轻信和顺从的心理特征，先从极其简单的动作开始，引导人们进入“高境界”的健康，接着进行思想推销，强力灌输其教义的思想体系，然后再通过恐吓与希望交互注入等控制技巧，一步步地抓住并制约着成员的心理活动，使他们脱离正常社会和正常人群，从而产生对该团体的心理依赖。在这样三个过程中，膜拜组织者是具有精神控制操纵技术的人，他们借“神”的旨意来强化自身的权威，强化成员对指令的服从和对教义的认同，

---

① ［西班牙］佩佩·罗德里格斯：《痴迷邪教》，石灵译，新华出版社 2001 年版，第 75 页。

② 参见中国心理卫生协会编写《心理咨询师》（基础知识），民族出版社 2005 年版，第 268 页。

③ ［西班牙］佩佩·罗德里格斯：《痴迷邪教》，石灵译，新华出版社 2001 年版，第 73—75 页。

而当成员在对教义观念认同之后，就会产生一定的信念，这种信念一经内化之后，就会具有较强的稳定性，并产生坚定不移的行为意向，表现出持续的和坚定的膜拜行为方式。精神控制的最终结果就是把成员“一步一步地改造成为可供膜拜教主驱使之用的‘棋子’”①，使成员产生很强的心理依赖而无力摆脱。

---

① Singer Margaret, *Cults in Our Midst*, PhD., Jossey-Bass, San Francisco 1996, p. 59.

第三章　破坏性膜拜活动诱发心理紊乱的机理

膜拜极端心理是一种信仰偏执状态，这是一种心理功能紊乱或可称为心理障碍。这是个体心理因素、社会文化因素和膜拜团体因素的交互作用之结果，其后果是导致人的感觉、知觉以及思维判断能力下降，最终付出不应有的惨痛代价。

一　宗教迷信与精神疾病

（一）历史信息的基本了解

自从有宗教以来，就有宗教迷信，宗教迷信和精神疾病就被联系在一起了。个人的反常行为，不管其表现为何种形式，通常都会被视为心理障碍或精神疾病。在中世纪，恶魔占据人类躯体的说法根深蒂固，许多人认为精神疾病是上帝对人类原罪降下的严厉惩罚，是神魔侵入身体染上的疾病，也是被魔鬼“撒旦”附身的结果。那时流行巫妖的说法，认为人与魔鬼结成联盟，就会带来瘟疫、水灾、互相残杀，人也会变成动物等。1484年，教皇英诺森特八世（Innocent Ⅷ）发布诏书，支持克拉马（Kranemer）及司部那格（Sprenger）合著《女巫之槌》（*Malleus Malefic Arum*），并以此为据打击魔鬼，认为幻听、妄想和不正常行为为巫妖的特征，应该对这些人严厉惩罚。[①] 当时，使用残忍的“驱魔”手段，殴打、鞭笞、火烙，

① 杨士隆：《犯罪心理学》，教育科学出版社2002年版，第16页。

甚至以直接烧死的方式来惩罚或驱逐病人体内的“魔鬼”。这种对精神病患者长期迫害的情况，也使中世纪这一段历史阶段被认为是人类史上最黑暗的时期。

16 世纪，是文艺复兴时期，随着医学发展，人道化的治疗开始兴起。韦尔（Weyer，1515—1588）主张解放精神病患者，避免滥杀无辜，并于 1563 年出版《妖魔之误》（*The Deception of Demons*）一书，痛斥女巫之说，并指出幻听、妄想、歇斯底里等均为疾病症状，主张予以治疗，他因此被后世视为“精神医学之父”。有一些教会开始建立特殊机构收容精神病人，如 1547 年伦敦的伯利恒圣玛丽精神病院，即我们所熟知的“疯人院”，将一些精神病人收容在内，但其真实情况并不好，许多患者被关到这里之后相继死亡，也有一些症状较轻的患者被迫到街头去行乞。在这一时期，虽然存在宗教迷信，但宗教对精神疾病患者发挥了一定的关怀作用，给不安的病人提供了生活避难所，使他们日常生活得到了基本的保障，宗教内部群体的热情关爱也减少了病人的恐惧，还可以起到心灵安抚的作用。① 宗教与精神疾病的关系也得到了一定程度的重视。

（二）现代信息的基本认识

20 世纪以后，人们对于宗教迷信有了认识，并随着医学科学的发展，开始从医学角度重新审视精神疾病并给予患者药物治疗，让患者得以摆脱宗教迷信的束缚。但同时，由于传统宗教不能充分满足人们的精神需要，于是一些新兴宗教相继出现，在其漫长而复杂的发展过程中，有一些蜕化变质为破坏性膜拜团体，对成员实施严厉的精神控制，这对于一些遭遇痛苦的人而言，问题非但没有得到缓解，反而雪上加霜，最终导致或加重一些成员出现心理异常现象。

从临床心理学角度对膜拜成员开展研究是近 20 年的事情，有一些成果值得关注。沃什（Walsh）等人调查发现，膜拜成员的生活自主能力下降，个人的成就需要有所提高，对社会的认同感显著减少。诺布利特等人研究发现，部分膜拜成员存在精神分裂、暂时性失忆、意识状态改变等精神症状。加什迪（Gasde）和布洛克（Block）对 61 名膜拜成员的调查发现：

---

① 参见陈昌文主编《宗教与社会心理》，四川人民出版社 2003 年版，第 287 页。

"膜拜成员比非膜拜人员有更高的焦虑情绪，更为紧张的人际关系和更加混乱的生活状态。"① 克拉克（Clark）对加入膜拜团体的大学生研究发现："这些大学生的认知能力明显降低，如语言表达、文字表达、记忆等方面都有不同程度的损害，智力水平也有所下降，不能进行独立的自我思考。"② 玛西亚（Marcia）研究发现："膜拜成员有不同程度的精神损害，出现认知灵活性和适应性降低，情感麻木迟钝，行为退化等心理障碍。"③ 我国对加入破坏性膜拜团体的成员也进行了调查研究，发现他们在思维能力、情感情绪和意志力等方面均有不同程度的损害，导致出现许多心理异常情况。

破坏性膜拜团体已经远离了宗教关爱民众的界限，他们通过精神控制强化成员的心理冲突，加剧其心理失衡，引发认知障碍、人格障碍和偏执性心理障碍的案例也是经常见到。还有一些成员在暗示诱导下反复出现狂热的情绪，这种处于痴迷状态中的成员，会出现盲目、过度和不合情理的狂热行为，这让他们透支了精力和体能，更损害了思维能力。有些成员为了追求所谓的"圆满"，甚至发生亲人相残、兄弟决裂、自焚等事件，这些情况严重损害了人们的健康和生命安全。美国著名心理学家威廉·詹姆斯（William James）指出："对于这种可怜的过度虔奉，英语内没有名字，因此我把它叫做'奉神病状态'。"④

（三）医学信息的基本解释

我国医学界过去将因练气功而致的失常现象称作"气功偏差"。气功偏差，即气功所致的心理异常，这是由于操练不当而导致的思维、情感以及行为的异常，俗称"走火入魔"。在 20 世纪八九十年代至 21 世纪初出现过不少的病例，这是一类与迷信、巫术文化有关的精神障碍，障碍者的

---

① Gasde, I. Block, R. A. Gult, "Experience: Psychological Abuse, Distress, Personality Characteristics, and Changes in Personal Relationships Reported by Rormer Members of Church Universal and Trivonphant", *Cultic Studies Journal*, Vol. 15, pp. 192 – 221.

② ［美］格雷戈里·S. 布莱米林：《大学生加入邪教的原因以及校园如何应对邪教问题》，耿耿编译，《科学与无神论》2012 年第 4 期。

③ Marcia L. Rich., "Integrating Shamanic Methodology into the Spirituality of Addictions Recovery Work," *Internet Journal Mental Health Addiction*, 2012, Vol. 10, pp. 330 – 353.

④ ［美］威廉·詹姆斯：《宗教经验之种种》，唐钺译，商务印书馆 2007 年版，第 342 页。

文化水平普遍较低，且常有突然发生又突然终止的特点。

迷信、巫术和伪气功都承认存在超自然的力量——神或鬼，人们进行迷信和巫术活动是为了实现某种目的，如治疗疾病、保佑平安、祈求显灵等。在极端膜拜或过度期盼的精神状态之下，有些成员会出现一些特殊的心理异常现象，如意识范围变窄、人格发生变异、情绪不稳定、哭笑无常、冲动行为，还会出现“附体”症状，甚至出现幻觉或妄想，如听见神灵的训示，或与死去的先辈对话，或看到死去的亲人等。在我国一些偏僻的农村地区，迷信、巫术、伪气功，甚至膜拜活动一直都存在，这些现象所致的心理异常层出不穷，引起医学界的高度重视。在2001年出版的《中国精神障碍分类与诊断标准》第三版（CCMD—3）中，就有“与迷信、巫术相关的精神障碍”的病名。

诊断要点如下

1. 相信迷信或巫术。

2. 以女性为多，文化程度较低，而且有高度的易受暗示性。

3. 肯定参与了迷信或巫术活动。

4. 主要精神症状为：

（1）意识状态改变，主要为意识蒙眬；

（2）自称是某某神仙，或某某神仙附体；

（3）短暂幻觉和妄想，如看见神灵或死去的先辈，或者听到神灵或先辈的训示，或者与他们对话，或者感到自己已经被神灵所控制了。

5. 持续时间短暂，一般脱离迷信或巫术现场即可缓解，偶尔可能延长较长时间。

因极端膜拜而导致的心理紊乱也有上述症状，虽然发生原因各有不同，但本质表现及其发生机理有相同之处。

二　膜拜成员心理冲突与皈依心理分析

（一）膜拜成员常见的心理冲突

人在现实生活中遭遇挫折，感到无力摆脱时会去寻求某种安慰。处于冲突中的人也是心理脆弱之时，当他们的自我应激机制对所处困境应对无效后，便会转向外界寻求帮助而加入某一团体。联合教会的一项研究显示："大约 2/5 的成员在参加教会之前都承认有过严重的精神困惑，30% 的成员寻求过专业帮助，6% 的成员曾住院治疗。"① 我们在研究中发现，多数成员长期处于心理困惑状态中，他们表现出各种心理冲突，常见有以下 10 种心理冲突。

1. 期望与现实的冲突

人的愿望基于现实又高于现实，充足的现实资源和个人能力是实现愿望的必要条件，而膜拜成员多数是社会底层人员，由于受教育水平和社会交往层级性的存在，他们难以在社会建立强大的人际网络以获得有效支持，缺乏可利用的解决问题的资源，他们的愿望在现实生活中缺乏足够的条件去实现。因此，他们对现实生活中的许多困难无力解决，难以找到实现期望的有效途径，长期处于心理冲突的困惑之中。在这种情况下，宗教会成为他们的精神寄托。可以说，有些人是把膜拜团体当作宗教团体而皈依的，皈依的原因是他们为生活经历中负性经验寻找出口的结果。而皈依之后，"圆满"愿望的实现遥遥无期，"天堂"大门始终找寻不到，"功力"进入瓶颈状态难以提高，他们在期望落空之后容易产生无助感，处于心理冲突的困惑状态。

2. 感性与理性的冲突

思维理性是人们进行正常活动的保障，其存在可以有效避免情绪化的过失行为，这也是人类社会生存能力的体现之一。本研究中发现部分成员的情绪稳定性不强，他们时常处于不安和兴奋交织的状态中，在挫折面前容易表现出情绪化，甚至出现情绪反常现象。比如，有的成员单纯地认为：全国人大在人民大会堂开会，利用这个机会直接求见国家领导人，应该能得到接见。要是不能如愿，那就打开横幅，放下生死了。这样的做法显然是理性认知能力不强，感性占了上风，感性与理性发生了冲突。

3. 独立与依赖的冲突

成员与教主之间的关系是一种依附关系，教主借"神"的旨意强化自己的权威，强化成员的忠诚以便于控制和获取财富，而成员则依赖于教主

① 陈昌文主编：《宗教与社会心理》，四川人民出版社 2003 年版，第 285 页。

获得心理安慰，希望能摆脱世俗的束缚，超越生死轮回成为“超常人”。同时，成员独立解决问题的能力比较差，甚至带有一定的幼稚心态，寄希望于能得到“尊师”帮助免去艰苦奋斗。有的成员经常处于摇摆不定的状态，他们自知跟随膜拜团体没有发展前景，但又担心放弃了“修炼”，“业力”不能消除会遭报应而心有犹豫，从而陷入独立与依赖的心理冲突的旋涡之中。

4. 从众与戒备的冲突

一些人加入膜拜团体的最初目的是交友以摆脱孤独寂寞感，因此他们热衷于团体中的各种集体活动。但是，由于受到教义和教主的诱导，他们认为现实社会是邪恶的，外人都是“常人”“罪人”，加之社会对膜拜团体的不认可，使他们对外人持有戒备心理，不肯轻易相信圈外人，不道出自己的真心话，甚至与亲朋好友也渐渐疏远，这样就产生了在圈子内从众，在圈子外戒备的心理冲突。也就是说，他们的从众范围仅局限在团体内部成员之间，对外部交往却是防范和戒备有加。正如他们自己所说：接触的人很多，但信得过的人很少。

5. 求知与惰性的冲突

求知和探索是人类的本性，是个人发展进步的重要动力，每个人都希望为自己创造一个美好的生存环境。这需要建立在真实的社会生活基础之上。一些成员同样有着强烈的求知欲望，他们渴望奇迹和“圆满”发生，也想干一番轰轰烈烈的大事业，但他们在社会生活中却表现出惰性，稍遇困难就退缩，只是把求知念头全力地投入在膜拜活动中，而他们的认知、理解、分析和鉴别能力有限，仅凭着主观臆想去追求不可能实现的虚幻，练来练去不见一个人“圆满”，其结局犹如竹篮打水一样，生活质量反而下降。时间一长，他们也会产生求知欲望与心理惰性之间的冲突。

6. 性欲与性惧的冲突

在破坏性膜拜团体中交织存在节欲和纵欲的观念，对于性的解释并不一致，“唯一教”（奥修教）教主拉杰尼希主张“性解放”，强调只有通过性经验才能达到超越肉欲的性，而“人民圣殿教”教主琼斯却主张要“禁欲”，他强制男女成员分开居住。国内有的膜拜团体也有“男女双修”“过灵床”“禁欲”之说，使成员的认识混乱。成员有正常的性生理功能，也会出现性欲望和性冲动，但受到“教义”压制而不得不节制性欲望，由此受到影响而导致离异。还有些膜拜团体集体纵欲淫乱，给女性成员带来极大的身心创伤，这些情况使成员出现渴望与惧怕的心理冲突。

7. 逆反与顺从的冲突

社会是一个既有纪律又有自由、既有民主又有法制、既有上下级关系又有平等人格的环境，无论是谁都要遵纪守法，服从社会规范。而一些成员则认为，“你们普通人是‘常人’，我们练功人是‘超常人’，理解和处事都不一样”。他们不愿意接受社会约束和管理，不遵守社会现实生活的法则，对社会规范与规章制度表现出不屑的逆反心理。同时，一些成员为了追求“圆满”或迫于压力而不得不顺从教主的要求。因此，在成员的言行中表现出了逆反与顺从的冲突，何去何从常常让他们困惑不安。

8. 自尊与自卑的冲突

在马斯洛的需要层次理论中，自尊需要属于较高层次的需要，正常人都有强烈的自尊需求以获得存在感，膜拜成员也是如此。一方面，他们自尊心很强，把自己看得很重，认为自己已非“常人”了，希望别人认可自己“得道成神”的价值。他们常说，等到我“圆满”的时候，你们常人就明白了。另一方面，他们在追求自尊的同时，面对现实条件又存在深深的自卑感，他们知道自身缺乏优势和竞争力，渴望成功却又惧怕失败，即使在团体内部也有着明确的层级划分，难以出人头地。这样，他们的自尊与自卑心理交织在一起，时常会发生心理冲突。

9. 竞争与求稳的冲突

当今社会竞争意识很强，不竞争是没有出路的，但竞争需要承担风险和付出代价。一些成员在社会竞争中不习惯于承担风险，喜欢安于现状，害怕失败，有求稳心态，致使他们不满足于现状也不会有实质性的行动改变。他们在膜拜团体内将自己孤立于社会生活的竞争之外，过着一种“半隐居”式逃避现实的生活，但同时他们又希望有好的生存状态，有“出神入化”的奇功来改善生活条件。因此，他们在膜拜团体内积极竞争，希望成为“领导者”，这又打破了求稳状态，容易产生竞争与求稳的反差性冲突。

10. 追求与安逸的冲突

每个人都有追求生活"圆满"的愿望，希望能够生活幸福，一生顺利平安，但这不是凭空产生的，而是通过一步一个脚印的艰苦工作换来的生活条件。有些成员渴望美好的生活，却不知晓"天道酬勤"的道理，他们憧憬着"天上掉馅饼"的机遇，长期沉迷于幻想之中，还有些成员沉迷于迷信中，听信教主的"教诲"放弃工作和家庭，不干实在的事情，一门心思地练功，追求的东西虚无缥缈。如"门徒会"宣扬"学生信主不学也自通"，"全能神"宣扬"信神保地里长出庄稼"。有的家长就带着孩子入教，有的农民有地不种，每天祈祷所谓的"基督"显灵，其结果当然是不劳就无所获。妄图借"神"实现自己的追求，这是追求与安逸的冲突，也是自欺欺人的把戏。

（二）膜拜成员皈依的心理分析

"皈依是指朝向更具有宗教性的信念、行为和献身的一种转变。"① 关于皈依是怎样发生的？在心理学研究中，法国心理学家裴尼多（Penido）将皈依划分为"外生型的皈依"和"内生型的皈依"，前者是因外在事件而形成的皈依，后者是因内在心灵感悟而形成的皈依。宗教心理学皈依理论认为，皈依多是由心理痛苦、混乱、绝望、冲突、罪恶感和其他类似的心理困扰而引起。美国心理学家威廉·詹姆斯（William James）认为："皈依常常经历剧烈的情绪激动或者感觉的混乱。眨眼间，旧生活与新生活便断然分离。"② 阿盖尔认为："那些改变信仰的人在此之前曾经历过深沉的个人危机。"③ 拜特·海拉米（Beit-Hallahmi）和阿盖尔（Argyle）两位学者也对宗教皈依现象进行了研究，他们认为："皈依是一种个人认同危机现象，皈依者是一些人格脆弱者，甚至是病态倾向者，他们缺乏良好的人际关系。"④ 上述观点都表明了心理因素是皈依发生的基本因素。还有

① ［英］麦克·阿盖尔：《宗教心理学导论》，陈彪译，中国人民大学出版社 2005 年版，第 21 页。

② ［美］威廉·詹姆斯：《宗教经验种种》，尚新建译，华夏出版社 2005 年版，第 132 页。

③ ［美］麦克·阿盖尔：《宗教心理学导论》，陈彪译，中国人民大学出版社 2005 年版，第 23 页。

④ See Benjamin Beit-Hallahmi and Michael Argyle, *The Psychology of Religious Behauiour: Belief and Experience*, London and N. Y. Routledge, 1997, pp. 115 – 138.

学者强调人的主动寻求是皈依行为产生的动力，其中有如下三位学者做出了很好的探讨。

20 世纪 60 年代，宗教社会学家约翰·罗弗兰德（John Lofland）提出了著名的皈依模型，它包括以下七个条件。①

①紧张经验的持续；

②浸淫在宗教倾向的问题解决观念里；

③将自己界定为宗教追寻者；

④在生命的转折点上遇到某一个宗教团体；

⑤与该宗教团体之间形成人际网络或者原本就有这种人际网络存在；

⑥对于该宗教团体的负性阻力不存在，或者缺乏其他网络的存在；

⑦与该宗教团体展开密集的互动，或者是暴露在密集的互动之中。

罗弗兰德的皈依模型实际上可以划分为两个阶段：第一阶段，个体内在的精神紧张、情感困扰以及采用宗教解决策略。由于社会政治手段没有减轻他们的紧张，他们就开始转向宗教组织，从中寻求解决办法。第二阶段，外在的机遇与条件作用相配合。造成个人在紧张状态下选择皈依的关键点在于宗教团体的影响，准皈依者与宗教团体成员之间在不断培养“感情联系”。概括地说，皈依的发生建立在社会环境的先决条件与个人的心理需要以及可感受性体验相结合的时候。因此，皈依不是某种突然的、瞬间的经历，而是一个过程，包括从一种程度到另一种程度的发展过程，可以将此称为皈依的经历。人们在皈依过程中存在互动因素、情境因素和发展因素，特别是当事人的主动性、宗教团体本身的策略以及情境三方面的契合，只有条件吻合者才有可能从潜在的皈依者变成真正的皈依者。②

美国学者勒伟·蓝波（Lewis Rambo）对皈依现象进行了归纳，他将皈依分为五种类型。③

① 沙连香主编：《社会心理学》，中国人民大学出版社 2007 年版，第 330 页。

② See Lofland, John and Rodney Stark, “Becoming A World-Saver: A Theory of Conversion to a Deviant Perspectve”, *American Sociological Review*, Vol. 30, pp. 862 – 872; Lofland, John Doomsday Cult: *A Study of Conuersion, Proselytization, and Maintenance of Faith*, N. Y.: Irvington Publisher, Inc, pp. 29 – 63, 1981.

③ See Lewis R. Rambo, “Current Research on Religious Conversion”, *Religious Studies Reuiew*, 1982. Vol. 8, No. 2. p. 153.

①从没有信仰到接受信仰；

②一个人在同一宗派信仰内信仰程度的加深；

③在同一信仰宗派内改变归属的门派；

④改变信仰宗派；

⑤放弃信仰。

蓝波先生强调，皈依是一个动态的变化过程，它与人物、事件、意识形态、制度、期望、经验等都有关系，即皈依与许多条件有关，影响皈依过程的因素是复杂的，并且彼此之间存在交互作用。

国外有关学者表明：新兴宗教运动的皈依者比主流教会的皈依者表现出更大的差异。他们中的许多人存在烦恼和压抑，而且有很多人曾经经历过严重的心理失常。至于进入破坏性膜拜团体/邪教的情况，西班牙学者佩佩·罗德里格斯（Pepe Rodriguez）指出："一个人之所以会成为教派的俘虏，必定是同时或恰逢其时地具备以下四个条件。"①

①有某种倾向信教的天性；

②由于一时的反常情况或某种长时间悬而未决的难题，正处在特别严重和痛苦的危机之中，引发了超越个人所能承受的焦虑和压力的时刻；

③被招募徒众的教派人员以适当的方式说服；

④教派提出的宗旨切中了当事者的需要、利益和思想。

这些条件中缺少了任何一条，被邪教俘虏的可能性就会大减，直至变为零。事实上，有了第一个条件之后，生活中变化不定的种种情况很容易与其他三个诱发信教狂热的条件不谋而合。

上述观点也得到了国内相关研究的实证支持。国内有学者认为："皈依宗教的人可以分为两类：长期的心情郁闷和心理创伤；人生某个阶段的心理缺失和精神困扰。"② 我们在现实生活中可以看到，有些膜拜团体的组织者或招募者，经常在街边溜达以寻找那些感到孤独的人们；他们在一些单位周围游荡以捕捉神情忧郁的妇女；而最近刚经历过一些负性生活事件，认知处于疑惑时期，性格有些脆弱的人，最容易成为膜拜团体捕获的目标。但是，"生活的压力、挫折或生命的危机状态不是促使

---

① ［西班牙］佩佩·罗德里格斯：《痴迷邪教》，石灵译，新华出版社2001年版，第33—34页。

② 梁丽萍：《中国人的宗教皈依历程——以山西佛教徒与基督教徒为中心》，《宗教社会科学》第一辑，中国社会科学出版社2008年版，第191页。

信徒皈依的普遍因素，而功利性的欲求、心灵的空乏以及精神世界的不满足感是潜在涌动的促使信徒皈依宗教的内在张力”。[①] 我们课题组在陕西一个自然村随机选取 110 名村民进行了问卷调查，了解农民皈依宗教的原因和目的，调查显示有 26 人信教，其信教的目的比较单纯，多数是受到家庭和朋友的影响，或者感情受挫、生活痛苦、内心需要、心灵追求、表达信仰、学习宗教知识以及求神灵保佑，他们多属于精神寄托型或情感体验型的情况（见表 3－1、表 3－2）。

表 3－1　　一个自然村的农民宗教信仰原因调查（多项选择 n＝26）

信教原因	结果		
	人次	比例	项目比例
受家庭和朋友影响	11	34.4%	42.3%
感情受挫和生活痛苦	5	15.6%	19.2%
内心需要和心灵追求	7	21.8%	26.8%
好奇、怀疑	7	21.9%	26.9%
其他	2	6.3%	7.7%
总计	32	100.0%	123.0%

表 3－2　　一个自然村的农民宗教信仰目的调查（多项选择 n＝26）

信教目的	结果		
	人次	比例	项目比例
学习宗教知识	10	22.7%	38.5%
表达信仰	12	27.3%	46.2%
服从权威	4	9.1%	15.4%
求神保佑	11	25.0%	42.3%
获得回报	6	13.6%	23.1%
其他	1	2.3%	3.8%
总计	44	100.0%	169.3%

许多人都是一种渐进式的皈依，他们是抱着某种愿望或目的而进入的，其中文化因素具有一定的影响作用。文化程度较低的成员，他们将“宗教”作为一种选项，寻求解决心理困惑或生活危机，膜拜团体成为他

① 梁丽萍：《中国人的宗教皈依历程——以山西佛教徒与基督教徒为中心》，《宗教社会科学》第一辑，中国社会科学出版社 2008 年版，第 191 页。

们生活转折的一个期盼，他们是在困惑中经别人劝说之下而皈依的或者进入的。

三　膜拜成员的心理功能研究

人的心理行为发展以及问题的形成是个体与环境交互作用之结果。“风险增强模型”认为，一种风险因素的作用相对有限，但当两种风险因素进行叠加时，对个体产生的影响不再是两种风险因素的简单相加，而是会给个体带来更大的适应困难，即一种风险会加大另一种风险的作用。膜拜信仰的发生自有各种外源性因素，但必须是通过自身的内源性因素而起作用，它对于选择活动具有直接或间接性的决定作用。因此，有必要关注膜拜成员的内在因素（心理功能），他们作为一个特殊的社会群体，其心理状态是否具有一定的特殊性？

本研究采用心理测量法、问卷法、访谈法、实验法等，即通过多项心理学指标，对膜拜成员的心理状况予以分析，了解其总体健康水平、认知偏差、自我和谐、人际信任以及焦虑情绪等方面的状况，考察他们的心理功能与行为特征之间的关系，并借助统计学技术分析这些因素中的因变量、自变量和中介变量，提供数据的实证指标以发现和解释各种心理功能与膜拜行为及其成因之间的关系。

实验组：在陕西省某市抽取膜拜成员 73 人，入组标准：①正式加入膜拜团体并热衷于膜拜活动者；②对教主极端崇拜，个人生活一部分或全部被教主控制，愿为教主捐赠财物者；③个性明显改变，否定以往价值观与社会价值观，认知功能局限者；④情感变化，对家人和朋友情感淡漠，而对“修炼活动”有病态的执着者；⑤无严重躯体疾病、精神疾病和阅读书写障碍者；⑥经本人知情同意并愿意配合测试者。共发放问卷 73 份，回收有效问卷 63 份，回收率 86.3%。其中男性 21 名，女性 42 名；平均年龄 55 岁；文化程度为小学 14 名，初中 16 名，高中 23 名，大专 3 名，本科及以上 7 名。

对照组：向社会招募与实验组年龄、性别、受教育程度匹配的 69 名非膜拜人员，对照组与实验组在人口学指标上的差异无统计学意义（$p > 0.05$）。入组标准：①无膜拜活动参与经验者；②无严重躯体疾病、精神疾病和阅读书写障碍者；③经本人知情同意并愿意配合测试者。

研究情况基本如下。

（一）膜拜成员的总体健康水平

1. 膜拜成员的总体健康情况

本研究采用《自测健康评定量表》（*Self-rated Health Measurement Scale*，SRHMS）进行调查。自测健康的概念最早由萨奇曼（Suchman）在1958年提出，目前已是国际上普遍使用的健康测量方法。我国许军等人基于世界卫生组织对健康的定义，对该量表进行了修改，将其分为生理、心理、社会健康三个维度。共46个项目，10个维度，主要测量生理健康、心理健康、社会健康三个方面，全面反映个体对于生理、心理和社会状况的主观评价，得分越高说明健康状况越好。该量表具有良好的信效度，重测信度为0.857，内部一致性系数为0.898。①

我们采用《自测健康评定量表》对63名膜拜成员和69名非膜拜人员进行了调查比较。结果显示膜拜成员自测健康总分及各维度分值均显著低于非膜拜人员，两组在许多项目上都存在差异，其差异具有统计学意义（见表3-3）。这说明膜拜成员的总体健康水平低于非膜拜人员。

表3-3　实验组与对照组自测健康评定量表及各维度得分比较分析

项目	实验组 膜拜成员（$N=63$） $M \pm SD$	对照组 非膜拜成员（$N=69$） $M \pm SD$	t
生理健康分量表	119.10±23.96	131.86±21.51	-3.221***
身体症状与器官功能	38.02±9.50	43.84±9.74	-3.385***
日常生活功能	44.34±7.96	44.14±9.35	0.126
身体活动功能	36.15±12.28	43.41±8.95	-3.777**

① 许军等：《自测健康评定量表的研制与考评》，《中国行为医学科学》2000年第1期。

续表

项　目	实验组 膜拜成员（$N=63$） $M \pm SD$	对照组 非膜拜成员（$N=69$） $M \pm SD$	t
心理健康分量表	89.17 ± 18.55	104.80 ± 24.26	-4.180^{***}
正向情绪	33.45 ± 8.30	39.73 ± 9.57	-3.915^{**}
心理症状与负向情绪	37.68 ± 12.42	44.24 ± 9.67	-2.596^{**}
认知功能	17.74 ± 6.27	21.73 ± 5.18	-3.877^{**}
社会健康分量表	74.68 ± 16.70	86.00 ± 20.52	-3.491^{***}
角色活动与社会适应	29.66 ± 5.66	31.02 ± 7.29	-1.162
社会资源与社会接触	29.87 ± 8.25	35.75 ± 10.92	-3.397^{***}
社会支持	15.63 ± 5.74	19.06 ± 6.67	-3.082^{**}
健康总体自测量表	310.33 ± 45.65	353.36 ± 60.02	-4.661^{***}
健康总体自测	27.40 ± 6.65	30.63 ± 6.51	-2.746^{**}

注：* 表示 $p<0.05$，** 表示 $p<0.01$，*** 表示 $p<0.001$。

2. 膜拜成员低健康水平的原因分析

（1）成员的身体健康状况较差

自测健康是个体对自己健康状况的一种主观评价，其中客观健康状况对个体健康自评具有重大影响。① 本调查显示，多数成员是由于身体原因而进入膜拜团体，他们患有一些慢性疾病，心理压力很大。当接触一些“信教后‘神’可以赐福，百病一念经就好了”的鼓动后，就加入了进去，却延误了看病就医的最佳机会，使疾病有可能加重。另外，由于一些成员将自己封闭在相对狭小的空间里专注于“练功”，减少了规律性的有氧运动，损害了生理稳定与平衡机制，从而导致了生理机能受损。因而，多数成员表现出生理健康分值低于对照组的情况。

① Wilcox V. L.，Kasl S. V.，“1Ldler-sated health and physical disability in elderly surviors surviors of a ajor medical event，” *Journal of Gerontology*：*Social Science*，1996，Vol. 51，No. 1，pp. 96 - 104.

（2）成员的心理健康状况较差

心理健康是指一个人的知、情、意、行和谐一致。一些成员长时间受到单一虚幻的信息刺激，其意识远离现实世界，引发记忆、思维、注意等心理功能混乱，而使情感、意志、行为等都处于狂热状态，甚至容易诱发变态意识而致心理障碍。本调查显示，有些成员存在固执、偏激的思维方式，表现出刻板、敏感、警惕和多疑，他们对命运转折的期盼不是建立在自己的努力上，而是去寻找“尊师”来保佑自己。这些因素都构成了心理易感性素质，使他们的心理变化比一般人敏感，身体稍有不适或心理受到一点儿压力，就会将这种感觉放大数倍而急于求助，也正是基于这种易感性素质，才容易受到膜拜团体的诱惑。

（3）成员的社会健康状况较差

社会健康也称为社会适应性，即能够与他人及社会环境良好相处，并具有实现社会角色的能力。膜拜成员的社会健康得分显著低于非膜拜人员，源于他们沉迷于膜拜活动而忽视亲属关系，忽视社会正常人际交往，只是一门心思“修炼”，对其他事情漠不关心，缺乏应有的社会责任，也降低了解决问题的动机，这妨碍了其社会适应能力，在应对实际困难时只能败下阵来。

（二）膜拜成员的基本认知方式

1. 认知偏差的基本情况

每个人都有独特的评价和理解事物的方式，这是长期生活经验积累形成的认知结构或认知图式，它指导信息加工过程，决定对事物评价、推理和解决的过程。认知在人对刺激的反应过程中起着决定性作用，外界刺激正是通过认知的中介环节发生作用，使人产生这样或那样的心理行为。认知偏差是指对事物理解、概念使用、逻辑推理以及包括自我认知在内的偏差与歪曲，采取错误的思维方式去解释问题。认知偏差是成员普遍存在的现象，有些成员之所以相信膜拜团体，主要是对权威人物即“教主”的绝对化认知，如同儿童对父母依恋一样。这种依恋现象反映了儿童式的心理不成熟，使他们不能客观、全面地理解事物、推理事件和分析问题。同时，他们对待一些信息又是以否定或悲观的方式去解释，包括任意推断、过分夸大或缩小、选择性消极注视等认知偏差，由此而出现对一些问题解决方法的失误。

在古代社会，人们普遍认为疾病是“魔鬼”附体，普通人无法和魔鬼抗衡，因而他们创造了一个虚幻的“神”，希望得到帮助。“神”是人们的愿望的投射，那是特殊时代和人类低认知水平的产物。“神”从来就没有治过病，现在更不具有治病的作用。现代社会随着科学进步和医学发展，带来了人类认知水平的提升，依靠医学技术能够诊断疾病并且对症下药。当然，在自然界还有许多未知领域未能洞悉，科学仍然不能解释所有的事物，人只要在社会中生存就需要不断地去认知，不断地用实践去验证事实，如果一个人总是停留在幻想之中，跟随一个现实中并不存在的“神”去实现愿望的话，那这就属于认知偏差了。

2. 膜拜成员的认知特征

本研究采用《认知偏差问卷》（CBQ）研究了 18 名膜拜成员（实验组）的认知方式，其中女性 12 名，男性 6 名，非膜拜成员 50 人（对照组），男性 28 人，女性 22 人。CBQ 是为测量假定与抑郁有关的负性认知偏见而设计的一种量表。该量表测定两个维度：抑郁和认知歪曲。CBQ 所表示的“抑郁”是指抑郁情绪，而不是包含所有相关症状的抑郁症。认知歪曲被定义为就已知的事实看，显然是不正确的推理。CBQ 评价特定的认知歪曲，如过分泛化、断章取义、武断臆测的推理判断方式、无视优点或好结果而夸大缺点或坏结局。该量表描述了六种处境，其中三个针对人际关系，三个针对自我成就。每种处境之后提出三四个问题，这些问题代表了抑郁与歪曲两个维度的四种可能的组合：抑郁—非歪曲、抑郁—歪曲、非抑郁—非歪曲、非抑郁—歪曲。要求被试回答当他处于这种境遇时的体验方式，得分是将抑郁—歪曲等四种组合的得分值分别相比，分值范围为 0—23 分。

本研究对膜拜成员和非膜拜成员在认知偏差问卷中得分进行比较发现，膜拜成员组在抑郁—歪曲维度上得分显著高于非膜拜成员组（$t = 4.873$，$p < 0.001$）；膜拜成员在抑郁—非歪曲维度和非抑郁—歪曲维度上得分也显著高于非膜拜成员（$t = 3.413$，$p < 0.001$；$t = 2.980$，$p < 0.01$）。由此数据可知，膜拜成员更容易产生认知偏差，其认知偏差的产生与抑郁情绪有一定的关系（见表 3－4）。

表 3－4　　　　膜拜成员与非膜拜成员的认知偏差比较分析

认知方式＼成员	实验组 膜拜成员（$N=18$） $M \pm SD$	对照组 非膜拜成员（$N=50$） $M \pm SD$	t
抑郁—非歪曲	5.7 ±3.1	2.8 ±2.3	3.413***
抑郁—歪曲	6.2 ±4.1	1.5 ±1.8	4.873***
非抑郁—歪曲	5.5 ±3.2	2.5 ±2.1	2.980**
非抑郁—非歪曲	5.4 ±3.7	3.7 ±2.3	1.527

注：** 表示 $p<0.01$，*** 表示 $p<0.001$ 。

3. 膜拜成员常见两类认知偏差表现

（1）知识缺陷的认知偏差

这是指对事物缺乏深刻了解，错误使用一些概念。大多数人是从童年开始，经生活经验而建立起较为稳定的认知图式，形成了对自己、他人和世界的认识，在遇到新信息时倾向于选择与原有认知图式一致的信息，即在头脑里存储的经验图式，包含观点、信念、态度等，并依据这些图式去理解现实。比如，一位出生成长于农村的女青年，她在童年时期经常听父母讲鬼仙之类的故事，又常随父母去庙里烧香拜神，这使她形成了鬼神观的认知方式，她的认知就可能依据于生活中的迷信传说，导致她成年后对事物的认知产生曲解。这种认知方式可能是一种潜在意识，却支配着她的日常行为和处世方式。当她在痛苦时存储在头脑里的鬼神观念就被启动了，期盼通过“修炼”能“圆满”、能进入“天堂”，当她生活不顺时则归结为自己“修炼”的虔诚不够而不能得到成功。这是一种典型的因知识缺陷而引起的认知偏差表现。

（2）个性缺陷的认知偏差

非膜拜人员在处理信息时会偏向于正性的解释，或者至少是中性的，而有个性缺陷的个体却与之相反。20 世纪 90 年代初，艾森克（Eysenck）、理查兹（Richards）等人研究发现，一些具有社交焦虑倾向的个体对待任何信息的认知会赋予负性的解读，他们称这种现象为“解释偏向”。[1] 这种解释偏向就焦虑人格特质者而言尤为明显。许多研究证实，焦虑个性者倾向于将普通的社交信息解释为负性，或预期会导致更加负性的结果。[2] 研究表明，焦虑个体更容易认知出信息中的负性成分，从而知觉到比正常人遭遇更多的负性信息。他们会对一些情境表现出不合情理的恐惧和怀疑。比如，有一位成员看到别人对他微笑，他却知觉到“他在嘲笑我”，从而感到不愉快。这是与其特定的解释偏向的认知方式有关，让他采用绝对化的认知方式来评价事物：新成员对于“教义”的质疑经常会得到老成员这样劝解：“你要么认同和接纳教义，要么接受惩罚下地狱。”教义的正确性是不容置疑的，非黑即白，一旦有质疑就是背叛。有一位女成员，个性争强好胜。她原来是一名民办教师，因工作出色转为公办教师了，这是她一生中感到亮点的经历。她把这种出色也发挥在膜拜活动中，很快就崭露头角成为骨干人员，她总感到自己是团体中的上层人士了，做什么事都应该胜过别人。于是，她积极地组织各种活动以寻求赞赏，结果是她越活动就越执着，完全不顾及生活中的其他事情了，一根筋儿地走下去。她的这种偏执个性导致了认知偏差，认知偏差又导致了偏激行为。

上述案例认知偏差产生过程如图 3-1 所示：

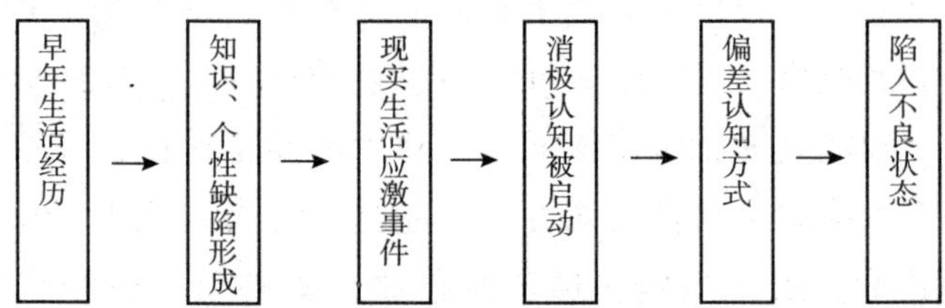

图 3-1　偏差认知方式图解

---

① Eysenck, M., Mogg, K., May, J., Richards, A., & Mathews, A., “Bias in Interpretation of Ambiguous Sentences Related to Threat in Anxiety”, *Journal of Abnormal Psychology*, 1991, Vol. 100, pp. 144-150.

② Hirsch, C. R., Clark, D. M., “Information-processing Bias in Social Phobia”, *Clinical Psychology Review*, 2004, Vol. 24, No. 7, pp. 799-825.

4. 成员常见的认知偏差类型

（1）绝对化思维

“绝对化”是指对事物抱有必定如此的信念，又称为极端思维，这是一种全或无、非黑即白的绝对化认知方式。一些成员由于文化水平的局限性，认知范围比较狭窄，对问题缺乏辩证思维方式，倾向于采取绝对化的方式看待事物，或者是接受了“不二法门”的影响，头脑里除了装所谓的“经文”之外，不装其他内容。他们对于教义内容全盘接受。“尊师的话是唯一的真言”“我只要认真练功，尊师就一定会助我成仙成佛”等，他们对“尊师”产生理想化的幻想并加以神化，形成一种单向的和绝对化的思维方式。

（2）选择性概括

这是根据个别情节就对整个事件做出结论，是一种以点带面、以偏概全的认知方式。这种方式容易过分夸大某项困难而忽略其他解决方法。比如，有一位女性成员，因为下岗而对生活持有消极否定的态度，便以偏概全地否定社会生活中的一切，她将注意力放在单一信息源或是与自己头脑中既有模式相类似的信息源上，如同过滤镜原理阐释的那样，她在头脑里将所接受的信息划分为不同的维度，然后基于自己已有的认知方式，对各个维度进行不同程度的取舍，而所选择的负性信息又构成了对头脑中原有不良认知方式的强化。

（3）过度引申

这是指就某一点对整个事物做出概括性的结论。本来只是一个小小的失误，却得出否定整个人生价值的结论。一些成员存在固执和被动倾向，将自己遇到的问题归因于命运、运气和客观环境，相信问题是无法解决和不可避免的，他们在面对困难时，要么缺乏解决问题的技巧，要么根本就不做出努力，或者选择不适当的解决方式而造成许多后患。比如有一位老年妇女在“练功”过程中感冒了，她不是积极求医，而是“向内找”，认为是自己表现得不好，在“修炼”中怀有杂念、“情”没有彻底去掉、发“正念”的姿势不对等，对自己展开了过度引申的批评。

（4）扩大和缩小

这是一种以比实际大或小的感觉来感知事物。为了引起别人的重视、同情及赞许，凸显自己的价值，夸大自己的感受和情绪，或者缩小和贬低自己的优点。有些成员处理问题缺乏耐心，不切实际地希望在短时间内能获得成功，他们把生活中发生的困难一律以“业报”来解释。比如，有一位女成员，她听到舅舅家接连遭遇一些不幸事情：喂的一口猪被偷了，舅舅帮人盖房摔伤了腰，舅母气病了……却一点儿也不难过，反而认为这是“还业”，此生受苦，来世享福，用一句“还业”便勾销了所有问题。她以这种认知方式对待困难，缩小了主动处理问题的能力。

（5）应该倾向

此类认知偏差者常常把“应该”“必须”挂在嘴边，以此来要求自己和别人。这样的认知方式无论对自己还是对别人都会形成一种压力，并且只有一种标准，倘若自己没有达到，就会内疚或自责。倘若别人没有达到标准，就会对他人产生怨恨或失望。一些成员认为，自己应该“长功”、应该“精进”、应该“去情”，如果做不到就是“心性”不够，就会惩罚自己，这样的认知方式不利于建立良好的自我形象，也不利于人际关系的融洽。

（6）个人化

这是一种没有根据地将一些外部事件与自己联系起来的倾向，主动为别人的过失承担责任，主动将问题归咎于自己，认为这是自己的过失而引咎自责。有一位赵姓成员，她在生病后，不是积极求助医生，而是“向内找”，给自己找了许多表现不好的地方，比如“学法”怀有杂念、“情”没有去除彻底、发资料时有“怕”心等。还有更为不可思议的“个人化”事情。某地发生地震后，某位成员认为是自己没有顺从“万能的神”的旨意，违背了神的意愿，从而导致“万能的神”要动摇大地来提醒他，让他要顺从于某“神”，心性不能有任何的动摇。人的心理负担来自对事件的错误认知，有时候也具有很大的杀伤力，搞乱自己的情绪而痛苦不堪。

（7）消极注视

这种现象是消极情绪占据主导方式，选择一个消极细节并总是记住这个细节而忽视其他内容，以至于整个情绪都染上消极色彩，造成不必要的烦恼。比如，有一位成员早晨起床时不小心打碎了一个杯子，她认定打碎杯子是不好的预兆，一整天都过得惶恐不安，并一直为此而烦恼。有些成员倾向于从阴暗面看问题，对人、对己、对社会都是如此，他们从思想和感情上把自己与社会隔离开，看不到个人生活与社会发展之间的联系，对社会和周围人群抱有戒备心理。这种消极注视的悲观心理容易强化依赖心理。

(8) 任意推断

推断是由一个或几个已知的判断推出一个新判断的思维方式，这是一件严肃的事情，它需要有可靠的前提才能引出可靠的结果。如果缺乏事实根据，草率地下结论，那就是任意推断了。有些成员在离开膜拜团体后，生活中出现了一些不如意，他们就会武断地把原因归为是自己的背叛所受到的惩罚，有些成员会因此而开始“反转化”。

(9) 乱贴标签

这是一种随意下结论的认知方式。“教主”就常常使用标签式的管理方式，他将人分为“好的”和“坏的”，“虔诚的”和“邪恶的”。比如，成员出现疑惑的话，就说是不够“精进”，不能“上层次”、会“下地狱”。而有些成员则给自己贴上“维护真理”、给转化的人贴上“叛徒”、给阻止其行为的人贴上“邪魔”的标签。有时候，“标签”具有定性导向的作用，它对成员的意识有自我认同作用，会做出自我印象管理，并以此来鼓励自己。有一位成员，他在公交车上来回地喊：“大师就是好！大师就是好！”他喊完之后昂首挺胸，对自己伸出了大拇指说：“我是英雄！”他给自己贴上了英雄标签。

(10) 情绪推理

情绪性推理是指人们不以理性的规律，而是以变化不断的情绪体验来认识世界。这是一种“跟着感觉走”的非理性现象，阻碍了对事物的正确了解，容易陷入负性情绪状态。有的成员遇到问题时犹豫不决，有时认识幼稚，有时偏激，甚至带有情绪冲动，依赖于情绪来解释现实。比如，有的成员说：“只要我心正了，就会有尊师保护，什么危险也不会有了。”这显然是他的思维能力打了折扣，只是依赖于主观情绪来臆想现实问题。

上述10种类型的认知偏差是比较常见的，有时候在一个膜拜成员身上，几种类型的偏差可以同时存在。人的认知方式是引起情绪反应和行为指向的关键因素，如果以歪曲的方式来诠释接收到的信息，那就不可能正确理解事物了。

5. *成员认知偏差的原因*

很多的人都会存在这样或那样的认知偏差，这与各方面的因素有关。膜拜成员之所以具有认知偏差现象，与其认知发展水平相关。

（1）人格因素形成认知偏差

人格因素是认知偏差形成的重要因素之一，人格作为中介因素，对人的认识活动发挥直接和间接的决定作用。国内外许多研究认为，膜拜成员具有一定的偏执性人格和依赖性人格倾向。偏执性人格者突出的表现是对别人有一种普遍的、无法理解的多疑倾向，总是认为别人在贬低或威胁自己，对自己不公平、不信任或不忠实，因而自己也不相信别人，而且常常是觉得自己吃了亏而容易激怒。他们多从自身的角度观察世界，表现为非黑即白的绝对化认知方式，容易固执己见，偏听偏信并盲目地追随所谓的领袖式教主，不惜为之付出一切。而具有依赖性人格倾向的成员，他们在生活中缺乏主见，常常会感到无助、无能或缺乏精力，将自己的需要附属于所依赖的人，过分服从于教主的意志。有一位中年妇女与老公一起做生意，他们在没有加入膜拜团体之前，也是生意开创之初，一直磕磕绊绊不很顺利，夫妻二人心情不畅也时常吵架。后来经人介绍加入了膜拜团体，也是机缘巧合和经验增长，生意日渐好转。该女士一心认为是“尊师”帮助了自己。从此，她一心听从“尊师”安排和旨意，别人的话不听不闻。她的这种绝对化认知方式是建立在依赖性人格基础上，她把“尊师”当成了自己的“主心骨”。

（2）思维定式形成认知偏差

由于膜拜思想的传播与社会主流意识相矛盾，难以在社会上流行，成员之间形成了相对固定的语言环境，他们使用一些特殊的语言交往词汇，如“常人”“女基督”“业障”等，交流局限在内部团体的小范围内，这实际上是教义认识的不断重复，强化成员的信念，固化了其负性思维模式，最后发展成为偏差的认知方式。有一位成员，他70岁的老母亲犯了严重胃病，他因“练功”顾不上，说这是“业障”作怪，老母亲需要忍过七七四十九天，到那时再去为老母亲“消业”。练功有可能让人得到一种新的知觉，但认知不能偏差到连基本常识都不具备的程度。

（3）人际关系形成认知偏差

很多成员对膜拜团体的认同和归属与人际关系有关，他们“有时候已经脱离了‘万能的神’本身，而是归结为成员之间的人际关系联系”。①

① Patricia Anne Vanderheyden, “Religious Addiction: the Subtle Destruction of the Soul”, *Pastoral Psychology*, 1999, Vol. 47, No. 2, pp. 294 – 295.

有一些人在某种诱因下选择膜拜团体作为避难所，在初期会感受到“无微不至”的关怀，这对于渴望得到帮助的人来说，无疑是很大的安慰。然而，膜拜团体是一个控制着成员排他性的认同感而组织起来的团体，他们只强调成员对本团体的认同与归属，并由此构建了内部人际圈的联系，他们因相似的认同而产生归属感，因相同的活动而产生人与人之间的信任感，因崇拜共同的权威而产生心理连接感。这些认同和归属的需要让他们紧密联系，形成了一种共同的、特殊的认知方式。

6. 不同认知方式的比较

认知偏差是个体在无意识条件下自动选择并已经习惯化了的认知方式，一些成员并不能意识到这种认知方式所带来的后果。因此，帮助识别成员的认知偏差方式是有必要的。理性和非理性的认知方式会带来截然不同的结果，比如对于“身患疾病”这一负性事件来说，理性认知是“吃五谷，生百病，积极治”，而非理性认知则是“罪孽重，遭惩罚，是报应”，从而产生负罪感。两种认知方式产生不同的信念和情绪状态，所导致的心理健康结果也有不同（见表3－5）。

表3－5　　不同认知方式下信念、情绪、心理健康水平的内在关联

认知方式	信念类型	情绪状态	心理健康
疾病是“神”对我的惩罚，没救了	非理性	焦虑	不健康
疾病是生活常态之一，关键是正确治疗	理性	积极	健康
跟随“尊师”是命中注定，不能背叛	非理性	消极	不健康
“尊师”并非是我唯一选择，决定权在我	理性	自信	健康
如果我不继续“练功”，身体就会遭殃	非理性	恐惧	不健康
不用“练功”，可以选择其他锻炼方式	理性	积极	健康

人的命运最初都是在同一起跑线上，而在后天不同认知方式主导下的选择，将带来截然不同的人生结果，不在于问题是什么，而在于你是怎么看待和处理问题的，这取决于认知方式。

（三）膜拜成员的自我和谐程度

自我和谐（Self Consistency and Congruence），这是美国心理学家卡尔·罗杰斯（C. R. Rogers）提出的关于自我的重要概念："这是指一个人自我观念中不存在冲突现象，主要包括自我内部各成分之间协调一致、自我与经验之间协调一致两个方面。"① 如果一个人自我概念的各部分出现冲突或自我与经验之间出现差距，就会产生内心紧张和困扰，这就是自我不和谐状态。自我不和谐状态对于个体的行为影响至关重要。罗杰斯指出："一个人看待他自己的方式是预测将发生行为的最重要因素，因为伴随现实的自我概念，还有一种对外界现实和该个体认为他所处境况的真实的感知。这个自我是个体经验的某些方面的自然衍生物。"②

1. 膜拜成员自我和谐水平的特征

本研究采用《自我和谐量表》（*Self-consistency and Congruence Scale*, SCCS），③ 对实验组成员和对照组人员进行了自我和谐状态的研究。该量表于 1994 年，由王登峰根据罗杰斯关于自我和谐的概念编制而成，量表共包含 35 个条目，由自我与经验的不和谐、自我的灵活性、自我的刻板性三个分量表组成，各分量表的信度分别为 0.85、0.81、0.64。其中，自我与经验的不和谐反映自我与现实经验的不一致水平；自我的灵活性反映当个体自我概念与现实经验不一致时，能够知觉到并进行调整以求达到和谐状态的能力；自我的刻板性反映自我概念的刻板性。量表采用 5 级评分法，总分越高，表明自我和谐水平越低（自我灵活性相反）。本研究发现，实验组与对照组相比，实验组自我与经验的不和谐得分显著高于对照组（$t=2.11$, $p<0.05$）；自我的灵活性维度得分显著低于对照组（$t=-2.34$, $p<0.05$），两组存在统计学显著性差异。其中 64.5% 膜拜成员的自我和谐得分处于 74—102 分的中等水平，显示他们自我与经验的不和谐、自我刻板性得分较高，而自我的灵活性水平却较低。

---

① Rogers, C. R., *A Theory of Therapy, Personality and Interpersonal Relationship as Developed in the Client-centered Framework*, New York: Mc Graw-Hill, 1959, pp. 184-256.

② Evans, R. I., *Carl Rogers, The Man and His Ideas*, New York: Dutton, 1975, pp. 86-87.

③ 王登峰：《自我和谐量表的编制》，《中国临床心理学杂志》1994 年第 2 期。

表3-6 膜拜成员与非膜拜人员自我和谐项目得分比较分析

项目	实验组 膜拜成员（$N=63$） $M \pm SD$	对照组 非膜拜人员（$N=69$） $M \pm SD$	t
自我与经验的不和谐	48.83±10.13	46.32±8.41	2.11*
自我的灵活性	41.97±4.66	44.58±7.87	-2.34*
自我的刻板性	21.71±4.40	20.96±4.22	0.92

注：*表示 $p<0.05$，下同。

本研究表明，膜拜成员的自我和谐程度低于非膜拜人员，其自我概念与现实经验不和谐、不一致，对现实经验的期望不合理，难以根据客观现实的变化做出相应改变，当现实经验与原有自我概念不相符合时，难以同化与顺应现实。这与成员长期受制于精神控制有关，他们在一定程度上与现实处于隔离状态，并在这种半感觉剥夺环境中被不断地灌输失当的自我概念，容易导致错误的自我概念积淀和固化。当成员一旦脱离控制，接触现实环境时，无法对外界环境做出合理的认识，无法使已固化的自我概念去顺应各种变化的现实经验时，其自我概念与现实经验的差距，就会随着所遇事件数量及复杂程度的升高而加大，从而导致自我和谐水平的降低。而自我的灵活性反映了自我调节的灵活程度和能力，得分越高说明个体自我概念越灵活，自我调节能力就越强。膜拜成员自我灵活性得分显著低于非膜拜人员，说明其自我概念的灵活性较差，不能很好地进行自我调适，难以适应社会生活。

2. 膜拜成员低自我和谐程度的原因

（1）成员存在自我与经验不和谐倾向

膜拜成员低自我和谐主要表现在自我与经验不和谐、自我灵活性低两个方面。自我与经验不和谐反映的是自我概念与实际经验之间的不和谐，得分越高则自我与经验越不和谐。膜拜成员自我与经验的不和谐程度高于非膜拜人员，这说明他们存在自我认识障碍，对自己的看法与实际表现不一致，他们所处的现实与期望达到的“圆满”有冲突，这种现实自我与理想自我之间的冲突导致自我不和谐，继而产生各种心理问题。这也说明他们自我概念三个部分，即现实自我、理想自我和社会自我的不一致，其理想自我是追求“圆满”和“进入天国”，而现实自我无法达到这种境界，为了维持自我和谐，他们就会采取一些虚幻的方法，这种虚幻程度越高，自我概念就越是呈现不和谐的状态。

（2）成员存在自我灵活性偏低的倾向

自我灵活性低是指自我概念欠活跃，较为刻板，当自我与经验产生不一致时，不能进行变通，就会强化自我不和谐状态。成员的自我灵活性低，表现为固执于自己的“信仰”而不易变通，他们在实际生活中解决问题的能力不足，也容易因为膜拜活动遭受一些挫折，如亲人不理解、朋友不支持、社会不认同等，这些现实经验与其自我概念不一致、有冲突，而他们又不愿意改变，矛盾冲突为心理问题的产生提供了可能。美国心理学家罗杰斯认为：“个体有着维持各种自我知觉之间的一致性以及协调自我与经验之间关系的功能，如果各种自我知觉之间出现冲突或者自我与经验之间出现矛盾，个体就会体验到内心的紧张和纷扰，即一种‘不和谐’状态。自我不和谐的程度越高，焦虑、抑郁、恐怖、人际关系敏感方面的心理问题就越多。”①

（3）成员存在不合理认知导致自我和谐水平偏低

自我与经验的不和谐指的是个体对自己的看法与实际表现之间的不一致；自我的灵活性是指个体对自己看法的灵活性和可塑性程度；自我的刻板性是指个体对自己看法的顽固和拒绝改变的程度。膜拜成员的自我和谐水平低于非膜拜人员，这说明他们自我概念刻板而僵化，认知方式狭隘、固执、绝对化、缺少灵活性，对自我持有不正确的评价并拒绝改变。他们在生活中遇到挫折后，不能积极地向他人或社会寻求帮助，转而向现实中并不存在的“神”寻求帮助，导致自我不和谐状态加剧并致心理健康水平低下。因为“自我和谐反映的是个体自我内部与经验之间的一致与和谐，这是心理健康的重要标志”。②

---

① Shin，D. C.，Johnson D. M.，“A Vowed Happiness as an Overall Assessment of the Quality of Life”，*Social Indicators Research*，1978，Vol. 5，No.，pp. 475 – 492.

② Rogers，C. R.，“A Process Conception of Psychotherapy”，*American Psychologist*，1958，Vol. 13，pp. 142 – 149.

（四）膜拜成员的人际信任情况

"人际信任（Interpersonal Trust）是指人们在相互交往中产生的安全感、依赖感和可靠感，这是个体与他人之间的一种相互信任的关系。"[①]"人际信任是建立和维持良好人际关系的最重要因素之一，是提升群体合作、维持社会秩序的润滑剂，因此也是降低社会管理成本的重要资源。"[②]一个人只有在人际关系的相互信任中才能使自己成为一个成功的社会人。

1. 膜拜成员的人际信任情况

本研究采用《人际信任量表》（Interpersonal Trust Scale，ITS），[③] 在取得63名膜拜成员和69名非膜拜人员同意及配合之后进行了调查，了解其人际信任状况。该量表由美国心理学家罗特（Rotter）于1970年编制，用于测量个体对他人的行为、承诺或陈述可靠性的估计，内容包括多种处境下的人际信任，涉及不同的社会角色。量表共25道题，采用5级计分法，得分越高表明人际信任程度越高，总分从25—125分，中间值为75分。量表分半信度为0.76，重测效度是0.68，具有良好的信效度。研究发现膜拜成员人际信任平均得分为73.87分，略低于理论平均值75分，明显低于非膜拜人员的78.68分，二者之间具有统计学显著性差异（$t=-3.67$，$p<0.01$），这说明他们的人际信任水平偏低，对他人是不信任的，主要表现有戒备和多疑倾向（见表3－7）。人际信任反映个体与其他人之间的相互信任程度，它是一种普遍的心理功能，多数学者将人际信任与易受伤害、容易依赖等心理特征联系在一起，人际信任度高的个体与他人交往时，更容易表现出信任行为，也容易得到他人的信任，因此更容易产生合作行为。

---

① Rotter，J. B.， "Generalized Expectancies for Interpersonal Trust"，*American Psychologist*，1971，Vol. 26，No. 6，pp. 444－452.

② Simpson，J. A.，"Psychological Foundations of Trust"，*Current Directions in Psychological Science*，2007，Vol. 4，pp. 264－268.

③ 汪向东、王希林、马弘：《心理卫生评定量表手册》，《中国心理卫生杂志》1999年（增刊）。

表 3－7　　膜拜成员与非膜拜人员人际信任项目的差异比较分析

项目	膜拜成员（$N=63$）$M \pm SD$	非膜拜人员（$N=69$）$M \pm SD$	t
人际信任总分	73.87 ±7.69	78.68 ±7.37	-3.67^{**}
这个社会虚伪现象增多	3.54 ±0.96	3.34 ±1.21	1.08
与陌生人交往需小心	3.37 ±1.11	3.75 ±0.96	-2.15^{*}
政界需更多人参与才公平	2.73 ±1.03	3.06 ±1.08	−1.77
不犯罪是因恐惧而非良心	3.25 ±0.97	2.93 ±1.22	1.7
老师不监考更多人会作弊	3.48 ±1.13	3.75 ±1.22	−1.35
父母的诺言是可信赖的	1.62 ±0.89	2.62 ±1.03	-5.97^{***}
联合国不会成为维护世界和平的有效力量	3.11 ±1.27	3.23 ±1.07	−0.59
法院是公正的场所	2.65 ±1.35	2.48 ±1.32	0.74
多数人相信新闻未被歪曲	3.6 ±0.94	3.52 ±1.23	0.42
人们主要关注自己的幸福	3.76 ±0.95	3.88 ±1.11	−0.68
我们很难看到客观的报道	3.49 ±1.24	3.55 ±1.22	−0.27
未来似乎有希望	2.0 ±1.23	2.8 ±1.26	-3.68^{**}
国际事务很多黑暗被隐瞒	3.6 ±1.11	3.84 ±1.01	−1.28
官员竞选许诺是诚恳的	2.25 ±1.08	2.54 ±1.27	−1.37
重大体育比赛均被操纵	3.27 ±0.94	3.36 ±1.22	−0.48
专家关于其知识有局限的言论是可信的	2.06 ±0.93	2.78 ±1.25	-3.72^{***}
多数父母关于惩罚的威胁是可信的	2.94 ±1.27	2.94 ±1.24	−0.03
多数人说出自己的打算就一定会去实现	2.90 ±1.20	2.8 ±1.17	0.52
需保持警惕以防别人占便宜	3.84 ±1.29	3.65 ±1.16	0.89
理想主义者按其信条行事	2.57 ±1.15	2.72 ±1.1	−0.78
推销者是诚实的	3.14 ±1.24	3.29 ±1.23	−0.68
就算无人监考，也不会作弊	2.49 ±1.34	2.49 ±1.18	−0.01
多数维修人员不会因你不懂专业而多收钱	3.14 ±1.32	3.17 ±1.22	−0.14
公开对保险公司的控告是假的	3.05 ±1.05	3.12 ±1.12	−0.36
多数人会诚实回答民意测验	2.0 ±0.95	3.06 ±1.3	-5.28^{***}

注：* 表示 $p<0.05$，** 表示 $p<0.01$，*** 表示 $p<0.001$。

2. 膜拜成员低人际信任水平的原因

（1）成员存在人格缺陷导致人际信任水平偏低

本研究结果显示，膜拜成员体验到的人际信任明显低于非膜拜人员，其社会关系参与度和人际亲和性均较低。许多研究都认为，人格因素对人际信任关系影响很大。有研究指出："人格特征与人际信任之间存在明显的相关，人格特征对人际信任的水平具有预测作用。"① 研究发现："一些成员存在人格缺陷，他们存在偏执型、强迫型、癔症型、冲动型、神经质型等人格倾向。"② 还有研究使用艾森克人格问卷（EPQ）调查膜拜成员的人格特征，发现"他们存在敌视、冷漠、缺乏同情心等人格特征"。③ 这些人格特征使他们对社会中的正常人际信任认识不足或者知觉不良，不能用理性眼光认识他人，更不会轻易信任他人。本研究发现，一些成员存在焦虑特质的人格倾向，主要表现在对现实的人际情境感到过分担心和疑惑，很可能采取回避行为，这对人际信任会带来消极影响。比如，有一位成员买菜后回到小区门口，看到有几个家庭妇女围在一起说着什么，她就想"是在议论我吧，是在说我坏话吧，她们还用眼光瞪了我一眼。我绝对要练出超常的功力来，我要让你们看看"。这些念头产生之后，她就会在社交场合中产生焦虑情绪，从而采用退缩或逃避方式不与社区人员交往，使人际信任水平处于不良的状态。

（2）成员存在社会功能不足导致人际信任水平偏低

膜拜成员社会功能不足可以从两个方面进行分析：一是成员具有教义思维定式。他们在反复学习"教义"之后形成的思维定式，会增加他们对群体内的人际信任，从"圈内人"身上寻找感情慰藉和支持，而对于群体外的人际关系不认同、不信任，甚至有些成员为了专心精进地练功而选择辞职，只局限在与圈内人进行交往，导致社会关系和家庭关系的不信任。二是成员具有心理防御定式。由于他们长期封闭式练功与现

---

① 赵鹏霞：《男性服刑人员的人格特征和人际信任关系探析》，《牡丹江大学学报》2010 年第 6 期；徐珊珊：《青年男服刑人员的人格特征和人际信任》，《科技文汇》2008 年第 10 期。

② 陈青萍：《邪教痴迷者的人格学研究》，《宗教学研究》2004 年第 1 期。

③ 童修伦、金俊、肖文清：《法轮功修炼者人格特征和心理健康初步研究》，《中国健康心理学杂志》2000 年第 5 期。

实社会疏远，减少了与外界环境交往的动机和交往活动，导致人际信任感体验不足。他们知道自己的行为不被社会人群所接受，这使他们产生捍卫自己观念且有强烈的排外行为。许多成员对外群体抱有偏见、敌意、不满和愤怒等态度，甚至导致人际冲突。比如，马某，她早年遭受过情感欺骗，有很深的心理创伤，在生活中无人可倾诉便去寻求安慰而误入膜拜团体。她在经过教义洗脑之后，执着于膜拜活动以期获得人际支持，对内群体人际有着很深的依赖，对“圈外人”概不接触，对他人极不信任，始终处于心理防御的状态，将前来看望她的社区干部拒之门外。马某虽是个案，但具有代表性。简言之，当成员处于膜拜思维定式时，将会增加他们对群体内的人际信任，当他们与群体外的人际接触时则知觉不良，处于心理防御定式状态，这都会降低他们的人际信任程度。

(3) 成员受制于精神控制导致人际信任水平偏低

人际信任是一种文化认同的表现，而文化认同又与教育有关。破坏性膜拜团体精神控制是用一些操纵手段控制人的一切，包括控制人际接触和信息获取，瓦解个人对自己和他人的认识信念，从而使自己依赖于团体和教主，成为捍卫团体的工具。膜拜团体非常强调成员作为“修炼人”的身份意识，并不断强化这种身份意识而隔离成员与外界的交往。同时，膜拜团体在社会关系中营造虚幻以影响成员的思维，他们为成员构建了一个“完美的”的世界，又将这种参照系搬回现实，加强了成员对现实世界的不满。若成员长期在这种状态里活动，就会对真实世界产生怀疑，认为真实世界充满了欺骗和伤害，从而对社会抱有敌意和不信任，容易导致对社会群体的人际冲突。

(五) 膜拜成员的焦虑状态分析

状态—特质焦虑（State Anxiety-Trait Anxiety），这是学者斯皮尔伯格（Charles Spielberger）提出的焦虑理论，他将焦虑分为状态焦虑和特质焦虑两类，其中状态焦虑是一种短暂性的情绪状态，是由于某种情境或应激事件而引起的焦虑，持续时间短，变化强度大，会随着时间和情境的变化而变化，即情境改变时，焦虑也会随之出现或消失。而“特质焦虑则是一种相对持久的人格特征，是具有个体差异的相对稳定的焦虑倾向，具有跨情境性和稳定性特征，不会随着时间和情境的变化而变化”。① 特质焦虑的人倾向于扩大危险情境，其情绪反应的频率和强度也与众不同，他们经常会将一些非危险环境知觉为威胁情境，并出现与客观危险不相符合的状态焦虑。比如，有的人在与陌生人相处时，会出现一些紧张、恐惧和不愉快的情绪体验，这些就属于特质性焦虑的表现。

《状态—特质焦虑量表》（*State-Trait Anxiety Inventory*，*STAI*），② 由斯皮尔伯格等人编制，1988 年被译为中文。该量表共 40 个项目，前 20 项为状态焦虑量表（S－AI），用于评定某种情景下的紧张、焦虑等感受；后 20 项为特质焦虑量表（T－AI），反映个体一种稳定或持续存在的焦虑倾向。计分时分别计算 S－AI 和 T－AI 量表的总分，最小值 20，最大值 80，分数越高反映个体状态焦虑或特质焦虑程度越高。S－AL 量表的重测信度为 0.88，T－AL 量表的重测信度为 0.90。

1. 膜拜成员具有较强的特质焦虑

本研究采用《状态—特质焦虑量表》，对实验组 63 名膜拜成员和对照组 69 名非膜拜人员进行了调查。结果发现，实验组成员在状态焦虑上的得分与对照组人员没有显著差异（$t = 1.15$，$p > 0.05$），但两者在特质焦虑上得分差异显著，膜拜成员得分显著高于非膜拜人员（$t = 5.67$，$p < 0.01$），两者之间差异具有统计学显著性意义。这说明膜拜成员的特质焦虑明显高于非膜拜人员，他们经常会体验到焦虑（见表 3－8）。特质焦虑作为人格性质的焦虑，对外界的反应十分敏感，因为“这种特质焦虑与自尊和被评价意识有关”③，并且在不同的刺激情境中表现出一贯性的反应特征。可以说，人格健全者在面对诱惑时，具有较强的理性分析能力，能够很好地抵御各种诱惑，而人格不完善者，在面对诱惑时容易产生动摇或陷入其中。因为“人格是人活动的基本动力，人格的倾向性决定了人对现实的态度，决定了人对认识和活动的趋向与选择”。④

---

① Olatunji，B. O.，Cole，D. A.，“The Longitudinal Structure of General and Specific Anxiety Dimensions in Children：Testing a Latent Trait-state-occasion Model”，*Psychological Assessment*，2009，Vol. 21，pp. 412－424.

② 汪向东主编：《心理卫生评定量表手册》，《中国心理卫生杂志》1993 年（增刊）。

③ P. Stephen，C. Melisa，“Attributions for Success and Failure in Algebra of Samoan Community College Student：A Prifile Analysis”，*Journal of Instructional Psychology*，1986，Vol. 13，No. 1，pp. 3－9.

④ 王晓慧、孙家华：《现代精神医学》，人民军医出版社 2002 年版，第 48 页。

表 3－8　　膜拜成员与非膜拜人员在焦虑维度上的比较分析

项目	实验组 膜拜成员（$N=63$） $M \pm SD$	对照组 普通人员（$N=69$） $M \pm SD$	t
状态焦虑	44.49 ±8.32	42.58 ±10.71	1.15
特质焦虑	48.98 ±7.46	40.87 ±8.97	5.67***

注：*** 表示 $p<0.001$。

2. 膜拜成员高特质焦虑的原因分析

（1）成员具有焦虑特质的人格倾向

从表 3－8 看出，膜拜成员的特质焦虑这一维度得分较高，与非膜拜人员相比差异显著，说明其存在特质焦虑。“特质焦虑水平较高的个体，在应激情境中更容易表现出焦虑情绪。”① 他们认为自己是不被接纳和肯定的，拥有较低的自尊、盲目乞求帮助、顺从别人，同时又很关注别人对自己的评价，从而体验到更多的焦虑。而焦虑是一种痛苦的情绪体验，成员为了减轻焦虑情绪去寻求非现实的膜拜行为来缓解。当然，这并不能从根本上解决问题，冲突和矛盾依然存在，反而加剧了期盼“升入天堂”的焦虑。同时，一些成员还焦虑于社会性的评价，他们参与或预期参与某种活动时，焦虑特质的成员会习惯性地预想可能会不顺，反应就是焦虑情绪。为了降低受到批评的可能性，他们会采取一系列回避行为，而这些行为又加剧了焦虑体验。因此，膜拜成员表现出较高的焦虑症状和较低的社会适应能力。我们在研究中还发现，除了怕受到负面批评之外，还让他们感到焦虑的是怕遭到团体的报复，这与其说是他们对信息的负性误读，不如说是他们整体的“人格属性”所为。因此，膜拜成员高发特质焦虑是源于其人格基础。

（2）成员具有消极应对的行为倾向

“有些人倾向于采取消极的应对方式解决问题，他们在面临应激情境时，往往会关注应激所引起的消极方面，采取退缩的行为方式去应对，而

① 王小玲、朱霞、张月平等：《军校大学生特质焦虑对决策行为的影响》，《中华行为医学与脑科学》2011 年第 1 期。

不是积极面对应激源去寻找解决办法。"① 这种情况当然不会产生良好的结果，有些成员消极的行为方式在生活情景中一次次地被强化，心理一次次地被挫败，产生低自信感和低自我评价，进一步加重了焦虑情绪和消极行为。有一位"三赎基督教"成员，自从信奉此教后十分卖力，一段时间后被委以重任，成为管理一个片区的负责人，"上面"要求他外出发展成员，说发展的人员越多，得到的"福音"就越多。为此，他经常外出开展活动，无心思在家里搞生产，家庭生活一年不如一年，有时穷得吃了早饭无晚饭。5 年后，他所在的村庄发生了很大变化，家家修建了楼房，只有他家的房子依然低矮。没有得到"福音"使他焦虑不堪，而"上面"责怪他心不诚。最后，他索性连地也不下了，每天坐在家里一心祷告，等着"上面"给他降"福音"。这种消极行为只能更加剧他的焦虑情绪，而高焦虑又进一步抑制了思维活动，使理性思维能力再次降低，会再一次采取消极的行为方式进行逃避，这之间形成了恶性循环。因此，焦虑情绪与消极行为有一定的聚集性和相关性。

（六）膜拜成员人际信任、自我和谐、状态—特质焦虑与健康水平的关系

1. 膜拜成员的人际信任、自我和谐、状态—特质焦虑与健康水平相关密切

膜拜成员的人际信任总分与心理健康、健康总分具有显著正相关（$r=0.301$，$p<0.05$；$r=0.271$，$p<0.05$）；自我与经验的不和谐与心理健康、健康总分具有显著负相关（$r=-0.468$，$p<0.01$；$r=-0.323$，$p<0.01$）；自我的刻板性与心理健康具有显著负相关（$r=-0.261$，$p<0.05$）；自我的灵活性与生理健康具有显著正相关（$r=0.265$，$p<0.05$）；自我和谐总分与社会健康、心理健康、自测健康总分具有显著负相关（$r=-0.372$，$p<0.05$；$r=-0.288$，$p<0.05$；$r=-0.305$，$p<0.05$）；特质焦虑与生理健康、心理健康、健康总分具有显著负相关（$r=-0.275$，$p<0.05$；$r=-0.557$，$p<0.01$；$r=-0.531$，$p<0.01$）；状态焦虑与心理健

① 王小玲、朱霞、张月平等：《军校大学生特质焦虑对决策行为的影响》，《中华行为医学与脑科学》2011 年第 1 期。

康、健康总分具有显著负相关（$r=-0.328$，$p<0.05$；$r=-0.351$，$p<0.01$）（见表3－9）。

表3－9　膜拜成员人际信任、自我和谐、状态—特质焦虑与健康水平的相关分析（r）

项目	生理健康	心理健康	社会健康	健康总分
人际信任总分	0.196	0.301*	0.183	0.271*
自我与经验不和谐	－0.144	－0.468**	－0.228	－0.323**
自我的刻板性	－0.148	－0.261*	－0.053	－0.161
自我的灵活性	0.265*	0.045	0.230	0.035
自我和谐总分	－0.070	－0.372*	－0.288*	－0.305*
特质焦虑	－0.275*	－0.557**	－0.220	－0.531**
状态焦虑	－0.140	－0.328*	－0.218	－0.351**

注：* 表示 $p<0.05$，** 表示 $p<0.01$。

2. 膜拜成员心身健康发展的预测分析

本研究对膜拜成员进行了影响健康因子的回归分析，以自我和谐量表、人际信任量表、状态—特质焦虑量表各维度为自变量、健康量表及各维度为因变量进行逐步回归分析发现：①特质焦虑能够显著预测生理健康水平，它可以解释生理健康7.6%的变异量，且方差分析结果表明，该自变量的预测水平均达到了显著水平（$F=5.002$，$p<0.05$）。②特质焦虑和自我与经验不和谐对心理健康具有显著预测作用，多元相关系数为0.472，其联合解释变异量为0.223，即这两个自变量可以解释心理健康的22.3%，同时方差分析结果表明，两个自变量的预测水平均达到了显著水平（$F=11.549$，$p<0.01$；$F=8.589$，$p<0.05$）。③自我和谐总分对社会健康具有显著预测作用，能够解释自评社会健康8.3%的变异量，方差分析结果表明，该自变量的预测水平均达到了显著水平（$F=5.535$，$p<0.05$）。④特质焦虑对健康总分具有显著预测作用，它可以解释健康总分28.2%的变异量，方差分析结果表明，特质焦虑对健康总分的预测水平均达到显著水平

（$F=23.942$，$p<0.01$）（见表3－10）。

表3－10　　影响膜拜成员健康水平的各因子回归分析

因变量	自变量	R	R^2	F	β	t
生理健康	特质焦虑	0.275	0.076	5.002*	－0.275	－2.236*
心理健康	特质焦虑	0.399	0.159	11.549**	－0.351	－3.033**
	自我与经验不和谐	0.472	0.223	8.589**	－0.256	－2.212*
社会健康	自我和谐总分	0.288	0.083	5.535*	－0.288	－2.353*
健康总分	特质焦虑	0.531	0.282	23.942**	－0.531	－4.893**

注：* 表示 $p<0.05$，** 表示 $p<0.01$。

3. 膜拜成员心理特征与膜拜行为之间具有依存关系

在以健康总分以及各维度为因变量，自我和谐、人际信任、状态—特质焦虑为自变量的逐步回归分析后发现，成员的自我和谐和特质焦虑是影响健康水平的两个重要因素。首先，由于成员的自我不和谐程度高，他们对自身没有形成合理的认知方式，思维刻板而僵化，寄希望于通过膜拜行为方式来实现愿望，这不但不能缓解内心冲突和矛盾，反而加剧了焦虑体验，进而又影响了身心健康；其次，这种低自我和谐、低人际信任关系、高特质焦虑的心理特征导致的低健康水平，又容易引发成员的膜拜行为。总之，膜拜行为是建立在某些心理特征之基础上，其心理特征是产生膜拜行为的内源性因素，而膜拜行为又强化了这些心理特征，形成了一种互为因果的关系。

四　膜拜成员的人格障碍倾向分析

人格学者普汶（Peroin）指出："人格是代表个人在对情境做反应时，自身所表现出来的结构性质和动态性质，即人格代表一种使个人有别于他人的持久特性。"① 人格是一个人较稳定的心理素质，体现在个体对待事物的态度和习惯化的行为方式中。国内外许多研究都显示，一些成员具有一

① ［美］普汶：《人格心理学》，郑慧玲译，（台北）桂冠图书股份有限公司1985年版，第43页。

定的人格偏差，这是产生膜拜心理的易感性素质，是膜拜行为发生的人格学基础。膜拜团体组织者利用了这些人格基础，或者说使用强化手段塑造了病态人格，而病态人格一旦形成，便具有一定的稳定性，这是成员执着于膜拜团体的原因之一。

（一）膜拜成员的人格相关研究

美国心理学家威廉·詹姆斯说："只有这个人是专横和好侵略的，才会患上信奉狂。对于温和的人，信教极虔诚而智力薄弱的，他们就是把想象专注于爱上帝，不顾一切实际上的人与事。这种专诚虽是无害，但也是太偏一，不配得上赞美。"① 西班牙学者佩佩·罗德里格斯（Pepo Roclriguez）指出："一个人为什么会跌进教派泥潭的根本原因，不在于教派的操纵手段，而是在于教派物色到自己的猎物之时就已经存在了的东西，即当事者此前的性格倾向，使其面对生活波澜显得特别脆弱，从而无力抗拒被人操纵和坠入依赖深渊的社会心理因素。"② 还有学者归纳了成员有如下人格特征："无条件的崇拜高高在上的教主；对上面赖以存在的某种力量畏惧而盲目地服从命令；一相情愿的传播教义，没有能力对其展开分析；倾向于将不同观点的人视为仇敌。"③ 由此，一个人是否进入并执着于膜拜团体，有客观因素，更有主观因素，是主客观因素相互作用的结果。

（二）膜拜成员的人格障碍倾向

关于人格障碍（Personality Disorders）的解释，在《国际疾病分类标准》（第十版）（ICD—10）中指出："个人的特征性和持久的行为模式明显偏离文化规范，伴随认知（如感知和解释事物的态度和方式）、情感、冲动控制、欲望满足、与人相处的方式等领域中一种以上发生偏离的情况；这种偏离广泛存在，行为难以矫正，且在大多数情景中社会适应不良

---

①［西班牙］佩佩·罗德里格斯：《痴迷邪教》，石灵译，新华出版社 2001 年版，第 169 页。

②［英］麦克·阿盖尔：《宗教心理学导论》，陈彪译，中国人民大学出版社 2005 年版，第 25 页。

③［法］古斯塔夫·勒庞：《乌合之众：大众心理研究》，艾之凡译，中山大学出版社 2013 年版，第 61 页。

或功能障碍；有个人痛苦或对他人有不利影响；这种偏离稳定且长期存在，通常开始于儿童期或青春期；偏离的原因不是因其他精神障碍所致；偏离行为不是因脑损伤、疾病或功能障碍所致。”① 《中国精神障碍分类与诊断标准》（第三版）（CCMD—3）指出：“人格障碍指人格特征明显偏离正常，使病人形成了一贯的反映个人生活风格和人际关系的异常行为模式。这种模式显著偏离特定的文化背景和一般认知方式（尤其在待人接物方面），明显影响其社会功能与职业功能，造成该个体对社会环境的适应不良，病人自己为此感到痛苦。”② 美国在《心理障碍诊断和统计手册》（DSM - Ⅳ）中，将人格障碍分三大类群：第一类以行为怪癖、奇异为特点，包括偏执型、分裂型人格障碍等；第二类以情感强烈、不稳定为特点，包括癔病型、自恋型、反社会型、攻击型人格障碍等；第三类以紧张、退缩为特点，包括回避型和依赖型人格障碍等。人格障碍者行为问题的程度不同，有的人在社会生活中与正常人一样生活，只有其家人能感觉到其怪癖和难以相处；严重者表现为明显的社会适应障碍，不能正常工作和人际交往。值得重视的是：人格障碍与精神病是可以相互转化的，严重的人格障碍者如果得不到及时有效的矫正，极可能会发展成为精神分裂症。

膜拜成员常见的人格障碍类型参照以上标准讨论如下。

1. 自恋型人格

特征：夸大（幻想或行为）、需要他人赞扬并缺乏同理心。此类人格障碍表现有下列 5 项以上：

（1）具有自我重要的夸大感（如过分夸大成就和才能）；

（2）沉湎于无限成功、权力、光辉、美丽或理想爱情的幻想之中；

（3）认为自己是特殊的和独一无二的，只能被其他特殊的或高地位的人或单位所了解或与之共事；

（4）要求过分的赞扬；

（5）有一种优越感，即不合理的要求特殊优待或他人顺从自己的期望；

① ［美］Michael Gelder Richard Mayou Philp Cowen：《牛津精神病学教科书》（*Shorter Oxford Textbook of Psychiatry*），刘协和、袁德基主译，四川大学出版社 2004 年版，第 161 页。

② 江开达主编：《精神病学》，人民出版社 2005 年版，第 192 页。

（6）在人际关系上具有剥削性（占便宜），即为了达到自己的目的而占有他人的利益；

（7）缺乏同理心，不愿意设身处地地认识或认同他人的感情和需求；

（8）往往妒忌他人或认为他人都在妒忌自己；

（9）显示骄傲、傲慢的态度或行为。

自恋型人格的核心特征是以自我为中心，极端重视自我。这种人格者对“教主”顶礼膜拜，极尽赞美之词，同时也认为自己无所不能。有些成员认为，自己受到了神的“点化”便有别于常人，在灾难来临之时能得到神的救助，可以获得永生，于是放弃工作专心于膜拜活动。他们自我感觉良好，实际上却连自己的日常生活都处理不好。心理学认为：每个人都存在不同程度的自恋倾向，但绝大多数人没有成为自恋型人格。为什么？因为在人的成长过程中，社会化起到了重要的教育作用。我们在与他人的交往中，逐步发现自己的不足，不断地调整自我，并在与他人的社会比较中确立正确的自我观念，走出自我中心的误区。但是，一些成员与社会隔离，避免与外界接触，使自己的认识没有了社会参照系的比较，又在暗示作用下表现出极端的自恋倾向。

2. 回避型人格

特征：避免社交、有无能感和过分的自我否定评价，此类人格障碍表现至少具备下列 4 项以上：

（1）回避一些有较多人际交往接触的职业活动，因为害怕批评，怕遭到不赞成或被拒绝；

（2）不愿意与他人打交道，除非某些喜欢的人；

（3）很少与人发展亲密关系，因为害羞或怕被取笑；

（4）害怕在社交场合被批评或被拒绝；

（5）不参加新的人际交往场合，有无能感；

（6）认为自己在社交方面笨拙、个人没有什么吸引力或比其他人差得多；

（7）很不愿意参与新活动，害怕会因此难堪。

回避型人格的核心是退缩，当面临内心的冲突时，不是选择解决问题而是选择逃避，这与个体的不良成长环境以及早期生活经验有关。我们在研究中发现，多数成员遭受过应激事件，或个人疾病、亲人逝世、事业失败、恋爱分手、婚姻破裂以及人际关系不良等，在惯有的应激方式失效后，便转向外界寻求帮助，再次遭受挫败后，便会产生消极心理，逃避困难的事件，他们会在某种团体人际关系中获取一种虚拟的“认同感”。

3. 依赖型人格

特征：顺从和依附行为，过分需要被人照顾，而且害怕离别。此类人格障碍表现有下列5项以上：

（1）如果没有他人的大量劝告或保证，便难以做出决定；

（2）需要他人为其生活中的主要方面担当责任；

（3）难以表示不同意别人的意见，因为害怕失去支持或赞成；

（4）缺乏认知决策能力和自信心，就算是为自己打算也很难开始一项事情；

（5）花不少工夫获得支持，以达到能自愿从事令人愉快事情的地步；

（6）因为自己不会照顾自己，所以害怕独处；

（7）在一个亲密关系终结后，迫切地寻求另一个作为支持和照料的依靠；

（8）不现实的沉湎于害怕被他人遗弃，只得自己照料自己的想象中。

依赖型人格者往往是内心自卑，缺乏自信并且自我谦避性的人，对别人过分地依赖，总是担忧自己的一切，常常感到自己无法控制自己的生活，遇到事情时缺乏独立自主的应对能力。他们小时候依靠父母，长大后依靠伴侣，而又随时担心这一依靠的背叛，因此需要一个权威者来依靠。他们希望依靠“教主”，因而对“教主”会崇拜和顺从。比如，有一名女成员受到“教主”蒙召，被迫与他发生了性关系，她内心一直抱怨和痛苦，但因对“教主”过分依赖，她容忍了这一卑劣行为，而“教主”利用其依赖性人格，对她“加官晋爵”，使她更加依赖而不能脱离。对于依赖型人格者来说，因为依赖和胆怯，一般不会主动背叛或脱离，会顺从地执行教主的命令。

4. 偏执型人格

特征：对他人存在普遍的不信任和猜疑，把别人的动机理解为恶意。此类人格障碍表现有以下4项以上：

（1）没有足够依据的猜疑他人在剥削、伤害或欺骗自己；

（2）怀疑朋友或同事对自己的忠诚和信任；

（3）勉强的信任他人，常常担心一些资料信息会被恶意用来对付自己；

（4）对常见的记号或事件会误解出隐含的贬低或威胁性意义；

（5）持久地认为他人有恶意，即对他人的侮辱或伤害耿耿于怀，不予宽容；

（6）感到自己的人格或名誉受到打击，并且迅速做出愤怒反应或做出反击；

（7）反复怀疑配偶或性对象的忠贞，虽然没有证据。

偏执型人格的主要特点是固执刻板、敏感多疑、自我评价过高，常常感情用事、易怒、自负、心怀怨恨、报复心强并伴有攻击性行为。固执刻板具体表现为好与人争论，常常为一些不甚清楚的细节问题而与人争得面红耳赤，一旦认定自己受到了不公正的待遇，就会不知疲倦地沉溺于诉讼，他们对自己的观点深信不疑，对发生在身边的事情有一套独特的解释模式，大有“不到黄河心不死”之势。敏感多疑往往表现有歪曲体验的倾向，对人充满不信任感和戒备感，惯用敌视的眼光看待事物，因此人际关系紧张。在自我评价方面过分高估自己的能力，一旦遇到失败，不是从自己身上找原因，而是把失败的责任推诿于客观环境或他人，对别人的成功极为嫉妒，对侮辱和伤害铭刻在心，不易释怀。在膜拜团体中，有些成员一提到外界批评就表现出异常愤怒。有一对夫妻成员练功精进，“比学比修”是他们每天的功课。他们说：“我们要牢记‘尊师’教导：一个心不动，能制万动，就是要‘融于功中’，谁反对我们，就是敌人。”这种非现实的执着观念是偏执型人格的突出表现。

5. 强迫型人格

特征：刻板固执，墨守成规，内心常有不安全感，缺乏良好的适应能力。此类人格障碍表现有以下 4 项以上。

（1）追求细节、规则或秩序，甚至忽视了活动的主要内容；

（2）事情要完成得十全十美；

（3）过分地献身于工作，以至于没有业余活动和朋友交往；

（4）对道德或价值观等方面要求谨小慎微，必须做到无可指摘（并不是由于文化或宗教观念）；

（5）不会丢弃旧的或没有价值的东西；

（6）不愿与其他人共同工作，除非他们屈从于他的要求；

（7）对自己或他人采取非常吝啬的节约方式，似乎要把钱积蓄起来以防灾荒；

（8）行为表现僵硬固执。

此类型的人格者过分关注自己的行为是否正确、举止是否适当，因而表现死板，处世缺乏灵活性，有强烈的自制心和自我约束力。他们做事要求完美，专注于细节，反而失去工作重点。他们每天的生活严格按照计划执行，任何事情都不能将计划打乱，否则就会紧张和焦虑。如有的成员严格执行每天“练功”制度，早晨参拜神像，上午练功，下午打坐，晚上交流等，不可有一点儿变动，更有甚者干脆将工作辞掉，专心练功。此种类型的人最为“忠诚”，他们认为只要自己专心练功，就能获得超自然的能力，因此极其执着，甚至舍弃睡觉而练功，即使以损害健康为代价也在所不惜。

具有强迫性人格倾向的成员容易产生三种负性情绪：一是有挫败感和孤独感，由于思想保守和膜拜行为，他们尽量避免接触外人，因而远离社会群体，缺少社会支持，心理十分脆弱；二是对生活不满意，极力想改变却无能为力，为了避免被别人拒绝，自己就先拒绝别人；三是抑郁自责，沉迷于琐事中无法自拔，生怕出现差错而遭报应，长期处于紧张状态，压力得不到缓解，一旦做错事情则会陷入内疚、自责和悔恨之中。

6. 分裂型人格

特征：存在社交和人际关系方面的缺陷，他们与别人在一起感到很不舒服，缺少感情，而且存在感知方面的歪曲以及古怪的行为，此类人格障碍表现有以下 5 项以上：

（1）存在与文化背景不相一致的古怪想法与行为（比如迷信、特异功能或心灵感应等）；

（2）不寻常的幻觉体验，包括躯体幻觉；

（3）有古怪思维与语言；

（4）猜疑或偏执反应；

（5）感情不适或受限制；

（6）古怪或特别的行为或奇异的外貌打扮；

（7）除一级亲属外没有亲密的关系或知心朋友；

（8）过分的社交焦虑。

这一类型的人格倾向者常常过度情绪化以及渴望被关注，其主要表现为：具有夸大的情绪表现，如自吹自擂、装腔作势、过分热情地对待普通朋友，在轻微伤感的场合无法自制地啜泣等；以自我为中心，当自己不属于关注的焦点时，会产生悲观情绪；过分关心自己身体的吸引力，表现为喜欢引起他人的关注，爱慕虚荣，为了获得立即满足而不能忍受延迟满足。喜欢沉思和幻想，严重者会出现不寻常的错觉和幻觉，或者看见不寻常的事情，并表示能体验到“神魔附体”，因此他们极易相信并追求特异功能和心灵感应。某公司有一位年轻职员通过练功，总感觉自己肚子里有一股“气”在旋转，而且不断地膨胀。有一天，他拿刀对着自己的腹部想寻找这股“气”，这种情况明显是意识错乱，主客观认识脱离现实，这是分裂型人格的表现。

7. 反社会型人格

特征：以行为不符合社会规范，经常违法乱纪，对人冷酷无情为特点。反社会型人格者经常不顾社会规范侵害他人的权利或利益，此类人格障碍表现具备以下 3 项以上：

（1）不遵守有关法律规范的社会准则，表现有多次做出可遭拘捕的行动；

（2）欺诈现象，为了个人利益或乐趣而多次说谎、应用假名或诈骗他人；

（3）冲动性强，不习惯事前计划；

（4）激惹和攻击性，表现为多次殴斗袭击；

（5）做事鲁莽不顾及他人和自己的安全；

（6）一向不负责任，表现为多次不履行工作或经济义务；

（7）缺乏悔意，伤人、虐待他人或偷窃之后显得无所谓或强做辩解。

此类人格倾向者的头脑简单，极易受到操控，很容易为教主所用，在某些指令下会从事犯罪活动。他们会不顾一切，敌视他人，挑起争端，好盛气凌人，时常仇视和中伤他人。有的成员情感淡薄，六亲不认，甚至认为亲人是自己“圆满”的“魔障”，残忍地将亲人杀害。

一般认为：人格成熟 = 情商良好 = 解决问题能力良好 = 生活状况良

好。人在幼年时向父母寻求帮助，成年后学会自己解决问题，这就是人格走向成熟。人格成熟的主要表现就是能够承担责任，有能力解决问题。每个人都有对吉凶成败的思考和稳定的责任感，向“神”求助不如向责任求助，只有责任才能够帮助解决问题。如果遇到问题依赖于向“神”求助，那是“返童”现象或者称为人格不成熟。

五　膜拜成员的认知功能偏差或障碍分析

认知是指通过心理活动获取知识或应用知识的过程，也是信息加工的过程。这是人最基本的心理功能，它包括感觉、知觉、记忆、想象、思维和语言等。人脑在接受外界输入的信息之后，经过头脑的加工处理，转换成内在的心理活动进而支配行为，这个过程就是信息加工过程，也是认知过程。认知障碍主要是指思维方式和内容偏差，甚至表现为强迫观念或妄想，比如有的成员坚信自己不是凡人，而是“神、佛、教主”等，同时伴有注意和记忆偏差、现实适应不良等现象，甚至还可以出现以下一些类型的障碍。

认知障碍：主要包括感知障碍，如感觉过敏、感觉迟钝、内感不适、感觉变质、感觉剥夺、病理性错觉、幻觉和感知综合障碍。

记忆障碍：如记忆过强、记忆缺损、记忆错误。最常见的表现是遗忘，可以出现对自己现实身份短暂的遗忘，认为自己已经不是原本的自己了，而是一个或鬼或神或仙的形象。

思维障碍：如抽象概括过程障碍、联想过程障碍、思维逻辑障碍，甚至出现妄想等，其意识领域被一些幻象或妄想所占据，认为是有神灵附在身上，借助自己的身躯传达信息等。

（一）膜拜行为引发感觉、知觉的混乱

感觉和知觉是人脑对作用于感觉器官的客观事物的反映，它是客观事物作用于感觉器官，引起感受器活动而产生的主观印象，这是一种感受外界环境的能力。人必须从现实中获取可靠的感觉信息以维持高质量的生存、体验快乐的存在、建立复杂经验的认知。如果感觉功能出现异常就会引发感觉混乱，出现感觉过敏、感觉减退、感知综合障碍等，以下所叙述

的感知混乱状态属于功能性的损害，而非器质性的损害。

1. “感觉过敏”现象

感觉过敏即感觉增强，这是指感觉阈限降低，感受性提高，对外界低强度刺激的过强反应，这种现象可以由强烈的情绪因素或暗示而产生。医学中的感觉过敏主要表现为痛觉、触觉的敏感，如感到阳光特别刺眼，声音特别刺耳，轻微的触摸皮肤感到疼痛难忍等。这些现象多见于丘脑或周围神经病变，精神科见于神经衰弱、癔症、疑病症、更年期综合征等。有时候，“感觉过敏”可以达到产生错觉的地步，一个人可以把想象中的情景误认为是现实。比如，有一位老年女性成员，她总觉得在自己身后有四五个“法身”跟着，不敢轻举妄动，因为“尊师”说了，“只要一动念，我的‘法身’就知道”。她时时刻刻保持一种高度警觉状态，稍有风吹草动就立刻联想到“法身”出现了，担心自己会不会被“形神俱灭”，由此陷入了风声鹤唳的状态。

2. “感觉减退”现象

感觉减退即感觉敏感度下降，这是指感觉阈限增高，感受性降低，对外界刺激的感受迟钝，通俗地说就是对刺激感受力低下的一种状态，对外界事物感知不清晰、迟钝、模模糊糊的感觉。医学中的感觉减退主要见于抑郁症和意识障碍等患者。正常人在瞌睡状态也会有感觉减退的时候，但这是一种短暂现象，醒后便很快得到恢复。感觉减退在一些成员身上常有表现。如有一位小学音乐教师，她最值得骄傲的是她有两只极为敏感的耳朵，这让她的辨音能力很强，也正因如此她在音乐专业中表现不凡。但是，当她练功五年后，经常处于半感觉剥夺状态，感觉变得迟钝起来，她的感觉只是狭窄集中于“修炼”之中，对音乐失去了敏感性，听别人说话都感觉声音好像是来自远方一样，她的听觉灵敏度下降了。

3. 感知综合障碍

这是指感知客观事物的个别属性，如大小、长短、远近时发现变形现象，又称为“视物变形症”，多发生在感觉、知觉扭曲的状态下。长期练功的膜拜成员会出现“非真实感”的感知综合障碍，他们感到自己的身体变形了，体内有轮子在转，甚至感到自己读的“经书”上的每一个字都变得金光闪闪了。

膜拜成员常见感知综合障碍有以下类型。

（1）自居状态

破坏性膜拜团体都喜欢搞“攻心术”，教主在神化自己的同时，也不断地用语言暗示来提高成员的“层次”，一些成员也片面夸大自己的主观体验，神乎其神地以为自己具有了“特异功能”，有了无边的“法力”，有能力去“普度众生”了。有一位成员，他回家看到妻子正在厨房里忙乎着做饭，心里异常的高兴，感到自己很伟大，似乎成为“神”了，而妻子就是被派来服侍他的奴仆。这种莫名其妙的神秘感觉是一种自居为神的虚妄状态。

（2）时间感知障碍

这主要表现为感觉时间飞逝或凝滞，“变快了或变慢了”“停顿了”“过去的事儿回来了”等。有一位52岁的女成员，她说：“我练功3个小时后，就会出现时光倒流，回到了我20岁时的情景。我穿着裙子走在街上，有那么多的男人都看着我，那是多么美好的情景。”成员在膜拜意识中对客观事物失去了正常的时间感，是一种极为虚幻和荒诞的意识变化。为什么会出现这种现象呢？因为在这位中年女性的内心深处存有年轻的渴望，这种动机潜藏在她的潜意识层面，平时是被压抑的，只有在感知觉障碍的状态下才被释放出来。这是一种幻觉现象，是心理功能受到损害的表现。

4. 知觉障碍

（1）错觉

错觉是最常见的一种知觉障碍，这是一种对客观事物歪曲的知觉，把真实存在的事物感知为与实际不相符的事物，也就不能正确反映外界事物的特性而出现偏差或歪曲现象。“幻想性错觉的内容与当时的幻想有密切关系，可见于健康人，尤以富于幻想的人更易产生，也可见于轻度意识障碍者。”① 有一位成员，他只念过小学，平常什么书也不看，但他沉迷于某一“经书”的虚拟世界里，把自己全部融进了“升天”和“成神成仙”的魔幻性知觉之中，盼望着能升入天堂过金光灿烂的日子，逃脱世间的苦难。终于有一天，他在恍恍惚惚中站到了高楼顶上，他张开双臂，望着天

① 王晓慧、孙家华主编：《现代精神医学》，人民军医出版社2002年版，第452页。

空大喊："我升天了！我升天了！"这种情况很可能是以假性幻觉为主的错觉，好像处于梦境之中，这种梦幻体验与他的想象相结合，很容易导致危险行为。

（2）幻觉

幻觉也是一种知觉障碍，这是指在没有客观刺激作用于相应感官的条件下而感觉到的一种知觉。它是一种虚幻的心理现象，把本来并不存在的事物知觉为存在。正常人在过度期盼、高度紧张、高烧状态或突然受到强烈刺激时，也可能偶尔出现幻觉，但这种幻觉转瞬即逝，不会持续时间太长。持续时间较长的幻觉，多见于精神分裂症或重度抑郁症患者。有的人在练功过程中会出现一些短暂的幻觉现象，"通常是由高度的唤醒、强烈的需要或者无法抑制有威胁性的念头共同作用的产物……在一些文化和宗教情境中，幻觉是一种渴望得到而且重要的事件。在这些情况下，幻觉被解释为神秘的顿悟，会赋予这个人特殊的身份"。① 过度膜拜可以诱发人出现幻觉，因为成员在膜拜行动中被强制或自动削减了外界信息的刺激，使得大脑皮层达不到应有的信息激活水平，而强制灌输的"教义内容"以及"超自然体验"也是诱因。大脑为了维持正常的机能运转，在得不到有效的外界信息刺激时，就会根据成员过去的经验以及教义内容而重新构造思维内容，这一过程便导致了幻觉的出现。比如，有一位42岁的女性成员，她述说了这样一件事情："我在练功过程中忽然感到上空的天门打开了，我看到了另外空间的景象，一层天分七天，七层天分四十九天，在空间的景象里，出现了龙和天车等奇异的景观，是非常宏大的场面，人们在里面飞来飞去。"这种想入非非的内容当然是虚幻的现象，这与她原有的迷信经验以及现有的成神成仙的期望相吻合。

膜拜成员经常出现的一些幻觉现象如下。

①幻听

幻听是指人在没有真正的外界声音刺激下，自我感觉能听到来自外界的声音，这种声音可以是说话声、音乐声或其他奇怪的声音。有时候，有些成员会在特殊情况下，去服从听到的声音指令，即出现"命令性幻听"。

① ［美］理查德·格里格、菲利普·津巴多：《心理学与生活》，王垒、王甦等译，人民邮电出版社2004年版，第152页。

如有的成员仿佛听到了“尊师”命令说“时候到了，去干了”，从而做出危险的冲动行为。

②幻视

幻视又称为视幻觉，是指人在没有获得真正的视觉信息刺激的情况下，看到了一些并不存在的图像或者画面。如有的成员好像看见了另外空间的仙境，仙境里色彩鲜明，五彩缤纷，甚至自己能与仙境里的人对话。有时候，极其单一的训练会形成一种幻觉状态，有的成员一心只想着“尊师”的形象，恍惚中就好像看到了“尊师”在自己的面前。这是因为“在这些最高的出神状态里，理智和感官都昏迷过去了”。①

③内脏性幻觉

这是指排除器官病变的固定于某个内脏或躯体部位的异常感觉，如有些成员在“练功”中感觉体内有液体在流动，腹腔内有某种轮状物体在转动等。有一位成员在“失误”后感到体内有许多小虫子在爬并有疼痛感，她认为这是背叛对自己的惩罚。

④特殊幻觉体验

特殊幻觉体验是成员常见的一种臆想性幻觉。很多膜拜团体的“超自然体验”都是特殊幻觉体验，如有些成员“练功”时会感觉自己飘在半空中，能看到未来的景象，或者感到某种“神灵”附体，向他传送了某些信息等。湖北省的靳某某痴迷于“全能神”，日渐恍惚。2004 年 11 月 9 日，她在外听完祷告回来后，对丈夫说：“我听到主的召唤了，主让我现在就去！”她拿起刀向颈部割去以求“升天”，结果是当即失血昏迷。

（二）膜拜行为强化了认知方式的偏差

认知偏差是指个体在信息加工的认知活动中，根据事物表面现象或接收到的虚假信息对事物进行解释和判断，从而导致判断失误或与被判断对象的真实情况不相符合的现象。有些成员长期受到教义信息的影响，尤其是当组织者巧妙而有意识地施加影响时，成员对事物的认知方式就会悄然地发生偏移倾向。他们以完全否定或悲观或绝对化的方式去解释事物，他们出现任意推断、过分夸大或缩小、选择性消极注视以及对事物理解方面

① ［美］威廉·詹姆斯：《宗教经验之种种》，唐钺译，商务印书馆 2007 年版，第 402 页。

的认知歪曲，由此导致他们对一些问题采取错误的解决方法。一些调查研究显示，即使是有证据表明了膜拜团体的欺骗性，而成员依然能找到符合自己想法的理由去相信自己的观点。比如，“太阳圣殿教”教主茹雷在第一次世界末日预言失败后，成员们并没有因为预期落空而怀疑教主预言的错误性，而认为是团体的祈祷使得外星人饶恕了这个星球。可见，膜拜信仰对成员认知偏差的强化程度。

（三）膜拜行为导致认知执行功能偏差

1. 执行功能概述

“执行功能，这是指个体许多认知加工过程之间协同操作，以保证整个认知系统能够以灵活、优化的方式指导计划并产生协调有序的行为。”① 关于执行功能的分类，学者们进行了长时间的研究。② 米亚克（Miyake）和弗里德曼（Friedman）等人用潜变量分析法对执行功能进行分离研究，证明执行功能主要包括抑制、转换和刷新三项子功能。③ 抑制功能是指个体在认知加工过程中对占主导的、自动的、优势反应的抑制作用，这是执行功能的标志性功能，几乎参与执行功能的所有任务；转换功能是一种在指导语引导下的内源性的注意控制机制，具体表现为当两项任务竞争同一认知资源时，认知资源在两项任务之间相互转换分配的控制过程；刷新功能是指执行功能根据新呈现的信息不断更改工作记忆内容的过程。执行功能是复杂的高级认知系统，其中枢管理系统在大脑皮层的额叶，这是大脑神经系统的高级脑组织。从神经解剖结构及其功能看，额叶与脑部其他结构都有密切的联系，负责脑部的高级思维活动，是执行功能的物质基础。它管理计划、调节和监控着各种认知活动，如监控和调节特定动作，加工言语信息，整合感知觉、意识和记忆，实现有组织、有计划的行动等。

---

① 周晓林：《执行控制：一个具有广阔理论前途和应用前景的研究领域》，《心理科学进展》2004 年第 5 期。

② Smith E. E. , Jonides J. , “Storage and Executive Processing in the Frontal Lobes”, *Science*, 1999, Vol. 283, pp. 1657 – 1661.

③ Miyake, A. , Friedman, N. P. , Emerson, M. J. , et al. , “The Unity and Diversity of Executive Function and their Contribution to Complex ‘Frontal lobe’ Tasks: a Latent Variable Analysis”, *Cognitive Psychology*, 2000, Vol. 41, No. 1. , pp. 49 – 100.

2. 膜拜行为与执行功能的关系

破坏性膜拜团体通过实施精神控制以改变成员的认知方式，使他们完全依赖膜拜团体，将膜拜教义内化为认知活动的组成部分，不断地重复着膜拜认知方式，专注于膜拜行为并形成“心瘾”。良好的执行功能是人们信息选择、目标制定、计划实施的保证，它在认知活动的各个阶段不断地监控和调节使计划得以顺利完成，并且能够同时完成多项任务，进行各种认知活动以使个体适应社会。有些成员在受到精神控制后会出现一定程度的执行功能障碍，而长期的膜拜行为也可能反作用于执行功能，这也是影响成员执行功能的因素之一。

3. 膜拜成员执行功能研究分析

本研究对膜拜成员进行了认知执行功能的实验研究，目的是探究成员认知执行功能及其引发的行为特征。研究以膜拜成员作为实验组被试，共35人，其中男性5名，女性30名。对照组采取公开招募的方式招募志愿者，选取与实验组平均年龄、性别和受教育程度相匹配的非膜拜人员作为被试，共35人，其中男性8名，女性27名。

采用实验法和纸笔测验的方式对膜拜成员的执行功能进行研究，分别采用反向线索任务、TMT连线测验以及经典N-back任务实验范式对膜拜成员与非膜拜人员的执行功能进行差异比较，揭示膜拜成员的执行功能特征，并对执行功能与膜拜行为之间的关系进行分析。

抑制功能程序如图3－2所示，刺激程序顺序为：第一步，呈现中央注视点“ + ”，时间为1300 ms；第二步，空屏，时间为200 ms；第三步，随机选择注视点周围的四个方格中任一个呈现线索，线索为一个黄色圆点，呈现时间为80 ms；第四步，空屏，时间分别为200ms/400ms/600ms，各占1/3；第五步，呈现时间为130 ms的靶目标，靶目标为简易人脸图形；第六步，掩蔽，人脸图形被白色正方形掩盖。本实验中线索分为三种情况：第一种，线索呈现后，靶目标出现在线索的相同位置，为同向线索；第二种，线索呈现后，靶目标出现在线索的相反位置，为反向线索；第三种，中性控制条件，四个方框同时出现线索，被试没有得到关于目标的任何信息，为无效线索。实验任务要求被试者注意人脸图形嘴角的朝向，并既快又准地做出辨别反应，嘴角朝上时按“v”键，嘴角朝下按

"n"键，嘴角为横不做按键反应，同时注意下一个序列的开始。正式实验包括4个部分，每完成一个部分被试可以进行适当休息。

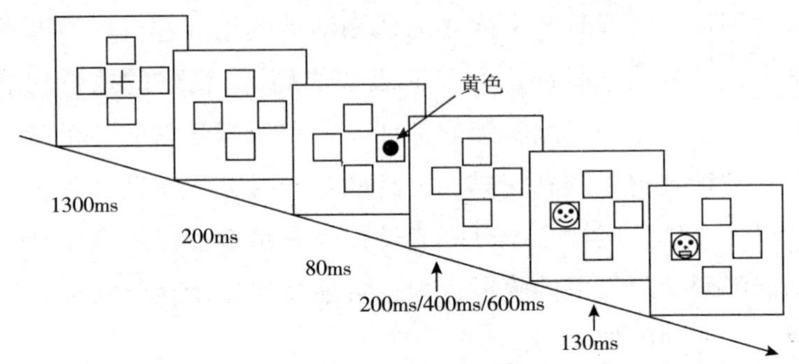

图3-2 抑制功能程序

转换功能的研究主要采用TMT连线测验，该测验主要用于测量视觉扫描和认知灵活性，因简便易行被广泛使用。测验分为A、B两个部分，每部分都有25个圆圈散布于纸上，要求被试者又快又准地把圆圈按一定顺序连接起来。A部分，是1—25个写有数字的圆圈随机分布在一张83.11cm的纸张上，要求被试者对这些圆圈按照数字大小顺序尽快地依次连接；B部分，纸张上的圆圈包含了1—13数字和A—L字母，要求被试在数字1—13和字母A—L之间进行持续转换地连线，即1—A—2—B—3—C…12—L—13按顺序将数字和字母连接，为方便被测试人员识别，两种连线测验图上均标有"开始"和"结束"字样，对于实验中所需要的测试纸、笔和秒表采用一致化配备。在测试过程中笔尖不能离开纸面，当连接错误则需要退回到最后，在连接正确的圆圈处重新继续连线，此间的时间不计入结果。

刷新功能采用数字倒数N项测验任务（N-back task）实验进行测量，为3（任务难度水平：n=0，n=1，n=2）×2（组别：实验组、对照组）混合实验设计，程序如图3-3所示。刺激材料为0—9共10个阿拉伯数字，3种任务难度水平n=0，1，2，刺激呈现时间均为500 ms，刺激间隔（ISI）为2500 ms，由计算机自动记录反应时和正确率作为因变量。实验要求被试按要求将当前呈现的刺激与前面的n个刺激进行比较，并尽量快而准确地进行按键反应。当n=0时要求被试将当前屏幕上呈现的数字与数字1进行比较，当n=1或2时，要求被试将当前的数字与它前面倒数第一个或第二个数进行比较，用两手食指进行按键反应，为了平衡按键反应，要求一半被试判断相同数字时按“z”键，判断数字不同时按“m”键；另一半被试与之相反，判断为相同数字的按“m”键，不同则按“z”键。

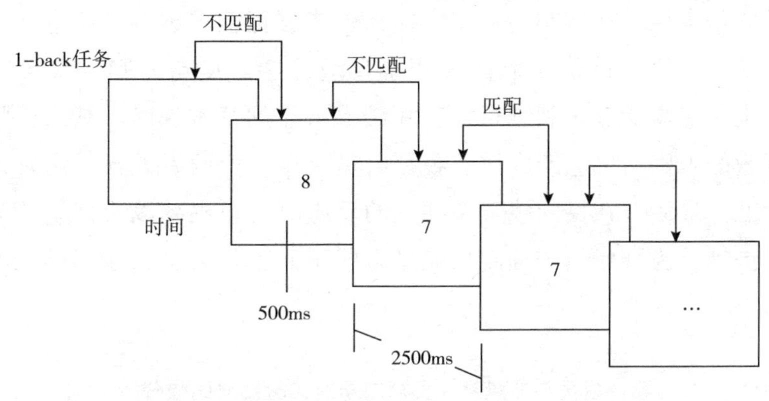

图3－3　刷新功能试验，在 n＝1 难度水平时的反应流程

（1）抑制功能特征分析

抑制功能采用线索冲突任务进行测试，考察膜拜成员在同向、反向、无效三种线索条件下的平均反应时和平均正确率。其中，同向线索条件测验目的是反映成员识别刺激并正确做出反应的一般水平，该条件下不仅提供有效的线索而且无须抑制其他活动。反向线索条件测验是在线索有效情况下需要抑制其他活动，能反映成员在需要抑制功能参与时识别并正确判断刺激的辨别反应能力。反向线索条件下的反应时与同向线索下反应时之差，就代表了成员的抑制功能水平。最后无效线索刺激的呈现混合在同向线索测试与反向线索测试中，主要是防止成员在实验中的过度反应。

结果显示：在反应时指标上，实验组成员在同向、反向以及无效三种线索条件下的平均反应时均显著大于对照组人员。反应时的差异表明膜拜成员与非膜拜人员相比，虽然能够正确感知刺激、理解任务的要求，但他们对刺激的感知和对任务要求的理解速度都较为缓慢。两组比较反应时指标上的抑制功能水平（B－A）虽然没有显著差异，但也达到边缘显著（$t=-2.025$，$p<0.05$）。分析抑制功能在正确率指标上的结果显示，成员与非膜拜人员相比在反向线索条件下存在显著差异（$t=-3.020$，$p<0.01$），

在抑制功能（B－A）上也存在显著差异（$t=-2.789$，$p<0.01$）。这说明膜拜成员不能正确地对刺激做出辨别反应，其抑制能力低于非膜拜人员，存在抑制功能障碍（见表3－11）。

由上述分析可以看出，膜拜成员的抑制功能存在某些问题。首先，膜拜成员的基本认知和抑制能力没有损伤，能够正确识别刺激信息，并理解任务要求和规则，能辨别刺激和正确反应，这一点与非膜拜人员没有差异。这也是实验能够顺利进行，实验结果可靠的基本保障。其次，膜拜成员对刺激的识别与反应速度比非膜拜人员缓慢，但两者差异并没有达到统计学标准。最后，在反向线索条件下的反应时、正确率以及抑制功能项目的结果提示，膜拜成员的抑制功能显著弱于非膜拜人员，他们存在抑制功能障碍。

表3－11　　膜拜成员与非膜拜人员抑制功能实验结果比较分析

任务类型		反应时（ms）			正确率		
		膜拜成员（$M\pm SD$）	非膜拜人员（$M\pm SD$）	t	膜拜成员（$M\pm SD$）	非膜拜人员（$M\pm SD$）	t
线索类型	同向线索（A）	419.82 ± 25.97	404.69 ± 27.70	2.301*	0.91 ± 0.74	0.93 ± 0.61	－1.279
	反向线索（B）	419.85 ± 26.00	405.57 ± 27.36	2.186*	0.72 ± 0.13	0.80 ± 0.78	－3.020**
	无效线索（C）	419.69 ± 26.18	405.87 ± 27.33	2.109*	0.70 ± 0.11	0.74 ± 0.11	－1.600
抑制功能	B－A	0.03 ± 0.24	0.88 ± 2.48	－2.025*	0.19 ± 0.10	0.13 ± 0.07	－2.789**

注：* 表示 $p<0.05$，** 表示 $p<0.01$。

（2）转换功能特征分析

转换功能是指个体在执行复杂任务时，在操作上或心理定式间的来回转换。研究采用 TMT 连线测验进行转换功能测试，此测验包括 A、B

两个部分内容，连线测验 A 主要测试知觉运动的快慢，B 部分主要考察定式作用对知觉转换影响的大小，完成测验 B 所用时间与完成测验 A 所用时间之差能够反映注意和认知转换的能力，即转换功能。从测验结果可以看出，实验组被试在 A、B 测验任务上所耗时间都显著多于对照组，转换功能也存在显著差异（$t=4.515$，$p<0.001$；$t=4.816$，$p<0.001$；$t=3.809$，$p<0.001$）。提示实验组的转换功能水平显著低于对照组，即膜拜成员的转换子功能能力弱于非膜拜人员，他们存在转换功能障碍（见表 3－12）。

表 3－12　膜拜成员与非膜拜人员转换功能测验结果比较分析

		膜拜成员（ms）（$M \pm SD$）	非膜拜人员（ms）（$M \pm SD$）	t
任务类型	测试 A	59.47 ±21.84	38.82 ±13.51	4.515^{***}
	测试 B	148.45 ±61.70	89.60 ±29.57	4.816^{***}
转换功能	B—A	88.98 ±50.07	50.78 ±25.52	3.809^{***}

注：*** 表示 $p<0.001$。

（3）刷新功能特征分析

刷新功能是执行功能的重要功能之一，研究采用经典实验 N-back 范式，对膜拜成员的刷新功能特征进行研究。实验包含 0、1、2 三个任务难度，难度依次递进。当 n＝0 时，考察成员对任务要求的理解能力以及对刺激做出正确判断的能力，反应时指标考察被试的任务理解与正确击中刺激时的反应速度，而正确率指标则反映成员在此基础上能否做出正确的判断。

实验结果发现，膜拜成员在反应时和正确率指标上与非膜拜人员相比，只在任务难度 n＝2 时存在显著差异（$t=2.651$，$p<0.01$），在 n＝0，1 的任务难度不存在显著差异。当 n＝0 时不存在显著差异，说明实验组和对照组被试者能够正确理解任务要求，成员的基本认知和反应能力正常，不存在缺陷，这是保证实验能够进行的基础。

从平均反应时和平均正确率实验结果还可以看出，随着任务难度增加，膜拜成员和非膜拜人员的反应时逐渐延长，反应正确率逐渐下降。当 n = 1 时两者之间的反应时和正确率都不存在显著差异，但当 n = 2 时，都存在显著差异（$t = 2.651$，$p < 0.01$；$t = -3.152$，$p < 0.01$），膜拜成员的反应时明显长于非膜拜人员，反应正确率明显低于非膜拜人员。这说明当难度任务达到一定水平时，实验组的刷新功能才与对照组存在显著差异，即膜拜成员在复杂认知任务中的刷新功能显著弱于非膜拜人员，存在一定的刷新功能障碍（见表 3 - 13）。

表 3 - 13　　膜拜成员与非膜拜人员刷新功能实验结果比较分析

		反应时（ms）			正确率		
		膜拜成员（$M \pm SD$）	非膜拜人员（$M \pm SD$）	t	膜拜成员（$M \pm SD$）	非膜拜人员（$M \pm SD$）	t
任务难度	n = 0	503.76 ± 11.43	499.50 ± 8.82	1.633	0.97 ± 0.27	0.97 ± 0.34	-.797
	n = 1	593.58 ± 17.70	597.63 ± 15.14	-.963	0.88 ± 0.06	0.89 ± 0.15	-.190
	n = 2	696.84 ± 28.65	679.81 ± 21.08	2.651**	0.79 ± 0.68	0.84 ± 0.41	-3.152**

注：** 表示 $p < 0.01$。

综上所述，在本研究的各项子功能实验中，膜拜成员与非膜拜人员一样能够正确理解实验与反应的要求，其基本的感知能力、空间视觉扫描能力，运动书写能力也不存在问题，有能力完成实验任务，说明他们的基本认知能力正常。在执行功能的平均反应时和正确率上，膜拜成员对刺激的判断和反应速度慢于非膜拜人员，行为控制能力较弱，提示他们的执行功能水平弱于非膜拜人员。抑制功能、转换功能和刷新功能的实验结果说明，膜拜成员在这三个子功能上都存在不同程度的障碍，这影响了其认知过程，从而导致难以自控的行为特征。通俗地说，膜拜成员的执行功能存在一定程度的损害，较之非膜拜人员的执行功能水平略低，在日常认知活动中表现出思维较为迟缓和效率降低的现象。

（四）膜拜成员认知方式转变干预方法

成员是脱离膜拜团体，还是留在其中？他们究竟会如何选择，这取决于其认知方式或信念。因为无论什么样的帮助方法，最终都是要通过成员自己的认识才能得到改变。

1. 识别非理性信念

美国认知心理学家艾伯特·埃利斯（Albert Ellis）认为，是人们对事物所持有的信念或观念导致了行为结果的发生，而非由事物本身决定，即人不是被事物本身所困扰，而是被其对事物的看法所困扰，是对事件“不正确”或“非理性”认知的结果。因此，应该以认知改变为核心帮助成员建立正确认知，这对于解决心理层面的信仰问题具有重要作用。一些成员对于现实世界存在较多的非理性信念，最常见的表现形式有三种：绝对化要求、选择性概括化和糟糕至极。甚至有的成员认为，背叛尊师会遭到惩罚；如果不练功身体就会垮掉；帮助教育是对他们的迫害。对于这些非理性信念，可以通过认知疗法进行帮助，其目的就是修正非理性信念。首先，通过成员的言行表现以识别是否存在非理性的认知方式。其次，通过十项认知偏差对照探询偏差类型：绝对性思考、任意推断、选择性概括、过度引申、过度夸大和过分缩小、个人化、选择性消极注视、情绪推理、应该倾向、乱贴标签。再次，质询认知偏差与膜拜行为之间的关系，表现在哪里？证据在哪里？有什么特殊解释吗？意味着什么？最后，进行建立正确认知方式的应对技能训练。对于文化水平较高的成员可以鼓励他们用科学态度、实证方法、举例引证进行自行检验膜拜理论，更深刻地认识自己认知方式的误区，从而去掉认知偏差方式，建立现实的科学观念。

成员在接受改变的初期，也是接受新信息的时候，这些新信息与他们头脑里的固有认知图式不相匹配并会有所差异，只有在改变和调整其认知图式之后才能去接受新信息，而这个过程会因为受到固有图式的影响而被他们避开，他们会表现强烈的不满和抗拒情绪。帮助者要耐心向成员解释其心理困扰的原因与认知方式有关，可以引导成员对比一下在加入膜拜团体前后的自己、家庭生活以及人际关系等，认识膜拜行为给自己、家庭、他人以及社会造成的影响，学会建立合理的信念以适应社会生活。

2. 学习引导方法

社会发展很快，各方面的知识和技术日新月异，只有不断加强学习，才能使知识水平和思维层次适应社会发展的要求，以便于正确认识事物。因此，引导成员学习内容可以有以下三个方面。

（1）建立科学发展观

世界是由运动的物质组成，所有的世间成果都是人类创造的结果。绝大多数人认为“科学是真实信仰的同盟”。① 因此，在国外试探进行关于宗教体验的神经学研究，即研究宗教体验的脑活动，这已经成为一个新兴研究领域，称为“神经宗教学”，试图为宗教体验提供“科学依据”。② 迷信不是科学，甚至连伪科学也算不上，如果向鬼神乞求幸福，就不可能有现代社会的经济发展。我国贯彻的是“政教分离”制度，坚持人本主义社会环境，而非神本主义，这是顺应社会科学的发展趋势，是掌握社会改造和发展的话语权，在国家决策层面上没有迷信的位置，更不会让“教主”凌驾于人民权利之上，中国只有实现现代化，发展科学才能强国富民。

（2）建立疾病认识观

魔鬼附身导致疾病的说法早已成为笑谈了，在19世纪，随着神经科学的发展，法国医学家路易·帕斯德（Pasteur）就提出了身体疾病的“细菌理论”，所有的疾病都是由细菌、病毒或者创伤造成的损害。人类生命的最大转折点是在20世纪30—40年代。磺胺类药物的发明提高了疾病治愈率，以青霉素为代表的抗生素大量投入临床使用，强有力地控制了疾病发展。近几十年来，外科技术的革命性创新，手术摘割、器官移植、人工器官替代等，都为疾病康复提供了有说服力的事实，让人类寿命得到了延长。在疾病认识观上，人们有敬畏和征服，更有统计证据与疗效事实。膜拜信仰一不会杀灭病原体，二不能使患有器质性重病的人康复，更没有科学的实验和统计，只是一些玄玄乎乎、虚虚假假、似是而非、不清不楚的主观自诉，可以说这是心理自慰，只能发挥一定的作用。有时候，信仰能给予我们一定程度的信心和安慰，但它是有限度的，或者说它能够缓解某些困扰，而要根本解决疾病则是不够分量的。比如，对于冠心病心肌梗塞者，通过手术安放支架的挽救率显然要大过膜拜安慰，它能够产生更加积极的健康结果。再比如，高血压脑溢血后的瘫痪，是因为神经系统受到损害，不能支配骨骼和肌肉的运动了，无论怎么发“意念”都不可能站起来，而系统的康复训练则可以使神经—肌肉逐渐恢复力量站起来。这就是

① ［英］马尔科姆·吉夫斯、［美］沃伦·布朗：《神经科学、心理学与宗教》，刘昌、张小将译，教育科学出版社2014年版，第6页。

② 同上书，第28页。

科学，谁都不应该不相信事实。

（3）建立科学社会发展观

每个人都会受到社会信仰的影响，奠定什么样的信仰作为人生价值追求，这决定了自己的精神世界层次，也直接或间接地决定了思维方式和行为方式。如果信仰不明确，人生的目标也不会清晰，这决定向哪里去、跟着什么方向走的路线问题。信仰可以多元化存在，我国是一个多宗教并存的国家，宗教文化继承了中华民族“和为贵”的文化传统，对于建设和谐社会具有很大的推动作用。现代社会生活有多种选择，为了社会和自己更好地发展，强化爱祖国、爱民族、爱人民，这是信仰的基础，无论信仰什么都可以，但道德信仰是不能丢弃的灵魂。同时，将信仰教育艺术化、形象化、生动化、趣味化，以人们喜闻乐见的方式，多途径、多样式、多方位的开展活动，以寓教于乐的活动方式作为主要的教育载体。比如采取故事引导、才艺表演、心理剧、心理游戏、信仰知识讲座等方式，这样做既“干预无痕”，又能启发成员思考“我考虑问题的方式是否合理?”“我信仰的内容与别人有什么不同?”“为什么95%的人不去做的事情，我要去做?”从而提高正确信仰的认知能力，并以此来修正自己的行为模式。

六　膜拜成员脱离膜拜初期的心理戒断现象

我国经过十余年深入的教育转化工作，大部分成员都能回归正常的社会生活，但仍有少部分成员在转化不久又复归于膜拜团体。这种反复的重要原因之一是成员存在心理戒断样症状，这是一种后天习得的思维或行为定式，是由特定的环境条件不断强化所致，这种反反复复的问题已成为社会面对的具有挑战性的难题了，它极大地增加了社会成本的支出。

（一）关于心理戒断的相关概念

谈到心理戒断的问题，有必要先了解一下药物依赖现象。1975年，世界卫生组织提出的药物依赖定义是：由于长期或反复用药，造成人的精神、躯体改变，对药物产生依赖性。其特征：①有一种不可抗拒的力量强制性地驱使人使用该药物，并不择手段地去获得它；②有加大剂量的趋势；③长期用药容易产生精神依赖和躯体依赖；④对个人和社会都造成危害。这是一种瘾癖现象，一旦形成，难以戒除，容易复发。心理依赖（Psychological Dependence）又称为精神依赖，它是指一个人对药物具有强烈的渴求，以期获得服药后的特殊快感。上瘾者持续性或周期性的产生强烈用药欲望，不顾药物对躯体、心理、家庭和社会的危害，为了谋求服药后的心理效应以及避免断药时的心身痛苦，以至于不择手段，不计后果地去谋取药物。生理依赖（Physiological Dependence）是指反复用药后而产生的一种生理适应性变化，表现对该药物耐受性增高和停药后出现戒断症状，它需要药物在体内持续保持一定浓度，以避免出现被称为戒断综合征的现象。戒断综合征是指某种药物已经成瘾，已发生心理依赖和生理依赖，一旦停药或断药，就会引发一系列的症状，比如会出现强烈的紧张、烦躁、易怒、注意力不集中、坐立不安以及强烈觅药的欲望。

（二）膜拜成员的心理戒断表现特征

关于膜拜问题所引发的心理戒断现象的研究不多，乌克兰学者奥廖娜·里彻斯卡博士（Olena Lishchynska，Ph. D）指出："完全的心理依赖指一个人有意识或无意识地把责任下放给他人，让他人帮他做出重要的人生选择，他们通过独断的教义或教主的感召力来观察世界。膜拜心理依赖的主要特点是：人的意志调节能力受到严重的削弱，对物体或环境产生一种焦虑情绪的倾向。"① 由于膜拜成员长期受到精神控制，练功活动被安排得十分紧凑，没有时间去思考，在缺乏新信息刺激的环境中，只有膜拜信息被不断刺激得到强化，最终使神经系统建立了某种条件反射性刺激，以至于一些成员只要一听到教主的名字，就会情绪高昂、兴奋不已，他们对其他事情已经不再关心了。

本研究观察到有些成员停止膜拜行为的初期，容易出现一系列的身心症状，主要表现在思维、认知、情绪反应以及身体不适等方面，有如下症状。

1. *在认知方面的表现特征*

有些成员认知方式偏激，他们认定的事情就算是错误也不愿意改变，

① Data Source，Annual International Conference of Cultic Studies In Geneva，2009，Switzerland in July.

即使客观事实摆在眼前也视而不见。他们自认为学的是高德高法，可以让他们成佛成神，而停止“修炼”则会被打入世俗之狱。他们不愿意回到世俗的生活中，不想动用头脑去分析解决困难的方法，只是按照“教主”的要求机械地去执行。

2. 在情绪方面的表现特征

有些成员表现出焦虑、恐惧和愤怒情绪，主要以焦虑情绪为主，表现有三种焦虑类型：一是想象的焦虑。客观并不存在而在成员的想象中存在危险的一种莫名焦虑。二是神经质的焦虑。这源于成员惧怕自己停止“练功”会受到惩罚所产生的焦虑体验。三是道德焦虑。这源于成员内心的冲突，当成员认为自己不练功就是“背叛”时，会引起内疚感的焦虑情绪。

3. 在行为方面的表现特征

有些成员的行为要么退缩，要么冲动，自控能力不足。他们认为转化是政治斗争，表现出对抗行为，你说东，他说西，极不配合。还有一些年龄偏大，身有疾病的成员，他们害怕不练功了，“业力”再回到身上，造成疾病复发。因此，在帮助工作初期，其行为方式仍然会持续一段时间。

4. 在人际关系方面的表现特征

有些成员具备学者古斯塔夫·勒庞（Gustave Le Bon）所描述的人际关系特点：崇拜教主；对某种力量畏惧而盲目服从命令；倾向于将不同观点的人视为仇敌。① 他们对他人缺乏信任，敏感多疑，只愿意与“圈内人”交往，排斥不同观点的人。

5. 在身体症状方面的表现特征

有些成员在停止练功初期，会出现身体僵硬感、乏力感和各种轻微的不适感。这与长期活动突然停下而产生的不适应有关。在经过一段时间其他运动锻炼之后，这些症状就会很快得到缓解。

6. 在未来生活方面的表现特征

多数成员处于中、老年期，此时也是人生的负重期和身体功能退化期，生活压力也比较大，他们担心和顾虑自己对社会生活的适应能力不

---

① ［法］古斯塔夫·勒庞：《乌合之众：大众心理研究》，艾之凡译，中山大学出版社 2013 年版，第 61 页。

足。当头脑里所寄托的“神”不存在时，会产生困惑心理。

这些都是成员戒断初期常见的症状，这些症状使成员的意志力削弱，感受性提高，耐受力下降，倾向于夸大戒断初期出现的身心反应。因此，成员在心理戒断初期也处于不稳定的状态，这也是成员出现反复的原因之一。

（三）膜拜成员的心理戒断原因分析

1. 社会支持不足导致心理戒断现象的机理分析

本研究采用《社会支持评定量表》（SSRS）对一部分成员进行了调查，该量表主要测量被试得到的物质直接援助和社会关系的参与，以及稳定的婚姻状况等人际联系的频度和可获得程度，另外测量其在社会中受尊重、被支持和理解的情感体验与满意度。结果显示：膜拜成员的社会支持平均得分 32.07，明显低于国内常模的 34.56 分①，二者之间具有统计学显著性差异（$t=-2.19$，$p<0.05$）。这说明部分膜拜成员体验到的社会支持少于一般人群，其社会关系参与度和社会亲和性均较低，他们对社会关系认识或知觉不良，感受不到社会的支持，或者是不善于利用社会支持的方法。他们在生活中遇到困难或挫折时不善于寻求家人或朋友帮助，不知如何与他人建立良好的信任关系，因此他们体验到更多的孤独感和无奈感。如 1998 年开始修炼某功并出现多次反复的马某某，她加入膜拜团体是因为有很深的心理创伤，她对他人和社会都不信任。于是，她就去追求虚幻的满足，她与社会长期隔绝，其社会主流意识就削弱了，她的思想跟着教义一起运转，对教义产生很强的心理依赖，已经是欲罢不能了。由于她脱离了社会支持，在社会生活中显得孤独和无力，那就必须服从膜拜团体的决定，她需要执着于膜拜活动以获得支持。这种环境又形成了进一步的强化作用，即二级强化。这样两级强化作用的叠加则使她的膜拜行为更加固定，脱离便感觉到痛苦。这也是她在转化后一接触功友便迅速反复的原因之一。

有学者认为，信仰是一种“关系—信仰”模式，与血缘、地缘、亲缘特征相连，与人际纽带及财产利益交织在一起。膜拜团体提出“全人类都

① 汪向东主编：《中国心理卫生评定量表手册》，《中国心理卫生杂志》1993 年增刊。

是一个大宇宙中的兄弟姐妹"，成员间的情谊远远胜于世俗的亲情，为"神"的拯救事业而辞职、断绝关系都是必需的，外界的常人都受到邪魔的侵袭，唯有信教的人才能得到拯救。一些成员由于离异、人际关系不和谐、社会适应不良等因素，不能很好地承担社会责任或家庭角色，不能很好地维持社会支持系统，主观感受不到社会的支持，或者长期被家庭和社会忽视，他们对未来无望而丧失信心，产生忧郁、孤独、空虚和生存的悲剧感。在这种情况下，人体内的心理兴奋性物质，如地塞米松等就会产生抑制，从而在行为上诱发逃避式的退缩行为。当膜拜团体的"关爱"将其笼罩，成员会感受到人际关怀，聚集在一起互相取暖，寻求情感慰藉，这或多或少地提供了一定的支持，由此会将膜拜团体作为精神寄托，会因为失去这种"社会支持"而感到痛苦。

2. 高自我效能感导致心理戒断现象的机理分析

自我效能感这一概念，由美国著名心理学家班杜拉（Albert Bondura）于20世纪70年代提出，班杜拉将其定义为"人们对自己能否利用所拥有的技能去完成某项工作行为的自信程度"，即个体对自己面对环境中的挑战能否采取适应行为的知觉或信念，以及个体对自己行为的控制或主导能力。这种能力反映了个体处理问题以及对环境控制的理性思维程度，也反映了个体是否具有采取适当行动面对环境挑战的能力，不同自我效能感的人其感觉、思维和行为都有不同。本研究发现部分成员在自我效能感①得分较高，平均为3.13分，明显高于常模的2.69分（男）及2.55分（女），具有统计学显著性差异（$t=5.41$，$p<0.01$）。一些成员的高自我效能感来源于成员对"万能教主"的崇拜，他们认为自己与"常人"不同，比他人更为优越，这实际上是一种自恋心理。有学者"运用自恋人格问卷对膜拜成员和普通人员进行了比较，结果发现前者在显性自恋上得分高于后者，二者之间存在显著性差异（$t=3.368$，$p<0.001$）；在显性自恋的四个因素中，膜拜成员在权力欲、优越感和特权感这三个维度上得分显著高于普通组人员（$t=2.409$，$p<0.05$；$t=2.814$，$p<0.01$；$t=2.019$，

① 由Schwarzer等人编制，引自王才康等人翻译修订中文版《一般自我效能感量表》。（www.xxha.cn.）

$p<0.05$)”[①]。带有强烈的自我优越感和重要感，这种高自我效能感的成员认为自己是“走在神路上”的超常人，他们放弃了对社会生活的关注，对客观事物冷漠和无视，只在虚幻中把自己当成了“神”。比如，“山东招远麦当劳杀人案”中的主犯张立冬，当记者问他：“不害怕法律吗?”他回答：“不害怕，我们相信神。”这种效能感造成了他们具有“美梦似的价值感”和“极端任性”行为，其效能感越高则对社会危害就越大。这种高自我效能感的成员在修炼受到阻碍时会出现各种心理戒断样的症状，他们表现得更容易反复。

3. 条件反射导致心理戒断现象的机理分析

依照行为主义心理学理论分析，心理戒断现象可以解释为刺激与反应的关系。个人以接触膜拜团体作为解脱焦虑情绪的开始，从中习得一种欣快的情绪体验和心理超脱感，这种感觉构成了一种效能强化作用，促进了追求膜拜行为的后果，以后又在不断的效能强化中形成依赖行为。断功时的焦虑和恐惧感又构成了强烈的负性刺激作用，使成员心理空虚和焦虑不安，为了驱除不安等心理戒断反应，只能继续追求膜拜行为。这样就形成了追求行为的欣快感和避免焦虑痛苦的两种情况，他们在这样两种“犒赏和惩罚”作用的影响下，最终使膜拜行为习惯化并固定下来。这里，根据苏联著名的生理学家巴甫洛夫高级神经活动的观点来认识心理戒断现象：心理戒断现象与大脑皮层条件反射的兴奋性有关，也与当时客观环境的刺激条件有关，即使以后引起条件反射的刺激不复存在，但是已经形成的条件联系却被固定了下来，一旦有机会它就会被激活。有过膜拜观念的人，只要还残留着一些条件反射的联系，心理戒断现象就会产生，在受到某些暗示的激活后，重新返回膜拜团体的可能性是相当高的。有的成员说，只要看见以前的功友或经常练功的地方，就会引发想活动的那种感觉，就会触发因停止练功而产生的心理戒断反应，进而再次反复，这或许可以解释为什么一些成员出现反复的原因了。

4. 认知偏差导致心理戒断现象的机理分析

膜拜成员在认知过程中主要是信息输入的偏差，而后导致信息加工的

---

① 谢腾、林立茂：《25 名邪教成员自恋人格特征调查分析》，来自凯风网（www.kaiwind.com），2012 年 5 月 3 日。

不足。信息加工不足主要是指他们注意缺陷，注意力过分专注于某一件事情上而影响客观分析，导致认知偏差。本研究随机选取19名膜拜成员作为实验组，其中男5人，女14人；对照组采用招募方式选取与实验组的年龄和教育水平相匹配并且自愿参加实验的非膜拜人员24名，其中男5人，女19人。本实验采用改良的Stroop色词任务，实验材料由12个中性词、12个经过深入访谈获取材料后经过专业分析筛选出的膜拜词和3种颜色（红、蓝、绿）构成，每个词以不同颜色的字体单独呈现三次，共72次。色词高约10mm，宽约10mm，呈现在计算机的黑色屏幕上中央位置。字体的颜色分别对应于计算机上不同的反应字母键（红—G、蓝—H、绿—J），要求被试对呈现在屏幕上的色词颜色和刺激做出既快速又准确的反应和判断。结果显示：膜拜成员与非膜拜人员比较，二者对膜拜色词的反应时存在显著性差异（$t=8.509$，$p<0.001$）；膜拜成员与非膜拜人员对膜拜词语和中性词语的反应时存在显著性差异（$t=3.203$，$p<0.001$），研究证明膜拜成员对膜拜词语存在注意偏向（见表3－14、表3－15）。

表3－14　　两组被试在膜拜色词反应时的结果比较

实验组 膜拜成员 $N=19$ $M \pm SD$	对照组 非膜拜人员 $N=24$ $M \pm SD$	t	p
1248.32 ±1351.489	786.82 ±257.429	8.509***	0.000

注：*** 表示 $p<0.001$。

表3－15　　两组被试对膜拜词和中性词反应时结果的比较

实验组 膜拜成员 $N=19$ $M \pm SD$	对照组 非膜拜人员 $N=24$ $M \pm SD$	t	p
1248.32 ±1351.489	1057.02 ±682.896	3.203***	0.001

注：*** 表示 $p<0.001$。

成员具有独特的认知方式，其膜拜观念由储存在头脑里的认知图式控制，以特定的方式对信息进行处理，操作过程不需要注意就可以完成，并且显示出又快又准。好像是一种自动化的认知图式，具有无意识的特征，不需要专门注意，当膜拜词汇一出现，反应就会不由自主地发生了，这就形成了一种快速有效的自动反应，不经注意就完成了任务。因此，膜拜心理由环境线索得到强化，这种习惯化的膜拜行为使他们不愿意停止或脱离。

5. *宿命论归因方式导致心理戒断现象的机理分析*

本研究采用《内控性、有势力的他人及机遇量表》（IPC）。I 量表测量膜拜成员在多大程度上能够驾驭自己生活的程度；P 量表测量是否相信他人能够控制自己的生活；C 量表测量相信机遇对自己的影响程度。在 IPC 量表中，膜拜成员的 I 得分为 32.86，明显低于常模的 35 分（$t=-4.70$，$p<0.01$），P 得分 23.09，明显高于常模的 20 分（$t=3.04$，$p<0.05$），C 得分 20.85，明显高于常模的 18 分（$t=2.78$，$p<0.05$），① 这三项结果说明成员对自己的内在控制力低于常人，对驾驭自己生活的能力没有信心，容易受制于外部力量的控制，相信机遇和依赖于他人控制自己的命运。我们在访谈中发现一些成员认为“人的命天注定”，习惯于从外界给自己的行为归因，这是典型的外控型表现，即认为发生在自己身上的事，是由自己无法控制的外部力量所决定的，他们更相信运气和其他人。许多研究显示：“外控型强的人与焦虑和抑郁情绪有关，更难以应付紧张的生活环境。”② 由于成员认为行为的结果是受到外在因素所决定，所以他们寄希望于膜拜团体，一旦与膜拜团体建立了牢固关系之后，就等于增强了“圆满”的期盼，强化了他们心理的依赖性，而依赖关系一旦中断就会出现期望落空的空虚感，容易出现一系列的心理戒断样症状，因而他们反复进入膜拜团体之中。

6. *心理与生理之间奖赏效应的机理分析*

有研究认为，在人的中枢神经系统存在奖赏效应，包括大脑皮层和边缘系统。无论是物质药物还是行为活动都可能对中枢神经系统产生刺激，释放如多巴胺、5－羟色胺、去甲肾上腺素等兴奋性神经递质，使个体兴奋度升高、精力增强、减轻对生理痛苦的感知。“人在正常生理情况下，中枢神经系统利用这种奖赏机制来加强和激励对机体有益的行为，而这种

① 汪向东主编：《中国心理卫生评定量表手册》，《中国心理卫生杂志》1993 年增刊。

② 同上。

奖赏效应主要是通过激活神经系统多巴胺作用而实现的。"① 有研究者通过对毒瘾者和酒瘾者的研究发现，吸毒、饮酒能增强中枢神经系统的多巴胺释放，引起情绪欣快和亢奋，进而导致渴求行为和复发结果。同理，一些成员在接触膜拜团体初期会觉得身体有所好转，这便是初级奖赏效应。之后，反复的"练功体验"使体内兴奋性神经递质维持在一个较高水平，成员逐渐适应这种水平了，形成对这种兴奋性快感的依赖。随着膜拜程度的不断加深，其奖赏效应被反复激活，成员会有"乐此不疲"的膜拜行为。但是，这并不能治病，反而会在激越情绪下掩盖病情的真实发展。这种虚假效应的后期危害更在于一旦终止膜拜活动，体内神经递质释放减少而致兴奋性降低，使成员在短期内难以适应低水平的多巴胺状态，导致不适感产生，并且使"人的意志调节能力受到严重削弱，对物体或环境产生焦虑的情绪"。② 由此出现一系列的抑郁、烦躁、空虚、恐惧、焦虑、行为慌乱等心理戒断样症状。为了摆脱心理戒断所带来的不快感，成员只能再入膜拜团体进行活动以保持兴奋状态。

当然，在成员的心理戒断过程中少不了精神控制。这是指"组织者系统的运用某种超乎常规的方法，对他人的心理活动（认知、情感和意志）给予影响和控制，使之服从于组织者意愿的过程"。③ 这是达到建立膜拜观念并形成心理定式的过程，"心理定式"是对膜拜行为产生偏执的心理依赖，当他们停止所期望的活动时，就会产生一系列的心理戒断样症状。

（四）膜拜成员的心理戒断干预方法

美国著名心理学家威廉·詹姆斯（William James）认为："任何精神上的决断都是内心冲动和斗争的结果。一旦某种情绪占据优势，便会将其他的情绪抑制下去，而在种种情绪中，没有哪一种情绪比宗教情绪的支配

① 顾钧、杨国栋：《中脑边缘多巴胺神经系统与成瘾的研究进展》，《中国药物滥用防治杂志》2004 年第 2 期。

② Data Source, Annual International Conference of Cultic Studies In Geneva, 2009, Switzerland in July.

③ 陈青萍：《精神控制论——从临床心理学视角分析膜拜现象》，人民出版社 2010 年版，第 2—5 页。

力更为强大。”① 针对成员的心理戒断干预是一项艰巨的任务，这有多方面的原因。一方面，膜拜团体满足了一些成员心理寄托的需求；另一方面，膜拜观念一旦形成，成员就会把教义内容内化为自己的思想观念，他们对待人生和社会的态度就会发生明显改变，他们会以膜拜教义的世界观当作自己的思想内核来认识事物，而价值观的重建过程必然要承受一定的纠结和冲突。因此，干预帮助工作要耐心和细致。

制定心理干预方法。

1. 良好关系法

建立良好关系是一种移情过程，对成员而言也是一个安全、信任的过程。帮助者对成员的真诚理解至关重要，了解成员心理戒断症状的相关知识，并且掌握一定的沟通技巧，在成员心理戒断初期取得他们信任之后，才能解释改变戒断心理的意义，降低其抗拒情绪。

具体方法如下：

（1）倾听成员的心理需求，帮助成员了解自己真实的和正常的需求；

（2）共同讨论参加膜拜团体的原因，让成员通过正确途径寻找生命的意义；

（3）向成员说明应该具备的社会基本功能，引导他们通过正常方式实现愿望；

（4）针对成员的心理戒断症状，疏导他们的负性情绪。

2. 放松转移法

帮助成员面对戒断过程中产生的不良体验，采用缓解压力的放松方法，具体方法有以下几种：

（1）视觉转移法：让成员观看中国传统文化影视作品；

（2）听力转移法：让成员听优美的轻音乐或定期举办音乐活动；

（3）触觉转移法：让成员拥抱自己的亲人以体会亲情的可贵；

（4）运动转移法：让成员进行一些有益于身心的体育活动。

3. 稳定情绪法

成员在心理戒断时期常常伴有焦虑、抑郁、恐惧等负性情绪，这

① ［美］威廉·詹姆斯：《宗教经验种种》，尚新建译，华夏出版社 2005 年版，第 260、268 页。

些情绪混杂在一起，在他们的脑子里有“是”的声音，也有“否”的声音，他们希望与社会主流意识保持一致，但又怕遭到报复，心中十分纠结。先帮助成员稳定情绪，情绪好才能妥善处理问题，即先有好情绪才能激发改变的动机。稳定情绪的方法可以采用环境激越法。当情绪压抑时到风景优美的地方走一走，能起到消愁解闷的作用，或者在情绪抑郁时去看看相声、小品。这些方法可以激活中枢神经系统产生多巴胺之类的神经介质，使情绪愉悦。还有学者提出：“24 式太极拳练习是一种稳定情绪的好方法。太极拳练习比散步活动和闭目静坐能够引起更高振幅的大脑皮层慢波电活动节律，这些频率极低的高振幅的慢波节律，不仅抑制了皮层 Aplha 和 Beta 波的活动，而且还使皮层 Theta 受到明显的抑制。这种强大的慢波节律对其他频率的脑电活动形成有效的抑制，使大脑皮层的电活动变得较为单纯，这为太极拳练习者排除各种干扰、身心入静和稳定情绪创造了良好的神经生理学基础。”①

4. 行为重建法

根据行为强化原理认为，膜拜观念和行为是通过后天习得而形成的，又经过反复强化而固着的。如此，重建一种新的条件反射活动代替原有条件反射活动，即通过强化学习一种新观念和新行为，来削弱和抑制原有观念与行为，便可以消除膜拜行为而达到转化目的。同时，行为强化理论强调，只要对某种所期望的行为进行奖励，这种行为就会得到强化，不给予强化就会消退，若给予重建新的行为方式，则前行为消退加速。这些观点成为当前行为转化的基本原理。因此，可以加强新行为内容的重建训练以消除原有行为，简言之，行为重建法就是帮助成员学习新的、有效的适应行为，去除旧的、无效的不良行为。可以采用一些适用的替代活动项目，如太极拳、健身舞、扇子操、打羽毛球、骑脚踏车、登山等运动替代原有的活动。这从客观上说可以缓冲和保护成员免受原有行为的影响，更重要的是给成员提供了一个学习新健身方法的渠道，这些愉快经历可以有效抵消戒断症状带来的身心不适。

① 李宁、董业平、曾祥焱：《一种活动式稳定情绪的好方法：24 式太极拳练习》，《武汉体育学院学报》2007 年第 5 期。

七 膜拜成员偏执性心理问题的讨论

偏执性心理是以偏执情绪、偏执观念和偏执行为为特征的心理问题或心理障碍，“是一些与被害有关的超价观念或妄想信念”，① 其主要表现是对别人有一种普遍的、无法理解的多疑倾向，总是认为别人在贬低或威胁自己，对自己不公平或不信任，因而自己也不相信别人，总觉得自己吃了亏而容易激怒。心理学认为：“人的认识有一定的局限性，只固守在自己狭窄的认识里而排斥其他观点则是一种偏执。”② 法国学者古斯塔夫·勒庞（Gustave Le Bon）指出：“一个人如果只是简单的崇拜某个神，那他算不上有虔诚的信仰，只有当他将自己所有的思想资源、所有自愿的服从行为以及所有发自肺腑的幻想热情，彻底地奉献给一项事业或一个人，并将其作为自己全部思想和行动的目标与准绳时，他才能算得上是个虔诚的人。作为宗教情感的必然伴侣，偏执与妄想总是随其一起出现。凡是自认为已经掌握了现在或未来幸福秘密的人，难免都会有这样的表现。”③

（一）人格缺陷是偏执性心理的易感性素质

人格缺陷，这是指在没有智力障碍的情况下，人格表现出一定的偏离正常状态，形成了一种特有的行为模式。其主要表现为情绪敏感而又脆弱，自命不凡而又处世幼稚，求名欲望强烈而又不能实现，因而心里总有落差和不满。他们在追求的过程中遇到挫折时，往往会采取反向转换的防御方式来应对，甚至会与自己的主观想象结合而对事实进行歪曲，这很容易让他们产生敌意。人格缺陷者的思维和智力活动并无异常，但在情感和意志活动方面有问题，这导致他们对环境适应不良，影响其社会功能，甚至与社会规范发生冲突，给自己或社会造成不良后果。

国外一些研究认为，国际精神障碍诊断标准 DSM-IV 中的 C 型人格

---

① ［美］Michael Gelder Richard Mayou Philp Cowen：《牛津精神病学教科书》（*Shorter Oxford Textbook Of Psychiatry*），刘协和、袁德基主译，四川大学出版社 2004 年版，第 373 页。

② ［美］理查德·格里格、菲利普·津巴多：《心理学与生活》，王垒、王甦等译，人民邮电出版社 2004 年版，第 521 页。

③ ［法］古斯塔夫·勒庞：《乌合之众：大众心理研究》，艾之凡译，中山大学出版社 2013 年版，第 62 页。

（回避型、依赖型）、强迫型、偏执型、神经质型、未成熟型、宗教亲和型的人格倾向是偏执性心理障碍的人格基础。而笔者使用MMPI量表对执着参加膜拜活动的一些成员进行了测查，结果显示的人格倾向排序依次为：①偏执型人格占25%，这类成员的思维不善于辩证分析问题，不考虑相反的理由，只收集那些能使他们验证其偏见的材料，从而将偏见变成信念，对现实做出不合理的认知理解。②神经质型人格占22.73%，这类成员精神衰弱而不稳定，高焦虑、高敏感，缺乏自信和精力，有盲目乞求帮助，自愿从属于别人的心理。③情绪不稳型人格占10.23%，这类成员易躁狂，有反复无常的心境，稍不如意就暴怒、行为有不可预测性和不考虑后果的倾向。④癔病型人格，这类成员受暗示性高，表演性强，不习惯于理性思维，好幻想，喜欢用幻想代替现实以寄托心理需要。① 每个人都有特定的人格倾向，按照特定的方式进行活动，进而隐性决定行为的选择。其内在机制就是：人格是个体在社会化过程中给人以特定的心理系统的动力组织，它具有精神内因的性质，决定人们思想和行为活动的独特性，行为活动可以从人格特征中探寻背景因素，这就是“人格动力论”的观点，即有什么样的人格倾向便有什么样的行为模式。所以，个体之所以进入膜拜团体并偏执于其活动，这与特定的人格特征有关。

（二）膜拜精神控制制造偏执性心理的机制

正常人偶尔有偏执观念，但时间短暂，也不影响正常工作与生活。膜拜成员持续性的偏执心理则是在某种强化系统中，反复运用超乎常规的精神控制方法刺激而形成的。

破坏性膜拜团体制造成员偏执性心理的机制分析如下。

1. 控制环境，感觉剥夺

人的正确观念只有在正常生活环境中才能形成，人们获取大量的感官信息和机遇，并且能够转变为应对困难的能力，这既是学习因素，也是一种体验过程，为自己的发展奠定真实的认识力、判断力和决策力的基础。膜拜团体有很强的排他性和封闭性，把人置于极少有信息刺激的环境里练

---

① 陈青萍：《邪教痴迷者的人格学研究》，《宗教学研究》2004年第1期。

功，减少或隔断与家庭、社会的联系，这种环境使信息量摄入减少、感觉敏锐性降低、思维认知功能紊乱，使人尽可能少地接受信息、尽可能少地产生感觉、尽可能少地分析鉴别，从而降低了思考的能力，心理服从性就会增强。

2. 控制思想，持续强化

破坏性膜拜团体不断重复强化成员去学习，通过服从、认同和内化三个阶段“俘获”成员接纳教义。他们运用一本书、一种功、一个练功圈，强力灌输“神功”的观念，使成员的注意力只集中在一种意念，一种物象或一类动作上，其智力水平就被囿于该内容之中。在这种持续强化，反复注入的作用下，膜拜观念就征服了人的理解力，窒息了人的判断力，成员所思考的已不再是客观事物，只是他们头脑中想象出来的偏执观念罢了。

3. 控制体验，异化诱导

有些破坏性膜拜团体讲究修炼“静功”，在长时间静功的“非常意识状态”里，人好似进入一种催眠状态，会产生思维方式、时间知觉、形体感觉以及知觉改变，丧失自我控制感，出现强烈情绪、顿悟体验、不可名状感、脱胎换骨感和易受暗示性等心理体验。组织者利用这些特殊体验，不断暗示和夸大膜拜作用，使成员出现“精神运动兴奋”的狂热情绪，并表现出冲动、非这么做不可的偏执行为。

4. 控制心理，利诱恐吓

破坏性膜拜团体的教主惯于虚构现实以愚化成员的思想，他们宣扬“世界末日”等谣言，让成员产生恐惧情绪，再以“救世主”身份使成员臣服于他，用一套“天国约定”和“地狱威胁”的奖惩体系对成员的心理施加影响，入天堂或下地狱全由成员的行为表现而定。某“尊师”说：“如果你不练了，你就降为常人了，无人保护你，魔也会取你性命的。”恐吓手段强化了成员的敬畏心理，使他们更加虔诚地把自己封闭在膜拜的偏执信念之中了。

膜拜偏执性心理是在特定的人格构造、精神控制和特异的文化心理体验三个方面因素作用下形成的。巴甫洛夫的高级神经活动的生理心理病理学观认为，偏执现象与大脑皮层条件反射的病理惰性兴奋灶有关，即使以后引起条件反射的刺激不复存在，但已经形成的条件联系却被固定下来，偏执现象的病理惰性兴奋灶仍然会比较强烈和牢固。

此外，还有以下几种解释：一是在膜拜团体的强化训练下，一些成员构成了偏执性心理和强迫性行为模式，绝对化的思维方式阻止他们接受不同的观念，心理排他性很强；二是“教主”的“天国约定”和“地狱威胁”的奖惩体系给成员施加的心理影响，使他们感恩与惧怕心理交织在一起，不愿意也不敢背叛；三是一些成员存在心理戒断样问题，他们在停止活动初期会出现一系列身心症状，表现出“膜拜瘾癖”现象。美国心理学家威廉·詹姆斯（William James）在《宗教经验之种种》中指出：“精神病态的人们的自苦行为是由于不合理的动机而来，起于一种强迫或固定的动机，这种观念挟着挑惹激动的性质而来。”① 偏执心理会造成成员的社会功能不足，进而引发对膜拜行为的依赖，继之又强化了偏执心理，导致一系列健康问题、家庭问题和社会问题等，这些问题又作为应激源再次加重膜拜行为的偏执，进一步强化了心理损害的严重程度。

（三）膜拜成员偏执性心理障碍的干预策略

由于偏执性心理削弱了认知功能，加之具有固执、敏感、多疑和自尊心强等特点，容易造成一些社会危害，因此需要转化。转化是帮助成员重新建立追求社会秩序和安定生活的认识过程，这种转化也是一种与价值观相连的心理转化。

具体干预措施如下。

1. 提供必要的社会支持

社会支持，主要是来自家庭、亲人、友人、同事、学校、单位等有形的和无形的援助，其作用有三个方面：第一，从他人那里得到感情或信任并获得支持；第二，对于困难获得具体的帮助支持；第三，获得必要的解决问题的信息支持。有些成员与社会生活处于一种脱离状态，这不利于他们转变。因此，应该为成员提供社会支持，消除他们的焦虑、失落和矛盾

① ［美］威廉·詹姆斯：《宗教经验之种种》，唐钺译，商务印书馆2007年版，第291页。

心理，摆脱对立心态。有一位女成员，她参加了有关部门举办的“巧主妇技能培训班”，掌握了烹调技术，考取了省职业技能鉴定中心颁发的资格证书之后，获得了脚踏实地的充实感，感到生活有未来了，也变得有滋有味了，从而摆脱了膜拜观念，回归到正常的社会生活之中。

2. 矫正或削弱偏执的观念

（1）参与式社会信息激励法

无论是采取什么形式的方法，都是要打破成员与外界环境隔绝的感觉剥夺状态，给成员输入新的正能量信息，让他们找到生活情趣和精神寄托，让他们在身临其境的、丰富的、社会化的活动中“动”起来，恢复价值感和自我效能感，引导他们感受社会的发展，体会生活的改善、人际关系的互动。人的感觉只有通过社会化的接触，才能正常地感受外界信息，以保持心理、生理和社会功能的发展与成熟。有关部门可以组织成员参观祖国的大好河山、高新技术开发区、科技园建设成果等，让他们亲身感受社会发展的信息，开阔视野并打破僵化的思维，启发内心觉悟，能主动地走出偏执状态。

（2）体验式自我娱乐激励法

创设一些足以“刺激”成员开拓进取的娱乐活动，提高成员的参与性、积极性和实际效果，比如开展心理剧、才艺表演、团体游戏、运动竞技、书画知识竞赛等活动，让成员在自我刺激的娱乐信息中获得愉快的情绪。当他们有了参与健康活动的愉快体验之后，就会主动走出封闭的膜拜偏执状态，如此一来，偏执心理也就会得到缓解。

（3）互助式教育活动激励法

帮助工作应该顺应成员的个体差异，并以此为基础制定互助活动，即“帮助者”与“成员”结成对子，不断地把社会观念、道德准则、社会舆论、法律规范、家庭观念等方面积极的信息输入成员的头脑中，引导他们正确认知一些事物，能自愿地融入社会生活之中，多参加有益的社会或集体活动，促进感觉活跃，激发对生活的热爱和对健康的珍惜。

3. 行为强化方法帮助

在帮助成员转化的过程中要建立系列的行为强化方法，打破膜拜行为强化的依存关系，建立正向行为转化的强化关系，使问题行为逐渐消失，从而帮助成员走出偏执心理。

在教育转化过程中可以运用的强化方法如下。

（1）正强化方法

正强化方法是奖励符合目标的行为使之得到进一步加强，以增加这些行为重复出现的可能性。通俗地说，也就是当人在一个操作行为之后出现强化刺激，该行为出现的概率就会增加。因此，在环境中增强某种正向刺激，使成员正向行为的反应概率增加，这种刺激就是正强化。比如，成员承诺自己不再参加影响社会治安的膜拜活动，不再与膜拜组织联系，不再进行不当的传播活动，当他们在规定期限内，完成了所应该达到的目标时及时给予鼓励，这是正强化的教育转化方法。

（2）负强化方法

负强化方法是通过撤销或减弱那些消极刺激或条件，以使符合目标行为的频率增加，从而保证目标的实现不会受到干扰，即利用强化物抑制不良行为重复出现的一种教育手段，它包括批评、惩罚、处分等，使人感到不愉快，从而主动放弃不良行为。行为主义心理学家斯金纳（Skinner）指出：只要对某种所期望的行为进行奖励，这种行为就会得到强化；不给予强化就会消退；若给予惩罚，则消退加速。因此，如果成员达不到目标要求，则不给予奖励并进行再学习，这是一种负强化的方法。

（3）效果巩固方法

当成员回归正常的社会生活以后，有关机构应该继续进行帮助。行为理论认为，间隔性强化比连续强化更为有效，帮助程序应采用固定的间隔程序，间隔时间越短反应率越高。因此，定期免费赠送学习资料、定期家访、有困难随时帮助，以巩固转化效果，减小他们重归膜拜团体的概率。

本章研究证实，膜拜成员的心理活动特征、负性生活事件、人际信任关系、社会支持程度，尤其是认知方式和人格特征与膜拜行为之间都有密切相关，膜拜行为是个体特征 × 环境交互作用之结果，是受到内在“推力”（心理特征）与外部诱因“拉力”（生活环境）的合力影响之结果。而心理干预方法也表明：①使成员获得认知方式的改变最为重要，如果信念体系的问题不解决，其他的努力则事倍功半，认知问题的解决对于预防反复具有很大作用。②多元化的心理干预比单纯采用思想教育效果要好，帮助成员重建安全的社会关系和人际交往能力，积累良性的情绪体验，让他们主动向好的方向回归。③较为长期固定的人员帮助比短期多人轮换指导的形式更有效果，这种“一站式帮助”形成了一种持续性的关怀。④在干预帮助过程中要重视成员的主动参与，只有他们自己愿意走出来，才能达到帮助的目标。

第四章　破坏性膜拜活动的社会危害及其干预方法

破坏性膜拜团体在世界范围内滋生、演变、发展并危害很多人。1978—2000年，美国、法国、瑞士、乌干达等国家，因极端膜拜而引发的恶性事件以及集体自焚惨案数十起。1995年，法国膜拜问题调查委员会，在膜拜问题调查报告中列举了其10项犯罪特征：[①] 导致精神失衡；危害身体；擅自聚集儿童；无端提出过分钱财要求；强行隔断家庭环境；反社会言论；危害公共秩序；卷入司法纠纷；误导传统经济轨道；企图渗入权力部门。在我国，据警方通报和媒体报道，破坏性膜拜团体近十年来导致了数十起故意杀人事件。比如，2002年"三班仆人"为争夺成员而杀死20名"东方闪电"成员；2009年山东省定陶县侯某某，因长期信奉"灵灵教"，持菜刀将其妻砍伤，将其母砍死，又将几位村民砍死和砸伤；2014年，山东招远6名"全能神"成员在光天化日之下恣意妄为地杀死一名就餐人员；等等。这些行为破坏了社会稳定与和谐，对人民大众的人身和财产安全构成了严重威胁。

一　膜拜活动诱发犯罪行为的概述

（一）信仰与犯罪的基本理论

信仰是人类特有的现象，这是指人们对于一定的世界观、人生观、价

---

① 罗伟虹：《世界邪教与反邪教研究》，宗教文化出版社2002年版，第201页。

值观的信奉和遵守，它是统摄意识的最高意识形态。信仰是个体的精神支柱，具有很强的凝聚力，表现出极大的精神力量，众人可以依靠相同的信仰而形成一个群体，同样因为信仰的不同，各群体间也会引发冲突，甚至出现群体暴力的犯罪行为。人类信仰的形成受到社会文化的影响，同时又反作用于社会文化，积极的信仰有助于个体价值观和人生观的构建，有助于社会和谐的推进，而错误的信仰则会将人引入歧途，甚至损害社会安全与民众利益。

“信仰型犯罪是指基于对政治、宗教或者科学的错误认知而引起的犯罪。”① 这也是指一些人相信某种极端教义，或者是在“教主”思想控制下而实施的犯罪行为。此类犯罪往往表现为群体犯罪形式，造成的社会负面影响较大，比较典型的信仰型犯罪有封建迷信犯罪、恐怖主义犯罪和破坏性膜拜犯罪。由于膜拜团体信仰的极端性，其生存的社会空间已经大大缩小，但“死本能”的恐惧注定了其不可能轻易退出历史舞台，膜拜信仰犯罪的活动也就不可能完全消退。

近年来，国内外一直在讨论信仰与犯罪的关系问题，此处归纳一些主要观点并加以讨论。

1. 态度导向说

宗教作为人类文化的重要组成部分，构成了社会道德的基础，宗教教义中得到大众普遍认同的便是社会道德内容。此外，宗教信仰可以影响个体的行为活动，其主要原因是宗教所构建的制裁体系，它包括两个方面：基于自己对相关事件以及对社会事件的负罪感。当对自己以及对社会的负罪感并存时，个体对于周围事物存在较高的同理心，会更加倾向于保护周围事物，降低冲动性并降低犯罪行为。我们在日常生活中可以看到，信仰宗教的人大多富有爱心、善于理解别人，他们的行为遵循宗教准则，符合社会要求的道德规范。信教者一旦违反宗教准则，就会受到自己“道德超我”的批评，产生自责、愧疚心理。国外学者以偷税漏税作为假设情境，让成人进行自测，结果证实了这种假设。可见，正统的宗教信仰在社会生活中可以有效减少犯罪行为的发生。

破坏性膜拜团体并非如此，在中国社会处于政治、经济、文化转型时

① 罗大华、马皑主编：《犯罪心理学》，中国人民大学出版社 2012 年版，第 171 页。

期，人们心里感到困惑之时，它跳出来揭示社会的负面现象，激起民众的不满而抱怨社会，离间人民群众与政府之间的关系，企图“建立新天新地和新的神国”。有一位男性成员，他说道：“在进入膜拜团体之前，我是一个爱党、爱国家、受过全心全意为人民服务教育的人，也是一个遵守法纪和维护社会规范的人，也获得过许多荣誉。在进入团体3年以后，这些念头都没有了，所思所想都是为建立‘新神国’而贡献自己。我也感到迷茫和痛苦，我也经常在何去何从中撕扯着心灵。”膜拜团体的态度导向显然是别有用心的，这种行为与宗教所宣扬的“和谐”完全是背道而驰。

2. 价值引导说

信仰是个体对自己认同的价值观的遵守，对信仰忠诚就是对自我价值的肯定，每个人都会遵守社会的和自己的原则性价值底线，因此信仰忠诚对人的行为有一定的约束作用。美国学者弗瑞库特斯克（Frenquitsk）曾在20世纪80年代对美国大学生进行了一项为期四年的纵向研究，研究结果显示个体信仰与犯罪行为之间呈负相关。另据统计，近年来，美国监狱在押犯人总数中只有约5%是真正的宗教徒。① 国内据新华网2001年5月20日报道：“西藏目前在押罪犯数量为2300人，占全区总人口千分之零点九，低于全国平均水平。西藏刑满释放人员十年来重新犯罪率为百分之四，低于全国百分之七的水平。”② 有关研究认为：“西藏犯罪率低与佛教文化在西藏的传播、藏民长期受佛教文化熏陶有着密切关系。”③ 这说明正统的宗教对犯罪活动具有一定的抑制作用，这是因为：“宗教的基本功能是劝人为善，其‘治心’功能对‘治世’有积极的影响；宗教的戒律内容与法律规范内容有重合一致之处，有利于减少违法现象。”④

破坏性膜拜团体抓住了人们头脑里的淳朴信念和对道德的向往，也是以道德作为突破口诱劝人们加入的。有一位男成员说：“我一边务工生活，一边练功修炼‘圆满’，同时我也给功友发功治病，将自己的智慧和温暖贡献出来，我希望自己能做得完美无憾。”这似乎是一个有情有义、有道

① 转引自罗欣《论犯罪问题的宗教因素》，《江苏公安专科学校学报》1999年第5期。

② 霍小光、裘立华：《西藏刑释人员重新犯罪率低于全国水平》，新华网（www.xinhuanet.com），2001年5月20日。

③ 林欢欢：《藏传佛教与犯罪控制研究》，中国政法大学，硕士论文，2009年。

④ 刘希：《论宗教对我国少数民族地区犯罪的社会控制》，《四川警察学院学报》2008年第1期。

德感的人，然而当他的父亲、母亲生病了，他却很少回去看望。2006 年夏天，他的父亲因患脑溢血去世，他却因为修炼而没有回家奔丧。2009 年冬天，他的母亲因患糖尿病离世时，他仍然不去理会。他切断了与家人的亲情联系，甚至连应该承担的基本义务都不尽，这与宗教角度和社会角度所要求的道德规范都不相符，也颠覆了他自认为的“贡献智慧和温暖”的道德标准。他把自己交给一个虚假的道德想象，而对亲人表现感情淡漠，这说明膜拜教义并没有真正提升成员的思想境界和情感境界。

3. 思维混乱说

人类可以利用已有经验对周围的人与事进行评价，可以透过事物表面现象，发现物质之间的内在联系。同时，人们也可以在认知过程中不断丰富自己的“认知经验库”，改变思维模式以便于能够更符合客观世界的变化。破坏性膜拜团体利用各种手段对成员实施思维、信息和行为控制，使之无条件地接受其思想，从一些成员犯罪前后的情况来看，膜拜教义与人的犯罪动机有关，因为它可以导致人的思维混乱而引发犯罪。有一位男性成员，他在残忍杀害了自己的妻子之后，还继续在床上练功，一直到女儿的哭声惊动了邻居才发现这场血案。他解释道：“我的妻子是魔鬼，她阻碍我修行，不让我‘圆满’，我这是驱魔，也是为她自己消业!”他的这种思维内容实在是太畸形了，这完全是一种脱离现实的妄想性病理思维，更是一种违背了人性和伦理道德的犯罪活动。

4. 社会文化说

文化因素是社会组成的重要部分，是人类文明的重要体现。社会普遍认同的价值观对于个体言行有重要的约束作用。健康的社会文化使社会有序竞争、使人们获得可持续性发展，而消极的社会病理文化则诱发人类的破坏性，产生不良的后果。心理学观点认为，动物的攻击行为是为了争夺领地、资源和异性，或者是为了保护后代，人类选择攻击行为则是以自身环境和社会环境作为背景条件，都是不适当的或者是错误的行为。

学者贝利（Bailey A）等人从社会文化学角度指出：

（1）攻击是哺乳动物的内在行为；

（2）攻击伴随着自体快感；

（3）攻击起源于低级中枢，而受到高级神经中枢控制；

（4）人类攻击的抑制是新皮层的功能，其功能是通过后天作用形成的；

（5）攻击行为是个体受文化和社会组织的作用所决定的。

人类的攻击行为是通过后天学习形成的，如果个体长期陷于社会病理文化之中，就会形成消极刺激（病理思维）与失常反应（犯罪行为）之间的神经心理反射性连接，从而引发各种犯罪活动。2003 年 5 月 25 日至 6 月 27 日，浙江的陈福兆持续地“练功”，悟出了一套“反修”的观点，即通过“杀生”来提高自己的功力，实现修炼的最高境界，他投毒杀死了 17 人。2011 年 1 月 10 日，河南省兰考县的李某某，她认为自己两个月大的女儿影响了她为“神”做工，导致她由“带领”被降级为“执事”，认为女儿是处处“纠缠她”的“小鬼”，她趁女儿熟睡之际，残忍地用剪刀戳断了女儿的喉咙。这些犯罪行为都是受到膜拜文化影响的结果。在膜拜犯罪中，“教主”与成员所起的作用有明显的差异，教主是犯罪行为的策划者，而成员则是犯罪行为的执行者，二者引发各种形式的犯罪活动。

（二）破坏性膜拜诱发犯罪的背景因素

犯罪行为的背后总是有复杂多样的原因。膜拜犯罪与一般犯罪有其共性存在，它们都受到个体因素和社会因素的共同作用，同时膜拜犯罪行为又有其特殊性，即反社会性和反科学性，这是膜拜信仰犯罪的主要成因。

1. 个体因素

极端信仰是成员从事犯罪活动的心理支柱，其形成受到个体心理因素的影响，主要表现为原成员对于膜拜信仰具有易感性，具体分析有以下几点。

（1）对自我价值的片面追求

正常人都有明确的人生目标以及所要实现的人生价值，个体在追求人生价值的过程中，会在社会环境的作用下逐渐形成“自我观念”，这就是在生活环境中对人、对己、对事物接触所得到的综合经验，也是一种直接经验。除此之外，还存在间接经验，即他人对个体行为的评价。两种经验的存在对于自我价值的形成有着重要作用，一旦直接经验和间接经验不一致，自我观念的形成和发展就会受到阻碍，无法实现自我和谐。在此情况下，人们会去寻找各种途径以实现自我价值，这是人类对于“存在价值”的无限追求，也是人类文明进步的动力。然而，追求的途径并非一帆风顺，一些人在遭遇挫折后，对自己的直接经验会做出一定修正，而当修正后依旧无法解决问题时，便会转向自己以外的力量寻求帮助，信仰就成为力量之一，祈求通过“神”的保佑来实现目标。此时的人最容易受到膜拜信仰的诱惑，一旦加入也表现得极为虔诚。这种虔诚在某种诱导之下很容易引发犯罪活动。

（2）对社会负性的认知方式

信仰是人面对世界较为稳定的情感态度，这种情感态度不是凭空产生，而是人们在对社会理性认知基础上获得的。“无论是科学的积极信仰，还是反社会的消极信仰，都是人类的认识产物，是个体在深入思考后做出的认识判断。”① 膜拜信仰导致成员的不良认知取向，他们看到的都是社会阴暗面，甚至对社会持有怨恨和仇视态度，这种负性认知态度很容易放大，成为对社会的破坏性力量。

（3）自我不良的成长环境

成长环境对于一个人的文化价值观有着深远的影响，古代孟母为子择邻而三迁，现代一些家庭为子择校而居等事例都说明了这个道理。良好的环境能为个体提供正确的价值观、良好的人格特征、良好的思维方式以及良好的行为习惯。这些健康的心理文化使个体认同并遵循社会规范，对于社会的态度也倾向于积极方面，并能建立和体验到有效的社会交往。如果一个人处于不良的生活环境中，如家庭缺失、教育失误以及不良人际交往等，都可能引发错误行为。在膜拜团体中，许多人就是受到周围环境的影响而加入其中，所以环境对于人生方向具有重要的导向作用。

2. 社会因素

人在社会关系中生活，必然会受到社会因素的影响。因此，除了个体因素之外，还有一定的社会环境条件。

（1）社会公平因素的影响

我国在改革开放以后，政治、经济和文化等方面获得了全面、快速的发展，同时社会经济发展也存在不平衡，比如地区间、行业间的收入差距过大，社会分配制度还不够完善，引发资源分配不公平，导致贫富差距越来越大，引起人们的不公平感。据中国社会科学院发布的《社会心态蓝皮

① 罗大华、马皑主编：《犯罪心理学》，中国人民大学出版社 2012 年版，第 172 页。

书（2013）》指出，目前我国的社会心态总体是积极的，但出现了一些新特点。城镇居民的平均生活满意度低于农村居民。对北京、广东、江苏、浙江和四川5个省市农民工的调查发现，64%的调查对象认为社会不公平。① 这不可避免地引发公众的一些质疑而产生消极心理，也为破坏性膜拜团体出现提供了一定机会。他们大肆渲染和夸大社会负面信息，鼓动成员反抗社会，而追随者有之，甚至发生一些反抗社会的犯罪行为。

（2）正确价值观缺失的困惑

价值观是人们的观念系统，是对事物的根本看法，是判断问题本质和是非的标准。人们要怎样认识世界，选择做什么，应该怎么做，都受到个人的价值观所支配。价值观正确才能有正确的行为。自苏联社会主义解体及东欧一些国家发生巨变之后，给中国人的信仰带来很大冲击，有些人开始怀疑马克思主义学说，产生了信仰上的质疑，又加上高速发展的经济社会中，一些人的价值目标由理想转向现实，价值取向由群体偏向个体，价值选择由单一趋向多元，有些人在市场经济繁荣的背后，价值观也在悄然发生变化，甚至出现奋斗目标被金钱欲望所取代，一切从利益出发向"钱"看，还有特权、交易、攀比、补偿、投机等观念，一旦遭遇挫折就容易引发信仰转变，在正确价值观缺失和膜拜团体的鼓惑下，促发犯罪活动就顺理成章了。

（三）破坏性膜拜促发犯罪行为的机理

1. 个体病理人格是膜拜犯罪的内在素质

人格是在遗传和社会文化的共同作用下形成的，它具有一定的稳定性，是个体心理活动的内在因素，影响着思想和行为活动的倾向。

人格特征会成为犯罪的易感性素质，有些人之所以走向犯罪是因为存在依赖、偏执、焦虑、幼稚等人格基础。由于人格偏差导致认知、情感和意志方面的失误，出现盲从、敌意、极端思维，甚至幻觉和妄想，其行为带有极强的盲目性、狂热性和破坏性，容易激发犯罪行为。由此可知，一系列众所周知的膜拜成员犯罪案，都与其存在的异常人格有关。比如，山东招远殴打致人死亡事件中的张立冬，很可能存在偏执型人格倾向；西安

①《光明日报》2013年1月10日10版。

的王涛将妻子窒息致死，存在分裂样人格倾向；而故意破坏社会公共秩序，违法乱纪者很可能具有反社会型人格倾向，这些都属于病理性人格，是犯罪行为的“易感性素质”，可以说病理人格是膜拜犯罪的内在素质。有的人即使是拥有高学历，他们在专业能力方面表现优秀，但这并不意味着就有健康的人格。有一对从事艺术工作的夫妇，也是某膜拜团体的“精进”人员，只因一点儿口角争执便对一名孕妇大打出手，用刀将孕妇刺伤，致使孕妇流产。学来学去，学了那么多的学问，却把“人格”学丢了，而人格代表的是人的整体综合素质。

近年来，破坏性膜拜团体组织者不遗余力地将视角伸向知识分子群体，以扩大并加深其影响势力与活动范围。如果一些知识分子存在不成熟、依赖性强、缺乏主见、受暗示强的人格特征，很容易受到膜拜团体的心理诱惑，在特定的情景和氛围下，也会出现为追求所谓的目标而误入其中。参加膜拜团体的高学历人员中以技术人员为多，为什么会这样呢？这是因为多数技术人员的逻辑思维能力较强，他们的求知欲望和探索欲望都很强，相信万有引力在宇宙中的存在，相信马克思理论对社会原理的解释，也容易被宗教理论所吸引，还会对一些超自然的说法感兴趣，他们甚至渴望在不断的探索中超越平凡。再者，知识分子一般在现实生活中有稳定的工作，用需要层次理论来解释，人在满足低层次的需要后，必然会有高层次的追求，即追求自我实现，他们在现实生活中未必有机会，但在膜拜团体中，高学历人员能很快升级为骨干管理人员，受到低层次成员的尊重和崇拜，这使他们在心理上获得了满足感，自己的价值似乎得到了体现。美国心理学家威廉·詹姆斯（William James）曾经说：“当一个极忠诚并心胸狭窄的人，一旦被‘有个超人的人格配得上他专一虔奉’这种感情所捉住时，最先发生的事情之一，就是他把这种虔奉本身认为是理想。”① 而当一个人被别人仰慕时，他会产生一种回报的感情，也会为维持一种地位的权威感而贡献自己。

---

①［美］威廉·詹姆斯：《宗教经验之种种》，唐钺译，商务印书馆2002年版，第340页。

2. 膜拜团体精神控制是促发犯罪的扳机

破坏性膜拜团体必须要有一套约束成员的手段，其特点就是控制与专横。狂热的"教主"对成员采取激进的"精神控制"，将自己作为"神"在世间的"授权人"吸引成员服从，并通过强化手段使成员接纳教义思想。而成员的人格多具有幼稚、偏执和冲动的特点，他们的情绪很容易被教义或某种情绪所激发，会很快地产生轻信"教主"的反应，把想象当作现实去相信，只要"教主"一声令下，一夜之间就能召集近万名信奉者，聚集到一个地方，狂热地为团体的目标服务，而不问对与错，

破坏性膜拜团体实施精神控制的机制简述如下。

（1）单调刺激导致思维迟钝

人在正常情况下，觉醒水平具有随昼夜节律变化的趋向，白天多处于活动状态，夜晚多处于静休状态。如果人在白天处于"练功"状态，获取的信息量太少，大脑皮层只滞留在一种单调重复的信息状态里，觉醒水平就会降低，感受和处理信息的灵敏性降低，思维和反应就会变得迟钝，信息加工精确性也会降低，这种状态中的人会很容易被操纵。

（2）教义强化导致偏执状态

《神经心理学》指出："强烈的情绪反应使皮层下结构处于高度激奋状态，势必抑制主管理智程序的大脑皮层的活动，使注意力狭窄，不能兼顾其他信息，思维不周全，以致情绪状态下的决定多不理智，这不能不说是情绪带来的消极后果。"① 人在膜拜条件不断的刺激下，中枢神经系统内一些无关区域由于多次强化结合而形成了联系，"在大脑皮层形成了病理性兴奋灶。这个'孤立性病灶'与异常牢固的情感体验和意图有关，并且由于它的兴奋性非常强烈，通过负诱导机制在其周围出现广泛的抑制，阻滞了大脑皮层其他部分对它的影响，因而使人对自己的状态缺乏批判"②，从而容易产生偏执行为。

（3）心理暗示导致现实混乱

本研究在访谈中发现80%左右的成员，都报告自己受到了组织者深刻而持续的暗示影响，并产生一些神秘体验，他们被"上层次""功法魔力"

① 梅锦荣编：《神经心理学》，中国人民大学出版社2011年版，第389页。

② 王晓慧、孙家华主编：《现代精神医学》，人民军医出版社2002年版，第694页。

“特异功能”的狂热情绪所鼓舞着，甚至出现幻觉和妄想，以为是获得了超自然的体验，表现出支配欲、控制欲和夸大性妄想，丧失了自制力，他们把头脑里的幻觉当成现实而出现自残、自杀或伤害他人的行为。最可悲的是在这种精神状态下的犯罪行为，当事人却不自知，还认为是在“超度”他人呢。

（4）恐吓威胁导致暴恐行为

破坏性膜拜团体都有一套以世界末日或地球爆炸为核心的基本观点，宣称世界末日将至，现实世界将会毁灭，唯有信仰本教才能获得拯救。他们使用“世界末日”进行恐吓，如“大卫支教派”“拜上帝教”的成员以集体自杀方式来对抗政府和迎接“世界末日”来临。日本的“奥姆真理教”强调世界末日即将来临，只有其领导的“发动世界的最后战争”才能免除灾难。为此，他们购置武器装备，训练准军事化的武装团体，按照“教主”的命令去制造恐怖事件。

3. 膜拜思想是制造犯罪的思想基础

破坏性膜拜团体具有某种特定的思想宗旨，对客观世界和社会生活持有特定的主张，其突出特点是具有极强的排他性和斗争性。他们宣扬四种理念：①“教主至上论”：除“教主”之外，不服从任何政府、任何人，目的是建立“神的国家”。②“教义至上论”：以该教“教义”作为衡量和判断是非的标准，排斥现行国家政治制度、法律制度、经济制度和现代文明成果。③“排他至上论”：煽动把信仰本教以外的一切人员都当作异己，采取恐吓甚至恐怖手段予以威胁。④“健康至上论”：膜拜团体虽有一定的强身健体说，但远未达到系统的健康体系，甚至有一些内容是虚假的。

美国学者瑞克·艾伦·罗斯在《邪教：洗脑背后的真相》中指出：“邪教所采用的非常独特的洗脑方法与宗教极端主义一样。”[①] 大量文献研究与社会事实发现，破坏性膜拜团体所倡导的教义思想违背宗教宗旨，带有极端的思想倾向，这种思想一旦与政治权力相结合，其结果必定是发生演变和异化，很容易制造矛盾和冲突并诉诸恐怖活动来对抗社会，往往是以犯罪方式去完成他们的政治目标。

---

① ［美］瑞克·艾伦·罗斯：《邪教：洗脑背后的真相》，关群译，（香港）和平图书有限公司2015年版。

（四）破坏性膜拜团体犯罪的表现特征

1. 犯罪行为组织化

破坏性膜拜团体有一套完整的组织体系，以便于发展成员并开展活动。这是以建立膜拜团体为前提，以宣传“教主”为核心的严密组织，随着发展壮大其内部形成了森严的等级制度，并积聚力量表现政治目的与政府对抗。如日本“奥姆真理教”以金字塔型等级体系为基础，设立了与日本政治制度相似的严密组织机构，麻原彰晃为“神圣法皇”，同时下辖“法皇官房”“谍报省”“防卫厅”等21个省厅机构，并制定“奥姆宪法”，尊封麻原彰晃为最高统治者，成员必须捍卫宪法，这俨然是一个国家的体制。国内的膜拜团体也一样，他们以设立总部、辅导总站、分站、练功点为基础，形成了自上而下的组织形式，拥有一个庞大体系，从组织形式上控制成员。比如，“被立王”吴扬明奉为“父王”，依次下设了“权柄”“代权人”“服权人”、信徒5个等级，并制定了严格的戒律。“华藏宗门”的成员分布于北京、上海、广东、江苏、安徽、山西等十多个省市，有着分工严密的组织体系，设有护法组、秘书组、内务组，在各个省份还有专门的协调员，形成等级分明的管理体系，让成员对他言听计从，否则就会受到惩罚。

2. 犯罪手段残忍化

破坏性膜拜团体犯罪手段残忍，其骨干成员较少主动中止犯罪行为，有不计后果的行为。由于一些成员具有膜拜体系的“信念”支持，他们对于自己的犯罪行为很少表现出内疚与后悔情绪，他们认为这是为“教主”奉献，本身就是一种修行。膜拜团体对成员进行极其严格的身心控制，一旦进入就万无退出之理，退出者往往被他们宣称为“叛徒”而加以残害。1994年，“太阳圣殿教”教徒集体自杀前，副主教迪·芒布罗派遣两名信徒远赴加拿大魁北克省，将已经退教的一对夫妇和他们的孩子残忍杀害并焚尸灭迹。1998年10月30日至11月10日，河南省唐河县“全能神护法队”曾在12天内制造8起抢劫、殴打案件，受害人被打断四肢、割去耳朵。① 2010 年，河南的一名小学生在放学途中失踪，被发现死于一处柴垛，脚心印有闪电标识，死因是遇害儿童的一名家属意图脱教，该教实施了报复惩戒行动。②

3. 犯罪欲念牟利化

赚钱是破坏性膜拜团体的重要目的之一，也是他们政治活动的保障基础。他们在“宗教信仰”的背后隐藏着对财富的贪婪欲望，而且往往是不择手段地大肆敛财，不仅要求成员捐出财产，还要求成员劳动并全额上缴劳动所得，同时还利用成员从事走私、洗钱、毒品等犯罪活动。“奥姆真理教”要求成员在入教之初就要填写“布施物品单”，将自己的房产、股票甚至养老金等交代清楚，并要求奉献家财。麻原彰晃说：“不论是哭是喊都要全部抢夺下来”，“剥夺身外之物是伟大的积累功德的事”。“科学教”的劝告会每小时收费就要 1000 美元，教主哈伯德在其内部资料中直接写道，“赚钱，赚更多的钱不要问用什么方法和为什么，赚钱就是目的”，其宣扬的“通灵术”仅 1987 年就有 5 亿多元的收入。国内“被立王”教主吴扬明说：“聚集财宝在天上”，以此诈骗成员的钱财，短期内就轻易骗得人民币数十万元；“主神教”教主刘家国则以“奉献”“消灾”“将钱存入天国，待灾难降临时取用”等为名，从 1995 年到 1998 年，仅三年时间就诈骗钱财 40 余万元人民币。至于利用“治病消灾”，推销“护身符”“信息物”，催买“书籍”，举办“学习班”等名目而骗取钱物，更是所有膜拜团体惯用的手段。

4. 犯罪活动多样化

破坏性膜拜团体犯罪行为不是单一的，其犯罪行为复杂多样，往往是多种犯罪活动同时存在并相互交织在一起。他们涉及经济犯罪；侵犯公民人身、民主权利罪；危害国家安全、公共安全罪；侵犯财产罪等。比如，“奥姆真理教”对成员使用麻醉药硫喷妥钠，他们不惜暗杀、绑架退教的成员，乃至使用沙林毒气杀人；“人民圣殿教”教主琼斯将整个教派迁至南美洲圭亚那，强迫 900 多名信徒集体自杀；“大卫教”教主考雷什购买武器不惜与政府对抗，以致酿成“韦科惨案”；“唯一教”教主拉杰尼希更

① 《山东招远 5·28 故意杀人案调查》，《华商报》2014 年 6 月 2 日 A2 版。

② 《“全能神”血债累累》，《新民晚报》2014 年 6 月 1 日第 5 版。

是借“性解放”之名奸淫妇女。我国的“主神教”教主刘家国和主要骨干以蒙召为名奸污妇女、“全能神”成员恣意妄为地杀害就餐的客人、“门徒会”骗取成员的钱财，还有的膜拜团体破坏有线电视网络、切断电视信号和连接播放定时装置，投毒、纵火、暗杀，聚集滋事、非法出版、鼓惑煽动、冲击政府机关、扰乱正常社会秩序、胁迫成员绝食，等等。

5. 犯罪方式诡秘化

近年来，由于国家对破坏性膜拜团体的打压力度加大，其活动方式变得更加隐蔽和神秘，他们有严密的管理体系和活动方式，被政府取缔之后，摇身一变又以新的形式出现。比如“门徒会”在1995年被取缔之后，变成了“三赎基督”或“二两粮教”等，他们冒用基督教的名义，以学习《圣经》为名，发展成员则利用邻居、朋友或亲戚等关系，采取“近亲传播”“一对一”“亲传亲、友传友”的方式，主动上门传教，先把亲朋好友拉入组织，再对其他人进行游说，诱人入教。他们化整为零、分散活动、频繁更换聚集地点，在吸收成员入教前，事先要秘密观察，专门针对一些退休人员下手。他们的串联方式多种多样，甚至采取“特务方式”进行秘密串联活动，他们在联络中使用暗语、代码、化名等，有的还建有互联网站并设置密码进行联络，共同策划开展活动，甚至在同一时间采取相同方式进行集体活动。据内蒙古鄂尔多斯东胜区警方发布的消息，2014年三四月份，“门徒会”成员利用晨练、傍晚锻炼时间，在东胜区部分广场、公园、居民区等公共场所公开聚集，期间出现几支不同的“天堂舞”群体，打着“传福音、治百病”横幅，呼喊“奉主名、行异能、赐米面、赐粮油水”等口号，通过扩音设备播放“灵歌”，以跳“天堂舞”健身的形式吸引群众围观。他们长期蛰伏于地下，处于秘密状态，让人不知底细，突然间就爆发出群集活动。

6. 犯罪目的政治化

破坏性膜拜团体成立的最初目的是为“教主”私利服务，但当其经济能力和实力发展壮大之后，其目的就与政治相互融合了，要求政治权力与地位，表露出明显的政治倾向，成为借宗教之名掩饰的“政党”了。如1921年，韩国的“普天教”教主宣布国号，登上皇位自称是东方联盟的盟主；美国的“人民圣殿教”教主吉姆·琼斯在圭亚那建立了“王国”；日本的“奥姆真理教”教主麻原彰晃在富士山下建立了“真理国”；中国的“全能神”鼓吹中国受到“大红龙”控制，要推翻政府，建设“神的国度”。同时，膜拜团体还把自己视为现行社会的受害者，鼓动成员对政府的不满情绪和敌对意识，鼓动成员游行、示威、绝食、自残、自焚等。可以说，破坏性膜拜团体因其狂热与偏激，很容易将冲突和矛盾诉诸恐怖犯罪活动，对社会的稳定与和谐造成很大的威胁。

二 膜拜成员犯罪的心理与行为特征

（一）膜拜成员犯罪的心理特征

膜拜成员犯罪的过程，实际上是“教主”将其个人意志，通过控制、暗示、鼓惑等手段转化为群体意志，他们指挥、操纵成员从事犯罪活动，虽然犯罪活动的行为人是膜拜成员，但背后的始作俑者却是“教主”。

膜拜成员犯罪在人格特征、认知方式和社会亲和度方面的特征如下。

1. 存在人格缺陷

关于人格与行为之间关系的争论经久不衰，有“人格中心说”“行为中心说”“折中说”，无论哪一种说法都不排除人格与行为之间存在一定的联系，这种联系的实质是一种表里关系，形之于外的行为是形式，表现于内的人格特质是内容，即环境是行为的外在动力，心理因素是行为的内在动力，而两种动力最终都要受制或统一在人格基础上。如此，人格缺陷容易诱发犯罪行为已在许多事实中得到了证实。著名英国心理学家卡特尔（Cattell）早就指出：“人格是对个人在特定情境中的行为的预测。”

“教主”的人格特征多表现为极端自恋、偏执、夸大和妄想，他们以自我为中心，自封为“救世主”，有着极强的控制欲和权力欲，一旦得不到满足就会对社会产生极端敌视和仇恨，同时培养和激化成员的暴力行为。比如，日本“奥姆真理教”教主麻原彰晃的人格特征是暴戾、偏激、狭隘，他竞选议员失败而心怀不满，实施了对社会的报复行为，制造了两起大规模的毒气案。而一些成员在教主的影响下，在团体的强化训练下，形成了基本的“膜拜性格”，其主要人格特征表现为：“性格偏激、焦虑、压抑、忧虑、孤独、缺乏亲情和恐惧未来”①；“他们存在偏执型、强迫型，分裂型、癔症型、冲动型、神经质型人格倾向。”②；“他们有逃避型、依赖型、幼稚型、封闭型人格”③。这些人格特征使成员保持高度的一致性，有较强的依赖性和很强的排他性，强化了膜拜信仰的力量和斗争性，他们在思想上对教义坚信不疑，在感情上对教主顶礼膜拜，在行动上表现出狂热冲动，对于反对或不配合他们的社会和群众表现出极强的对抗行为，甚至出现违法犯罪的行为，如“杀生”、自焚、冲击政府机构等。这是建立在人格缺陷基础上的犯罪行为。

2. 存在认知偏差

社会心理学家认为，认知偏差与自我中心的思维倾向有关，是为了维持自我形象，保持自尊或者维持良好的自我感觉。当一个普通人进入膜拜团体，接受一系列信息的“洗脑”之后，他们的思维、感情和世界观都会发生改变并导致认知偏差，形成只认私理，不认公理，只认歪理，不认法理的认知方式。比如，2012 年 3 月 4 日，陕西“全能神”成员王某相信妻子被“邪灵”附体，需要消灭肉体才能消灭“邪灵”，再由“圣灵”带来重生。于是，他对妻子进行殴打后，用枕头捂住妻子面部直至窒息身亡。随后，又持刀向妻子头、胸、腹部连砍十余刀。这一切结束后，王某希望附在妻子身体上的“邪灵”尽快死去，期待着“神”的来临，能让妻子“死而复生”。王某的认知完全扭曲了，完全失去了正常人的基本认知。再如山东招远杀人案，6 名膜拜成员在光天化日之下，将一名拒绝提供电话号码的陌生女子殴打致死。主犯张立冬在面对记者问他“你的心情怎么样，你的感觉怎么样?”时，他回答道：“感觉很好。”他们将一个素昧平生的女子残忍杀死，竟然“感觉很好”！这是典型的、极端错误的认知偏差。这种膜拜导致认知偏差的犯罪活动十分凶残。

3. 存在社会亲和度低

社会亲和度即亲和动机，这是人类普遍具有的成就、亲和、权力三大

① 阴国恩、戴斌荣：《运用心理学理论分析与转化邪教信仰者》，《天津师范大学学报》（社会科学版）2003 年第 5 期。

② 陈青萍：《邪教痴迷者的人格学研究》，《宗教学研究》2004 年第 1 期。

③ 关小舒：《一念成魔：邪教背后的心理学解析》，《科学家》2014 年第 7 期。

社会动机之一，是指个体与他人集群、交往并希望有人陪伴的内驱力。亲和性的核心特点是它与利他主义和帮助行为呈正相关，社会亲和度高的人会更加积极地认识和参与社会活动，与社会产生良好的亲和关系，会有效利用社会的支持，从而有利于自己的身心健康。有研究认为："亲和性低的人与敌对思想以及社会适应不良有关。"① 本研究发现，膜拜成员的社会支持得分显著低于常模。一些成员可能经历过心理创伤，处在软弱无助状态下，他们缺乏良好的人际交往，社会亲和度较低，与社会的联结也不密切。而膜拜团体利用社会现实中的各种矛盾，利用成员的个人不幸，挑动不满情绪和对社会的仇恨感，培植和激化成员的报复心理和攻击行为，导致成员与社会越来越疏远，远到极处便是采取攻击政府、报复社会的犯罪活动了。

膜拜成员与教主的目的截然不同，但在他们进入膜拜团体之后，便身不由己地受到"教主"驱遣，他们参与膜拜犯罪活动的主要原因是：①精神失常状态下的无意识犯罪；②受蒙蔽情况下的盲从犯罪；③强制与胁迫下的服从犯罪；④执迷不悟状态下的对抗犯罪。

归纳膜拜成员犯罪原因与过程如图 4－1 所示。

（二）膜拜成员犯罪的类型分析

膜拜成员因信仰的排他性而引发的冲突和攻击活动比较多；利用迷信进行欺诈、勒索、强奸的犯罪活动最多；在精神控制下引发精神失常而导致的犯罪活动也屡有所见。

归纳破坏性膜拜团体犯罪活动类型如下。

1. 教主控制型

"教主"是膜拜团体的核心人物，是专横的精神掠夺者，树立自己至高无上的绝对权威，对成员宣扬忠诚效命思想。在膜拜成员的眼里，"教主"是"救世主"，是"神的化身"，有着无限魅力和权力。"教主"通过教义将自己对社会的仇视灌输到成员的思维之中，这便形成了群体的膜拜意志。据办案民警介绍，"华藏宗门"的成员们相信因果报应，所以参学

① Gleason, K. A., Jensen-Campbell, L. A., & Richardson, D., "Agreeableness and Aggression in Adolescence", *Aggressive Behavior*, 2004, Vol. 30, pp. 43－61.

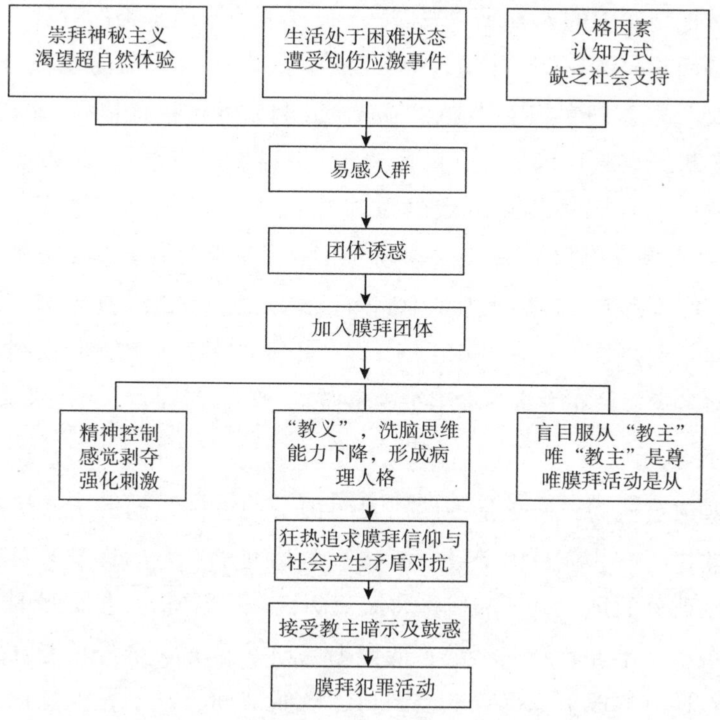

图 4－1　膜拜成员犯罪原因与过程

越久，就越不敢怀疑或违背“教主”，以致丧失独立思考能力，沦为精神上的奴隶。他们有人变卖了家产追随教主，有人抛家弃子伺候教主，多个家庭因此支离破碎。还有一些成员在“教主”的控制和煽动下，会做出包围政府机构、上街游行等“软暴力”行为，也会做出舍生取义的“殉教”行为或者抗议示威的“英雄”行为，完全没有了法律观念。美国心理学家威廉·詹姆斯说过：“虔诚假如没有平衡，它的劣点之一就是信奉狂。信奉狂就是忠诚地走到抽搐似的极端了。”①

2. 心理变态型

破坏性膜拜团体的可怕之处在于他们对团体之外的人不信任、不宽容、不包容甚至对立。如果你不信他们，他们就认为你是邪恶的，就要被铲除。在他们眼里凡是批评他们的人都是“恶魔”，因为在他们的信仰中有“魔说”之类的信念，这也是其犯罪的思想基础之一。个别进入癫狂状

① ［美］威廉·詹姆斯：《宗教经验之种种》，唐钺译，商务印书馆 2007 年版，第 340—341 页。

态的成员把现实中的人看成“恶魔”，而“杀掉恶魔是神的旨意”，产生为驱除恶魔而杀人的念头。比如，东北的关淑云认为9岁的女儿身上有魔，她“大义灭亲”地实施了“除魔”行动，将女儿活活地掐死。山东省招远的张立冬等6名膜拜成员，在店内“抢羊”（发展成员），向邻桌就餐人员吴某索要电话号码被拒后，竟然施暴用拖把猛击该女子头部，并喊着：“恶魔”“永世不得超生”。张立冬称当事女子是邪灵，就是要将她打死。极端膜拜信仰者丧失了自控能力，他们被一种“恶魔”念头所左右，即使是对同一信仰者也会痛下杀手。2014年2月，南非两名少年在撒旦祭祀仪式上残忍杀害两名少女，作为祭品奉献给魔鬼撒旦，这显然是严重的变态行为。

3. 极限练功型

有些成员认为，修炼是一件伟大而神圣的事情，而懒于修炼的人则有很大的罪过。有些成员由于极度练功甚至达到了自虐的程度，对自己的身体严厉到苛刻的地步。一些成员每天只睡3—4个小时，把大量时间放在练功活动中，结果导致睡眠不足、低血糖、缺乏营养、全身功能衰弱和抵抗力下降；还有的成员练得意识控制与运动脱节而大动不止，意识对于动象已经无法控制了；还有的人练出了海市蜃楼样的幻觉症状。人在极限练功过程中，如果处于营养缺乏、感觉剥夺、不良刺激过量，或者当身体处于疲劳、饥饿或抵抗力下降时，容易引发某些激素增减、微量元素和血液成分的变化，对各种刺激就会变得敏感，从而加剧一些危情反应。有一位小学老师在参加某膜拜团体之后，感觉找到了一条“圆满大道”。他把全部精力投入练功活动中，变得对其他的事情不感兴趣，上课也时常跑神儿、出现差错。后来，他干脆从学校辞职回到家里一心一意打坐练功，家务活也不干，拒绝所有的人际活动。妻子劝阻他，他听不进去。他说：“只有放弃人世间的一切欲望，才能上层次，才能得到圆满。”他拿棍子把妻子和孩子赶出了家门，每天一个人在家里着魔似的苦练，最后练得骨瘦如柴，但他相信“心诚则灵”，把这种苦练当作一种怪癖的快乐，这种感觉可以称为病态，是对自己健康的犯罪行为。

4. 斗争攻击型

破坏性膜拜团体所宣扬的信仰受到各种质疑和反对，他们在社会上是处于被孤立、被批评和被压制的状态，为了避免衰亡他们就会号召成员进行斗争，甚至会不惜动用一切手段，动员内部力量来对抗社会。他们对社会怀有不满的情绪，为获得权力、争夺利益极尽各种手段。如日本“奥姆真理教”教主麻原彰晃竞选议员失败后，对外群体怀恨在心，制造了东京地铁毒气事件。我国一些破坏性膜拜团体的“教主”，要求国家给予政治权力，在被拒绝之后，便利用社会上存在的一些腐败现象、贫富差距等社会问题，离间党和政府与人民之间的关系，破坏社会和谐稳定，并使用暴力冲击国家机关，进行非法集会活动。有一位干部，他认为政府取缔某教某功是对“练功者”的迫害。他下定决心，哪怕舍弃生命也要讲明真相，为此他不停地上访，并在膜拜团体指挥下参加了一系列扰乱社会秩序的活动。如果一个教团起到挑拨离间的作用，导致怨恨的对立情绪，那显然不是一个规范的团体组织。

5. 终末思想型

有些破坏性膜拜团体表现出极强的异端思想，它们诱惑有来世信仰的人采取自杀方式结束生命，以便早日“圆满”或进入“天堂”，比如“人民圣殿教”“大卫支教派”“拜上帝教”的集体性自杀就是如此。2012 年开始，国内的某膜拜团体在全国各地宣扬“世界末日”即将到来，只要信奉该教就能躲过一劫，同时宣称“凡不信和抵制的都将被‘闪电’击杀”，让容易受暗示的成员产生恐慌。2011 年 12 月 13 日，吉林省某地一居民楼发生火灾致 3 人死亡。经查，这是一起受“全能神”“世界末日”影响的自焚事件，成员郭某某、卞某点火自焚引起火灾，殃及邻居张某某。一些成员为什么这样做呢？心理学家弗洛伊德（Freud）认为，人存在的动力是“生本能”和“死本能”，末日情结是对死亡本能的恐惧。人在极度紧张恐惧时，中枢神经系统中的 5 – 羟色胺、去甲肾上腺素、多巴胺等调控情绪的神经介质就会发生紊乱，导致感觉、知觉混乱、思维不清以及分辨能力降低，他们就会在暗示下产生盲目的冲动行为而去追求所谓的“天堂”了。成员在终末思想的诱导下将自己的犯罪行为变得可悲、可怜又可叹。

6. 私刑暴力型

破坏性膜拜团体不断地吸收新成员并牢牢控制着他们，避免成员脱离教派，这是其生存和扩张的根本保障。暴力是膜拜团体的凝聚手段之一，以此来防止成员的自由选择和脱教。有些膜拜团体对待持有疑念者，是采取私刑暴力来防范成员脱教的，由此导致死亡的事件也是屡见不鲜。比如，1989年，在美国邪教教首唐·朗德格伦的威胁下，几个人联手杀死了他们教派中的一家五口，其中包括3名尚未成年的女孩；“太阳圣殿教”对加拿大出教夫妇的杀害，还有日本“奥姆真理教”对坂本堤律师一家的杀害都是如此。2001年，在安徽铜陵等地，出现过“全能神”的成员冒充警察到居民家中，对不肯接受该教的人进行公开绑架。当时，这些受害者还真以为他们是公安干警，个个都乖乖地束手被擒，直到被送入“全能神”窝点后才真相大白。据公安部治安管理局称，“全能神”专设“护法队”，设立惩罚制度并对欲脱教者进行暴力残害，对成员具有极大的恐吓作用，对于不愿入教或意图脱教的人，常常是“私刑伺候”。

7. 迷信欺骗型

随着时代的发展，迷信也随之发生了一些变化，有的膜拜团体将一些迷信披上时尚新潮的科学外衣，叫作“某某预测学”来迷惑百姓。有的档次低一些的膜拜团体则编造神迹，骗取信任，这也是他们常常使用的一大怪招。比如，“东方闪电”的成员就用糖水在地上写成“字”，吸引蚂蚁聚成字形，又在鱼肚中塞入字条，说是“神”在显灵，用这些手段使人们相信一些所谓的神迹而产生敬畏、惊异和神秘感与期待感，从而表现出对膜拜理想的虔诚和依赖。有的膜拜团体从教义上看，并不认可“神迹”，称“神迹是邪灵之工”，但他们却是说一套做一套，热衷于装神弄鬼，经常编造神迹糊弄人。上海杨浦区的马某某爆料：老成员教她在鸡蛋上写上“东方闪电”的字眼，偷偷放在被争取者家的鸡窝里；用珠光笔在鸡蛋、鸽子蛋上写字，然后放到菜地里，等农民刨地挖出来，骗他说是天意让他信教；还用姜黄在白纸上写上字或画上图案，然后放到偷偷加了碱的水盆里，待显出字或图案，就说是“神”显灵了。这些人要么是无中生有的捏造，要么就是把两件本不相干的事情联系起来，其目的只有一个，就是诱骗他人加入膜拜团体。

8. 反医学科学型

人的生命是可贵的，患病就医这是常识，而有一些成员却否定现代医学，讳医忌药，失去了最佳治疗时机。有一位女成员患有肾炎，在医院治疗后病情得到稳定。后来，她在别人介绍下迷恋上了练功，不顾医生和家人劝阻，不吃药不治疗。认为自己的病是“业力”所致，需要练功消除，她每天在寒风中站立5个小时，一年后终因过度劳累，导致肾功能衰竭而身亡。2011年8月16日，河南人赵某某，因儿子患小儿麻痹症造成走路有些瘸拐。赵某某相信某“神教”成员“绝对能治好”的承诺，奉献出1万元，答应他们给儿子“治疗”。而其“治疗”手段就是一天只给吃一顿饭，唱经、祷告，加上用木板固定和用砖头压，甚至人上去踩。天气炎热，食物不足，几番“治疗”折磨之后，在第三天被治死了。把儿子交给一个“神”或一群“神”去折腾，这怎么可能治好病呢？实际上，这些情况使“成员处于受虐待的高危状态之中。”① 这是膜拜团体对人的健康和生命的虐待与践踏。因此，在国外有将“破坏性膜拜团体”与“心理虐待团体”并用的称谓。②

9. 群体压力型

群体压力，即群体对于个体施加的一种影响力，当个体的思想和行为与群体要求发生冲突时，个体为了保持与群体的关系，避免遭到排挤时所感受到的一种心理压力，它使个体倾向于做出让群体接受或认可的反应，一旦出现偏离群体的行为，就可能面临团体的强大压力乃至严厉制裁。这给成员心理造成极大的影响，使得一些成员处于团体中时，会丧失个人身份意识，一接到指令会迫于群体压力而去执行，他们甚至会在一定情况下参与自杀行为，或者去怂恿刺激和催促别人采取自杀行为。2011年11月6日，安徽省霍邱县卢某某加入某膜拜团体两年后想要退出，却被“介绍人”威胁说：“你要是不干了，神一定会惩罚你的，灭了你和你的全家，包括你的孙子。”卢某某迫于威胁，为了不牵累家人，只好投河自尽了。

10. 经济欺诈型

破坏性膜拜团体要想发展壮大，就需要强大的经济基础作为保障，以保证它的社会政治活动。因此，获取经济利益是他们必需的选择。“而获取经济利益的途径则以诈骗、非法经营、逃税漏税等违法犯罪的形式才能

① ［美］赫伯特·罗斯代尔、迈克尔·兰戈尼：《如何使用邪教术语》（*On Using the Term Cult*），网址 www. icsahome. com/infoserv_ respond。中国反邪教协会、美国家庭基金会编：《关爱生命·远离邪教》文集，2004年3月，第111页。

② 中国反邪教协会、美国家庭基金会编：《关爱生命·远离邪教》文集，2004年3月，第106—108页。

实现。其涉及经济犯罪的主要表现形式为：散布谣言、诈骗钱财；巧立名目、聚敛财物；非法经营、狂敛财富。仅公安机关在山东破获的三起非法出版和销售的膜拜书籍、音像制品及其他物品的特大案件中，涉及的非法经营额就高达1.6亿元，非法获利4000多万元。”① 此类经济犯罪的事例有很多，不再赘述。

以上叙述了破坏性膜拜团体的十种主要犯罪类型，实际上其犯罪活动是多样化的，尤其近年来，随着互联网等高科技通信技术的发展，膜拜犯罪活动呈现高科技化、复杂化和跨国化趋势，膜拜信息的传递也呈现多样化，通过手机短信、邮件、互联网等，短时间内就可以使信息迅速传播，还有一些膜拜团体拥有电台、媒体等直接的信息播出频道。同时，信息手段的多样性也使得境外操纵的犯罪活动有所增加。这里需要强调的是：“每个人都无可置疑地拥有自己喜欢信仰的权利，但与此同时，在每种信仰的实践方式上，所有的人又都必须守住某些清楚而具体的界限。这样一来，尽管任何人都不会因为信仰而犯罪。但是，确实可以通过实践自己的信仰方式进行犯罪……信仰不犯罪，行为也许犯罪。”②

总之，膜拜犯罪是以其价值观为思想基础、病理人格为内在素质、精神控制为强化手段、社会病理文化为契机而形成的，这些因素引发了信仰偏差、心理病理、行为冲动的三者结合的心理定式、行为方式和犯罪事件。破坏性膜拜团体犯罪活动所带来的负面效应和破坏性极大，所以被称为是“小而致命的邪教”。③ 由此，必须采取有效方法对其犯罪心理和行为进行防范与干预。

三　膜拜成员回归社会的动机式访谈法

采用心理学方法帮助成员，减少其认知偏差以及犯罪行为，回归正常的社会生活，这一直是本研究关注的重点问题。动机访谈式咨询方法是采

① 吴明高：《论邪教案件的特点及其经济违法犯罪形式》，《反邪教论坛》2015年第2期。

② ［西班牙］佩佩·罗德里格斯：《痴迷邪教》，石灵译，新华出版社2001年版，第303、306页。

③ ［美］瑞克·艾伦·罗斯：《邪教：洗脑背后的真相》，关群译，（香港）和平图书有限公司2015年版，第41页。

用心理学的原理与技术，对本质上由情绪、人格、认知等因素造成的心理问题进行帮助的一种方法。它重在唤醒人去改变动机，告诉他为什么要做出改变、要改变什么以及如何改变。这种方法是从不良心理背景入手，从根本上激发改变的动机，消除抗拒改变的因素，帮助成员做出意识转化、认知改变、人格成长以及构建良好的行为方式。

（一）动机式访谈法概述

动机式访谈法（Motivational Interviewing，MI），是由美国学者米勒（Miller）和罗尼克（Rollnick）于20世纪90年代创立的一种访谈技术，最初起源于酒精依赖治疗，它是一种以来访者为中心的心理治疗技术，通过探索和处理来访者内心的矛盾情感，增加行为改变的内在动机，进而促进行为的改变。①②

目前，国外使用较多的是动机式访谈的简短模式，持续时间仅为30分钟。咨询形式也是多样化，除了传统的面对面咨询之外，电话、网络咨询等形式也得到了广泛应用，动机式访谈法与其他疗法配合使用则具有更好、更持续的效果。一项针对酒瘾患者的干预研究表明，动机式访谈比传统的认知行为治疗效果更好，所需时间更短。③ 托林（Tolin）和莫尔特比（Maltby）使用动机式访谈法增强了强迫症患者的治疗动机。哈兰德（Harland）使用动机式访谈法帮助成年人进行身体锻炼，结果显示接受该方法的坚持身体锻炼的被试人数，显著多于未接受该方法的被试人数。④

国内关于动机式访谈法的研究和应用并不多。许少英等人应用动机式访谈法对痴呆者的照顾者进行干预，结果显示干预进行3个月、6个月时，干预组的正性情绪、积极应对、自我效能感均高于对照组。⑤ 黄群明等人

---

① Rollnick S. R. , Heather N. , Bell A. , "Negotiating Behavior Change in Medical Setting: the Development of Brief Motivational Interviewing", *Journal Mental Health*, 1992, Vol. 1, pp. 25 – 37.

② Harold E. S. , Joan Kub. , "The Art of Motivating Behavior Change: the Use of Motivational Interviewing to Promote Health", *Public Health Nursing*, 2001, Vol. 3, pp. 178 – 185.

③ Harland J. , White M. , Drinkwater C. , Chinn D. , Farr L. , Howel D. , "The New Castle Exercise Project: a Randomised Controlled Trial of Methods to Promote Physical Activity in Primary Care", *British Medical Journal*, 1999, Vol. 319, pp. 828 – 832.

④ Ibid. .

⑤ 许少英、刘婧、冼志莲、黄艾：《动机访谈对居家痴呆照顾者情绪、应对方式及自我效能的影响》，《中华护理教育》2010年第12期。

研究发现，动机式访谈法能够显著改善首发精神分裂症患者的症状，促进他们恢复自理能力和社会功能。罗子超等对吸烟者的干预研究发现，接受动机式访谈法的实验组更容易成功戒烟，并且更容易认识到烟害疾病的严重性。① 杨成莲研究发现，动机式访谈法对有亚临床强迫倾向的大学生的治疗效果较好，有助于改善强迫症状，降低焦虑水平。② 李小云研究发现，动机式访谈法有助于缓解冠心病患者的抑郁情绪，改善患者生活质量和身体功能。

综上所述，动机式访谈法的研究从物质依赖过渡到心理问题，证实了其有效性。但是，将动机式访谈法这种新兴方法应用于膜拜成员心理问题的干预，这方面的实证研究尚未见到。本研究在对膜拜成员心理帮助的工作中，引进了动机式访谈法，以便于更好地引导、激发和促进成员转变内在动机，重新指向或调整自己的活动目标，从而预防和减少犯罪行为。

（二）动机式访谈法的理论基础

动机式访谈法与当代一些理论融合在一起，主要有普林查斯卡（Prochaska）的跨理论模型、罗杰斯（Rogers）的人本主义理论、费斯汀格（Festinger）的认知失调理论以及班杜拉（Bandura）的自我效能理论。一般而言，来访者在行为改变过程中会出现矛盾和阻抗。由此，借助动机式访谈法中的人本理论和认知失调理论来激发改变的内在动力。同时，根据自我效能理论，使用各种增强自我效能的策略来增强来访者行为改变的信念，以保证他们将改变持续下去。③ 在行为改变理论上，动机式访谈法借鉴了普林查斯卡的跨理论模型，即认为行为的转变不是突然发生，而是一个逐渐改变的过程，有前意向阶段、意向阶段、准备阶段、行动阶段和维持阶段五个阶段，④ 要根据来访者所处阶段对症下药，不可操之过急，也

---

① 罗子超、温煜赞、杨咏瑶等：《动机访谈式疗法的戒烟治疗效果之研究》，载《第六届两岸四地烟害防制交流研讨会论文集》，2012 年 11 月。

② 杨成莲：《动机性会谈对亚临床强迫倾向的干预研究》，硕士学位论文，首都师范大学，2009 年，第 38—42 页。

③ Stotts A. L. , Diclenstein C. C. , “A Motivational Intervention for Resistant Pregnant Smokers”, *Addict Behavior*, 2002, Vol. 27, pp. 275 – 292.

④ Project MATCH Research Group, “Project MACTH: Rationale and Methods for a Multisite Clinical Trial Matching Patients to Alcoholism Treatment”, *Alcohol*, 2003, Vol. 17, No. 6, pp. 1130 – 1145.

不可滞后于改变。

1. 动机式访谈法的基本阶段

（1）前意向阶段（Precontemplation）

在前意向阶段，来访者并没有意识到自己有问题，缺乏改变的意图和改变的动机。当他人劝说其改变时，他们会提出许多借口来维持现状而拒绝改变，即使愿意接受干预，也是迫于外界压力，而不是出于自觉主动的意愿。

（2）意向阶段（Contemplation）

在意向阶段，来访者开始意识到自己存在的问题，并且开始考虑改变问题，但还没有实际行动。这一阶段的关键问题是他们会权衡改变与不改变可能带来的后果。由于内心矛盾冲突较多，来访者会考虑较长的时间，在这一阶段主要是帮助来访者认识到有矛盾是正常现象，认识到其行为和现有认识之间的不一致，以增加行为改变的动机和自我效能感。

（3）准备阶段（Preparation）

在准备阶段，来访者已经有想要改变的意念，但不知道如何去做。这一阶段咨询者与来访者一起制订计划，这是行为改变前的准备阶段。

（4）行动阶段（Action）

从行动阶段起，来访者才真正地开始改变，他们已经下定决心克服不适当的行为，并且采取实际行动进行改变，通过改变不良认知或不利环境达到行为的改变。从这一阶段开始，来访者会产生明显的行为变化。

（5）维持阶段（Maintenance）

来访者的行为问题已经基本改变，只是维持已经改变的行为和避免不良行为复发，如果此阶段没有足够的毅力，有可能出现复发现象。为了维持行为改变的效果和避免复发，咨询者和来访者都需要做出努力，同时需要获得足够的社会支持。

2. 动机式访谈法的基本原则

（1）表达共情（Express Empathy）

共情，这是一种调节关系的人际情绪，“共情代表了对自己情绪系统和察觉他人情绪体验的协调”。[①] 咨询者要积极进入来访者的内心世界，能

---

① ［英］马尔科姆·吉夫斯、［美］沃伦·布朗：《神经科学、心理学与宗教》，刘昌、张小将译，教育科学出版社 2014 年版，第 81 页。

够理解他们内心的冲突与矛盾，不带主观色彩地看待问题，不做主观评价，而是设身处地地体会其处境和心情，然后再跳出他们的内心世界，将自己的理解传达给他们，引导他们认清楚自己的内心状态。共情并不是纵容来访者的行为，也不是对他们持批判态度，而是尽可能理解他们的行为。

（2）发展差异（ Develop Discrepancy ）

发展差异是指帮助来访者认识到目前问题行为和他们价值观之间的差异，认识到目前状态和目标状态之间的差异，引导他们思考当前不良行为的代价和改变行为的益处。同时，咨询者将思考结果反馈给来访者，使他们意识到改变行为的重要性，从而产生改变行为的动机。当来访者自发产生改变动机时，行为的改变会持续较长时间。

（3）化解阻抗（Roll with Resistance）

阻抗是行为改变中一种常见现象，阻抗的发生往往预示着行为的改变。此刻，来访者已经认识到行为改变带来的好处并开始改变，同时行为改变也会给他们带来恐惧感和未知感，这些不良感受又会阻碍其发生改变。此时，来访者可能会有矛盾的两面性，不要用争论的方法去解决阻抗，以避免使来访者产生抵触情绪而阻碍行为改变，应该采用理解和接纳的方式，使他们坦率说出自己的想法，并帮助他们发现问题，找到相应的解决办法。

（4）激发自我效能（ Support Self-efficacy）

通过上述原则，来访者产生了行为改变的动机，激发了行为改变的自我效能感，意识到自己有能力改变不良行为。“咨询者在激发自我效能的过程中，不能代替来访者做决定，而是为其提供指导或建议，所有的决定由来访者自己做出，这也是动机式访谈法提高自我效能的另一层含义。”①

3. *动机式访谈法的主要技术*

动机式访谈法有很多实用技术，如开放性提问、反馈性倾听、肯定、概括、诱发改变性谈话等。

---

① Harland J.，White M.，Drinkwater C.，Chinn D.，Farr L.，Howel D，“The New Castle Exercise Project：a Randomised Controlled Trial of Methods to Promote Physical Activity in Primary Care”，*British Medical Journal*，1999，Vol. 319，pp. 828－832.

（1）开放性提问（Open-ended Questions）

采用开放性提问使来访者成为咨询的主体，引出他们自己行为改变的固有观点。开放性提问一般使用“为什么”“是什么”“怎么办”等词语进行询问，这些词语促进来访者自我剖析，给他们更多空间表达观点和感受，以便于了解行为改变中的矛盾，获得更多信息。①

（2）反馈性倾听（Reflective Listening）

“反馈性倾听是咨询者有根据地推测来访者谈话的意图”②，然后将其所说内容不加批判地反馈给本人，同时帮助他们清晰地了解自己观点中的矛盾所在，从而认识并加以修正。心理学家罗杰斯（Rogers）说：“我在倾听每一位来访者的自我表述时都会尽可能的小心、准确和敏感。”因此，使用反馈性倾听技术时需要认真倾听来访者所叙述的事情，了解他们当前的矛盾心理，对其语言和非语言的信息进行整理，再帮助他们以新的方式看待问题，能有效地减少阻抗，消除不安、孤独和矛盾心理，增强问题行为改变的动机。

（3）肯定（Affirmation）

咨询者对来访者的行为或语言表示肯定和赞赏，通过肯定给他们营造一种无条件接纳的气氛，使其说出平时不敢说的话。这些话可能是来访者内心的真实写照，可以从中发现行为改变的关键。另外，肯定、赞赏及鼓励，能让他们更加开放地探讨自己的问题，提高行为改变的动机和自我效能感。

（4）概括（Summary）

概括是指咨询者把来访者提供的信息整理之后再反馈给对方，再将谈话中的重点内容概括出来，这有助于明确问题。同时，通过概括可以让来访者了解自己已经取得的成绩，增加改变的积极性。概括不是重复，而是针对谈话的关键问题进行总结反馈，并能够打动对方。

（5）诱发改变性谈话（Change Talk）

“诱发改变性谈话技术有助于克服来访者行为改变的矛盾心理，促使

① 侯云英、范秀珍：《动机访谈：促进健康相关行为改变的新方法》，《中国实用护理杂志》2010 年第 5 期。

② Smith D., Heckemeyer C., Kratt P., et al., “Motivational Interviewing to Improve Adherence to a Behavioral Weight control Program for Older Obese Women with NIDDM”, *Diabetes Care*, 2007, Vol. 20, Nol. 1, pp. 52 – 54.

其进入行为改变的准备阶段或行动阶段。”① 这是动机式访谈法中最有特色的技术，是指诱发来访者描述自己在行为改变中的动机状态，具体有四个方面：改变当前行为的原因；行为改变的迫切程度；是否有能力改变当前行为；行为改变的需求性。通过诱发改变性谈话，能清晰地反映出来访者行为改变的动机，再对其改变动机加以肯定和鼓励，促使他们更加认真地思考改变的理由，从而使之前顽固的信念有所动摇。

4. 动机式访谈法的主要内容

动机式访谈法的主要内容包括相关、风险、益处、障碍和重复。②

（1）相关（Relevance）

相关是指帮助来访者认识到目前遇到的问题与个人因素密切相关，即目前存在的心理问题和处境与其人格特征、认知方式等因素有关，可以结合实际情况使访谈更具有针对性。

（2）风险（Risks）

风险是指帮助来访者认识到其行为对身体健康、心理健康、人际交往等方面造成的危害，只有引导他们意识到目前行为会对自己产生的风险，才能激发自我效能感并有改变的动机。

（3）益处（Rewards）

益处是指帮助来访者认识到行为的改变会给自己带来潜在的或直接的益处。咨询者结合访谈内容引导来访者明确与其相关的益处，如改变行为会带来家庭和谐与获得社会的认同等。

（4）障碍（Roadblocks）

障碍是指从干预开始就要让来访者了解，在行为改变的过程中会遇到很多障碍，要有充分的准备以应对挫折，最重要的是帮助来访者制订克服障碍的计划，帮助他们战胜挫折。

（5）重复（Repetition）

重复是指在干预过程中，如果遇到不愿意改变的来访者，或是改变停滞不前时，咨询者应该重复上述内容，让他们重新意识到风险、收益等，

① Harold E. S., Joan Kub, “The Art of Motivating Behavior Change: the Use of Motivational Interviewing to Promote Health”, *Public Health Nursing*, 2001, Vol. 3, pp. 178 – 185.

② Wilcox V. L., Kasl S. V., “Self-rated Health and Physical Disability in Elderly Surviors Surviors of a Ajor Medical Event”, *Journal of Gerontology*: *Social Science*, 1996, Vol. 51, No. 1, pp. 96 – 104.

但也并不是遇到所有停滞都要从头重复，在实际干预中针对处于不同行为转变阶段的来访者，重复的重点亦有不同。比如，对处在前意向阶段的来访者应重点重复“相关”；对处在意向阶段的来访者则应重点考虑“风险”和“收益”；对处在准备阶段的来访者则应重视“障碍”的存在和解决。

（三）动机式访谈法的干预机理

基于动机式访谈法的上述特点，再结合膜拜成员的心理与行为特征，可以说这是一种行之有效的干预方法。本研究以膜拜成员为对象，使用动机式访谈法，让成员主动意识到行为改变的意义，行为改变过程中可能存在的问题，以及行为改变可以带来的益处，最重要的是在干预中激发成员改变的动机，提高他们的自我效能感，才能促使其行为朝积极方向转化。

动机式访谈法针对膜拜成员进行干预的主要依据如下。

1. 动机式访谈法对于成瘾性心理障碍者有效

动机式访谈法发源于酒精依赖的治疗，在物质性依赖干预上取得了显著效果。有学者认为：“膜拜行为是一种心理性依赖，即指个体对某种行为、物质或组织存在心理渴望，个体必须从事某种活动才能获得心理的满足感。”① “心理性依赖同物质性依赖的成瘾机制相同，都是通过某种强迫的、习惯性的行为以满足需求。”② 因此，对于膜拜成员来说，同样可以尝试采用动机式访谈方法进行干预。

2. 动机式访谈法强调个体内在动机的决定性作用

动机式访谈法不同于其他咨询或治疗技术，它强调人的内在动机在行为改变中具有决定性的作用。如果在实际工作中采用一般性方法，成员缺乏转化动机或者是动机不强，即使转化也只是表面现象或者是应付性的改变，回归社会后很容易反复。因此，使用动机式访谈法对成员进行干预，重要的是提高其心理改变的动机。

3. 动机式访谈法强调咨访关系本身就具有治疗性

动机式访谈法借鉴人本主义理论，该理论认为在帮助过程中应该创设一

---

① ［美］丹尼斯·库恩：《心理学导论——思想与行为的认识之路》，邓刚等译，中国轻工业出版社 2004 年版，第 277—278 页。

② Rollnick S. R. , Heather N, Bell A. , “Negotiating Behavior Change in Medical Setting: the Development of Brief Motivational Interviewing”, *Journal Ment Health*, 1992, Vol. 1, pp. 25 – 37.

种以人为中心的氛围，让来访者感受到无条件的接纳和肯定，这种氛围有助于来访者态度的改变。膜拜成员在社会上较为孤立，许多人认为他们“怪异”“神经”“有病”，这种轻视会使其产生抵触情绪而不利于转化。而动机式访谈法所创设的无条件接纳则让他们感受到被尊重、被信任、被理解，从而愿意交往、愿意倾诉和宣泄，这种良好的咨访关系本身就具有治疗作用。

4. 动机式访谈法强调循序渐进地深入内心

动机式访谈法最重要的理论基础是行为转变理论，该理论认为行为改变不是一时突发的，而是一个渐变过程，个体在每个改变阶段都会有相应的心理变化。我们在实际帮助中发现，成员行为转变也不可能一次性完成，他们长期受到膜拜团体的精神控制，要实现真正转化需要一定的时间。动机式访谈法的针对性很强，在不同阶段采取不同的技术，最终通过激发成员内在动机帮助他们逐渐改变膜拜行为。

综上所述，采用实用性强的动机式访谈法对膜拜成员的心理—行为问题进行干预，可以有效促进其膜拜心理动机的转化，从而达到预防和减少犯罪行为之目的。

（四）动机式访谈法的实施程序

采取以下访谈流程：开场白—引入讨论（讨论膜拜行为相关话题，并对其感受表示理解，鼓励他们积极配合）—切入正题（针对膜拜心理和行为实施访谈）—结束语（总结此次干预效果，对成员进行正面肯定，提示他们下次参加干预活动的时间）。

1. 访谈准备

本研究运用动机式访谈干预技术，遵循自愿参与原则，在某市选取膜拜成员 16 人，按照人口学资料基本匹配的原则随机分为实验组和对照组，每组各 8 人。两组被试均接受《罗德岛大学改变评估量表》和《一般自我效能感量表》测量，签署知情同意书。实验组进行动机式访谈干预，对照组不做任何干预。为了保证干预效果，干预组和对照组在这段时间内不接受其他心理干预技术。

入组标准如下：

干预组：干预组主要探究动机式访谈法对膜拜成员心理问题的干预效

果。入组标准：①加入膜拜团体并热衷于活动，有散发传单、散布谣言、拉人入团等活动；②对教主极端崇拜，个人生活被控制，不顾家庭为教主捐赠钱物者；③个性有变化，拒绝以往的价值观，批评别人的价值观，认识功能局限者；④感情有变化，对家人和朋友情感淡漠，而对膜拜活动有病态的执着，一周参加活动10小时以上者；⑤无严重躯体疾病、精神疾病和阅读书写障碍者；⑥经本人知情同意并愿意配合者。干预组参加为期两个月的动机式访谈干预技术（具体流程见图4-2）。动机式访谈法采用一对一的形式，每周一次，每次40分钟，共7次，在操作过程中严格遵循四大原则：表达共情、化解阻抗、发展差异、激发自我效能；使用五大技术：开放性提问、反馈性倾听、肯定、概括和诱发改变性谈话。为了避免干预组和对照组成员之间的相互影响，干预之前与干预组成员签订保密协议。

对照组：在人口统计学匹配的原则下，选取8名膜拜成员作为对照组。对照组不接受动机式访谈干预，为了保证干预效果，严格控制其他变量的影响，两组成员在实验进行期间均不接受其他心理干预技术。

动机式访谈法干预流程如图4-2所示。

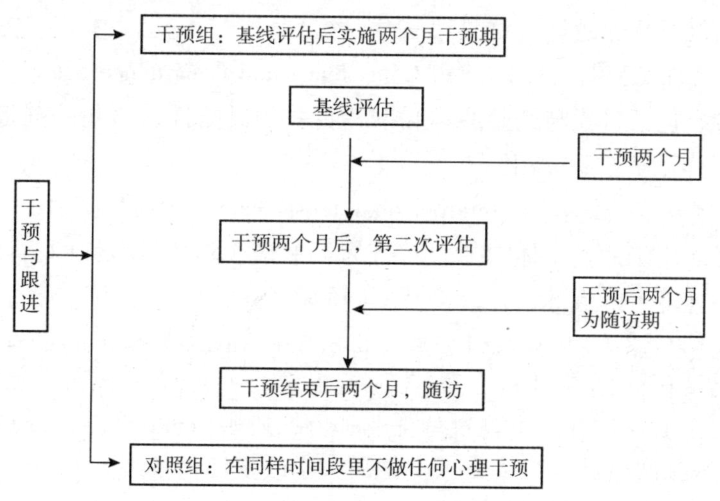

图4-2 动机性访谈干预流程

2. 研究工具

（1）《罗德岛大学改变评估量表》（University of Rhode Island Client Change Assessment Scale，URICA）

该量表由罗德岛大学教授 Mc Connaughy，Proehaska 及 Velicer 于 1983 编制。原量表有 32 个项目，包括四个分量表。本研究采用的中文修订版去掉了 5 个项目，剩下 27 个项目，分属 4 个分量表，分别用于评估行为改变的四个阶段：前沉思阶段（PC）；沉思阶段（C）；行动阶段（A）；维持阶段（M）。该量表采用 5 点计分法。分量表分数可评估个体在行为改变各阶段的准备性及动机水平，总分可用于评估个体对改变的整体准备性及动机水平。该量表具有良好的信度和效度。

（2）《一般自我效能感量表》（General Self-Efficacy Scale，GSES）

该量表由德国心理学家 Schwarzer 等人编制，我国学者王才康于 2001 年修订为中文版。量表共 10 个条目，用以测量个体遇到困难时的自信心。GSES 采用四级评分，得分越高则说明个体的自我效能感水平越高。经检验 GSES 信度和效度较高，内部一致性系数（a 系数）为 0. 87，重测信度为 0. 83，分半信度为 0. 82。

（3）《自测健康评定量表》（Self-rated Health Measurement Scale，SRHMS）

该量表测量生理健康、心理健康、社会健康三个方面内容，量表得分越高说明健康状况越好（详见第三章介绍）。

（4）《自我和谐量表》（Self Consistency and Congruence Scale，SCCS）

该量表包括自我与经验的不和谐、自我的灵活性、自我的刻板性 3 个分量表（详见第三章介绍）。

（5）《际信任量表》（Interpersonal Trust Scale，ITS）①

该量表用于测量个体对他人的行为、承诺或陈述可靠性的估计，内容包括多种处境下的人际信任，涉及不同的社会角色（详见第三章介绍）。

（6）《状态—特质焦虑量表》（State-Trait Anxiety Inventory，STAI）

该量表共有 40 个项目，前 20 项为状态焦虑量表（S-AI），后 20 项为特质焦虑量表（T-AI），分数越高反映个体状态或特质焦虑程度越高（详见第三章介绍）。

3. 访谈程序

（1）第一单元：建立关系

动机式访谈法有一条重要的假设，即关系假设。该假设认为，若咨询

① 汪向东主编：《心理卫生评定量表手册》，《中国心理卫生杂志》1999 年增订版。

者在干预中创设一种无条件接纳的氛围，那么咨访关系就容易形成，良好的咨访关系本身就具有治疗效果，它有助于来访者改变行为。因此，动机式访谈法非常重视建立相互信任的咨访关系，以平等身份对待成员，并耐心倾听他们的叙述。

①开场白

咨询者向成员说明此次干预目的，征得他们同意和积极配合。由于长期受到精神控制，成员的戒备心理很强，不愿意对陌生人倾诉心声。在访谈中要善于表达共情，建立良好的关系。可以使用言语或躯体语言，如目光、身体姿态、面部表情等表达共情和理解，咨询者与成员一同思考而不代替他们思考，营造一种安全和谐的访谈氛围。

②引入讨论—介绍理论

咨询者在干预过程中会提及动机式访谈法的相关术语，为了使成员容易理解，先简要介绍该方法的相关知识。在介绍时要尽量客观，不要夸夸其谈，不要对成员有所误导，使他们产生反感情绪，从而影响行为改变的动机。

③切入正题—订立契约

为了保证干预的顺利进行，避免干预组和对照组相互影响，需要和干预组成员订立共同契约，主要包括守时、保密、积极参与等，并且要求干预组成员在接受动机式访谈干预期间，不得与其他成员交流、不得透露干预内容和信息。

④结束干预—基线评估

本研究的干预对象只有8名，为小样本实验。在实施动机式干预之前，对所有成员进行问卷调查，了解他们对膜拜行为转化的心理准备、动机水平以及自我效能感。基线评估是实施干预的基础，在此基础上才能进行针对性的心理干预。

（2）第二单元：介入期

动机式访谈法主要分为四个阶段：介入期、评估期、干预期和评价期。[①] 本研究参考这种方式。此次干预目标主要是了解成员的相关背景信

① Swanson A. J., Pantalon M. V., Cohen K. R., "Motivational Interviewing and Treatment Adherence among Psychiatrically and dually Diagnosed Patients", *Journal of Nervous and Mental Disease*, 1999, Vol. 187, No. 10, pp. 630 – 635.

息，并逐渐将干预焦点集中在“为何不愿意改变膜拜行为”这一问题上。

①开场白—放松训练

首先，教给成员放松情绪的方法：深吸一口气，然后屏住呼吸，心中默数1至5，接着慢慢地把气呼出，直到全部呼尽为止，反复3次。呼吸放松法主要是针对成员的紧张情绪而设定，这种简单易行的放松技术有助于缓解紧张情绪。

②引入讨论—了解背景

通过共情、开放式提问、反馈性倾听等技术，全面了解成员的背景资料，便于为以后的行为改变寻找途径。重点了解成员加入膜拜团体的原因以及目前的主观感受。咨询者在此过程中严格遵守动机式访谈的原则，对成员表示尊重和理解，不对其进行道德评判，要让被压抑的自我得以释放。

③切入正题—认识“相关”

此次干预的目标是促进成员认识自己的心理问题与膜拜行为紧密相关，使用的具体技术为开放式提问与引导性谈话，如询问“你觉得是什么造成自己目前的处境”“能不能具体谈谈”等，这些话语促进成员进行自我分析。还可以使用“你觉得自己是怎么样的人”“别人眼中的你是什么样的人”等，引导成员进行自我探索。一方面促进他们对自我的认识，另一方面了解他们存在的矛盾，为以后的行为转变做好信息准备。

④结束干预—概括与鼓励

干预结束时，使用“概括”技术，首先将成员提供的信息整合后反馈给他们，特别是“相关”部分；其次向成员澄清目前的困境与膜拜行为有关；最后，使用“肯定”技术，对他们敢于进行自我分析、大胆面对问题的情况加以鼓励。同时，给成员布置家庭作业，建议他们思考下一步干预应该如何进行，才能在更大程度上得到改变。

示例：在切入正题环节，一些成员并没有意识到自己存在的问题，依然坚持自己的信仰。咨询者通过开放性提问技术，引导他们认识自己的矛盾心理。比如，一位成员坚信“练功”不但能“消业治病”，还能“学会做好人”，最后能走向“圆满”。咨询者询问：“为什么你会这样认为？”他并不能直接回答问题，而是反复强调一定是这样。咨询者再询问“能具体说说吗？”他就会顾左右而言他，这种矛盾心理正是使用动机式访谈的切入点。

实练：通过提问去探索动机、情绪与膜拜行为之间关系的方法

• 你最近有过焦虑和不安吗？（考证是否存在心理症状）
• 你希望得到缓解，更好的工作，是吗？（探索转化的欲望）
• 你有欲望和焦虑，这是心理存在的两个方面，人人都有啊。（提示心理活动的两面观，将膜拜焦虑向正常焦虑转化）
• 你是不是觉得如果没有焦虑情绪的话，会一身轻松？（自然地顺应自己，将成员引向建设性方向）
• 请你告诉我，你为什么焦虑好吗？（探查原因、发泄、释放）
• 请你跟着我一起做一下放松活动好吗？（形成对抗焦虑的生理心理模式，提升转化动机和适应水平）
• 如果给你配合一点儿其他的锻炼方法，你愿意吗？（让转化的欲望在现实中得到强化、自信）
• 请你完成一些简单的作业可以吗？（引导注意力和兴趣向外界扩展）

（3）第三单元：评估期

①开场白—放松训练

示范练习，教会成员渐进式放松法。“以最舒适的方式坐好，像我这样，握紧右手，感受右手和右前臂的紧张，停一会儿，放开拳头，放松右手，右手变得柔软。”按照这种方法依次放松以下肌肉群：拳头、手腕、手臂、肩部、面部、头颈部、背部、胸部、腹部、腿部和脚部，最后全身放松，在心里从1数到20，睁开眼睛。最后，评估放松程度，0代表完全放松，5代表极度紧张，询问成员放松的感觉。这一环节主要是缓解成员的焦虑情绪，使身心处于舒适状态。

②引入讨论—重复“相关”

首先反馈家庭作业，让成员说出希望得到的帮助，很多成员希望得到他人理解，这从侧面说明以动机式访谈法形成的咨访关系有益于帮助成员，然而也反映出部分成员的固执，他们还是不愿意改变自己的行为。因此，再次强调“相关”，即让成员认识到目前处境与膜拜行为之间的关系。采用的技术手段是开放式提问，引导成员进行自我探讨，以便于发现矛盾之所在。

③切入正题—评估“益处”和“风险”

这一环节主要是为了帮助成员分别评估当前行为和改变行为带来的益

处和风险。当成员开始意识到目前处境与膜拜行为密切相关时，继而引导他们评估益处和风险，使用的具体技术为绘制代价/收益分析图（如图4－3）。①代价/获益分析图由咨询者和成员共同完成，运用开放式提问、肯定等技术，鼓励成员详尽、全面考虑改变带来的后果并绘制成图。只有当改变行为带来的获益大于代价时，才有可能改变当前行为。这一环节帮助成员更加清楚认识目前状态和期望状态，有助于增强行为改变的动机。此时要注意两点，一是尊重成员的感受；二是鼓励他们全面考虑改变所带来的益处。

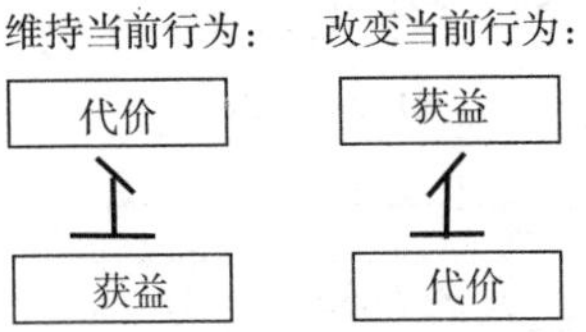

维持当前行为：	改变当前行为：
代价	获益
获益	代价

图4－3　代价/获益分析

④结束干预—概括、鼓励

干预结束时，使用“概括”技术，将膜拜成员绘制的代价/获益图再次反馈给他们，并总结此次干预取得的成果，再一次鼓励成员思考改变行为带来的益处。最后，布置家庭作业。复习巩固渐进式放松训练，建议每日放松1至2次，严格按照顺序进行放松。

（4）第四单元：干预期

①开场白—放松训练

首先，反馈家庭作业。让成员自行渐进式放松，咨询者予以指导和纠正动作。我们在研究中发现，一些成员具有较高的特质焦虑，让其学会放松方法，十分有助于缓解焦虑情绪，进而改善焦虑的人格特征。

②引入讨论—重复评估“益处”和“风险”

在第三次干预的基础上，重复评估益处和风险。主要采取开放式提问和肯定技术，为成员提供一种无条件接纳的氛围，鼓励他们说出平时不敢说的话，这些话往往是其内心的真实写照。咨询者可以充分了解成员不愿改变的原因所在，从该原因出发，引导他们行为改变的动机，并引导他们评定改变的重要性，探讨是什么因素促使的改变。

③切入正题—诱发性谈话

这一环节是为了进一步鼓励成员改变问题行为，引导他们改变目前的

① ［美］科米尔、葆拉：《心理咨询师的问诊策略》，张建新等译，中国轻工业出版社2009年版，第603页。

思维方式，启发他们认识到思维模式不是一成不变的，当事情陷入困境时，如果换一个角度思考，也许会出现意想不到的结果。

④结束干预—概括、鼓励

干预结束时，使用“概括”技术，将此次成员积极的变化反馈给他们，并表达对后面行为改变的期待。最后，布置家庭作业。鼓励成员学会使用诱发性谈话，当出现消极思想时尽量使用诱发性谈话，以便于找出积极方面的内容。

示例：在进行益处和风险的评估时，有些成员即使认识到改变膜拜行为会带来益处，也不愿意改变，造成这一现象的原因是他们缺乏行为改变的自我效能。一些成员反映：“我已经这样了，我真的不知道自己是否还能改变下去”或“我现在无法做出决定，以后再说”。对此，可以引导他们变换一种思维方式。比如：“你正站在十字路口，正在考虑自己以前选择的路线也许不合理，需要换一条路线去尝试一下”，或者“你是一个非常谨慎的人，在做决定之前会考虑周全的”。这种诱发性谈话可以引导成员看到事情积极的方面，提高其行为改变的效能感，同时对成员进行积极鼓励。

（5）第五单元：干预期

①开场白—放松训练

此次干预教给成员想象放松法。让成员以舒服的姿势坐好，闭上眼睛，按照以下步骤进行放松：首先放松身体每部分肌肉；想象一个令自己高兴或自己喜欢的场景，如大海或草地；想象自己身处该场景中，内心充满宁静美善；想象自己逐渐融入美丽的环境，成为场景的一部分，尽量保持内心宁静和轻松的感觉，然后想象景象渐渐远去；做好准备后睁开眼睛，回到现实。询问成员的感受，评估放松程度，并可以作以下询问：“从0到5的刻度尺中，0代表完全放松，5代表非常紧张，你现在的感觉是几度?”“刚才的过程对你来说是容易还是困难?”这种想象放松法与之前的呼吸放松、肌肉渐进式放松法一样，都是经常使用的放松方法。

②引入讨论—如何改变

此阶段是成员进入行为的改变阶段，主要内容是探讨行为改变的途径，制订行为改变的计划。咨询者采用开放式提问，与成员共同探讨膜拜行为改变的途径，并对成员提出的方法进行评估。此阶段要注意，不能代替成员做决定，而是诱发他们进行自我探索，提出解决问题的可能性方法。

③切入正题—制订改变计划

探讨改变的途径，咨询者与成员共同制订行为改变的计划，让他们进行自我设计，同时商定奖励措施。

自我设计：鼓励成员设计一个塑造自己一周的方案，内容包括："我目前的行为是什么状态？怎样改变这种行为？""我对焦虑情绪的控制怎样，怎样通过放松控制焦虑情绪？""我怎样关心他人，与人和谐相处？""我目前是什么状态，我想要达到什么状态？"等等。要求计划设计尽量详细，咨询者可以使用开放式提问，帮助成员澄清问题，进行自我探索，最终确定改变的计划方案。

商定奖励措施：在自我设计的同时，咨询者与成员共同商定奖励措施。这一环节是为了促使成员行为改变，而制订切合实际的奖励方案。若成员遵守行为改变的计划，则满足其合理要求。需要注意的是在制订计划过程中尊重成员，开放式提问与概括技术共同使用，引导成员进行自我思考。

④结束干预—概括、鼓励

干预结束时，咨询者使用"概括"技术，将此次制订的行为改变计划反馈给成员，并且表达信任和期待。最后，布置家庭作业。鼓励成员遵守行为改变的计划，并且做好每日记录以备自我督促。

（6）第六单元：评价期

①开场白—放松训练

使用想象式放松法引导成员进入放松状态。具体步骤如下：引导成员闭上眼睛自由呼吸；想象穿越到两年之后，看到两年后的自己，尽可能详细描述自己的生活和工作状态；采用开放式询问，有什么事件或场景让自己体会到积极情绪？保持这种积极情绪环顾四周，看清楚自己和谁在一起，自己在做什么，周围的人们在说什么？集中精力于自己看到的、听到的和感受到的细节，仔细感受这种让自己松弛的状态。这种特殊的想象放松方法，让成员了解自己希望达到的状态，从中获得积极力量，增加行为改变的效能感。

②引入讨论—评估"问题"

检查成员的家庭作业，对遵守计划的行为予以嘉奖，对没有遵守计划的行为也予以理解，这是动机式访谈表达共情的原则之一。采用开放式谈话，探讨成员没有遵守计划的原因，鼓励他们说出原因。具体技术有“展望”和“关键问题提问”。“展望”是引导成员想象继续保持膜拜行为或改变膜拜行为，未来分别会是什么样子？该技术和开放式提问、反馈式倾听共同使用效果会更好。而“关键问题提问”在引导成员思考时可以使用，比如询问成员：“对于改变行为，你担心哪些事情或哪些人？”通过关键性提问，澄清并帮助成员解决可能遇到的问题。

③切入正题—如何克服

此时，成员已经处于行为改变阶段，出现膜拜行为反复或者阻抗行为是常见现象。动机式访谈把阻抗看作是改变过程中自然出现的现象，如果帮助过程中出现阻抗应该尽量绕开，而不直接与阻抗硬碰硬。绕开阻抗并不代表忽略阻抗，动机式访谈法解决阻抗的技术包括：一是询问成员的矛盾问题，找出问题要点；二是寻找现有问题的例外情况（如过去成功的经验），并把这些例外反馈给成员；三是重构，这是一种处理阻抗的重要方法，将成员提供的负面信息重新建构，找到新的意义并做出合适的解释。咨询者指导成员列出可能遇到的困难，再一一探讨可能的解决办法，最后共同制订可以操作的“问题—改变计划表”。

④结束干预—概括、鼓励

干预结束时，概括此次干预内容，将成员的变化反馈给他们，再次重复“问题—改变计划表”，表达对克服困难的期待。最后，布置家庭作业，鼓励成员在遇到困难时按照计划表执行并做好行为记录。此阶段是膜拜行为转化的重要时期，不能操之过急，若成员出现行为反复，则返回到上述阶段，重复相关内容。

（7）第七单元：结束干预

①开场白—放松训练

指导成员选择自己喜欢的方式进行放松，呼吸放松法、肌肉放松法或想象放松法都可以，让成员熟练掌握一种放松方法。咨询者在此过程中只是起陪伴作用。

②引入讨论

首先，检查家庭作业。结合前两周制订的“自我设计一周计划”及“问题—改变计划表”，让成员主动分析在实际改变中遇到的不适和取得的成果。咨询者采用“概括”技术回顾整个干预过程，将成员取得的成就反馈给他们。随后，让成员自己列出有哪些改变的行为表现。

③切入正题

通过“开放式提问”，让成员说出整个干预过程中的体会和感悟，咨询者肯定他们的努力和成长，鼓励在以后继续保持干预效果，彻底远离膜拜团体，能够很好地适应社会生活。

④结束干预—概括、鼓励

干预结束时，总结整个干预过程，重复“相关”“益处”“风险”等部分内容，强调共同制订的行为改变计划，最后使用问卷调查法和访谈法进行后测，以检验动机式访谈法的干预效果。

（8）第八单元：随访

结束干预两个月后，对成员进行随访，通过深入访谈法或心理测评法进行干预效果的评估。

4. 访谈评估

本研究采用多种评估方法进行分析，以判定动机式访谈法用于膜拜问题干预的效果和价值。

（1）采用标准化量表进行前后测比较

使用《罗德岛大学改变评估量表》《一般自我效能感量表》《自评健康评定量表》《自我和谐量表》《人际信任量表》《状态—特质焦虑量表》，进行动机式访谈干预前和干预后的比较，并采用 SPSS16.0 进行分析统计。

（2）成员参加干预后的自我评估

干预结束后，成员自评心理健康状况、动机水平以及行为改变情况。

（3）后期跟踪反馈效果

在动机式访谈干预结束两个月后，对成员进行追踪评估，通过观察其认知方式、情绪状态、行为表现、人际关系和他人评价等方面进行效果评估。

（五）动机式访谈法的效果分析

1. 动机式访谈法能够改善膜拜成员的行为动机

本研究在进行动机式访谈之前，对成员行为改变动机和一般自我效能感进行测查，发现其动机水平较低，处于动机改变的前意向阶段和意向阶段，同时自我效能感也较低。处于前意向阶段的成员还没有意识到自己是有问题的，缺乏行为改变的动机；处于意向阶段的成员开始意识到自己存在的问题，考虑改变但还没有实际行动。经过动机式访谈之后，干预组有6名成员进入行为改变的阶段，他们不仅想要改变，而且开始下定决心采取行动了。

由表4－1可知，在进行动机式访谈前，干预组有5名成员处于前意向阶段，占62.5%；3名处于意向阶段，占37.5%。而对照组分别有4名成员处于前意向阶段和意向阶段。经动机式访谈干预之后，干预组只有1名处于前意向阶段，占12.5%；1名处于意向阶段，占12.5%；剩余6名均处于行动阶段，占75.0%。而对照组成员行为改变的阶段没有变化。进一步卡方检验结果显示，进行动机式访谈之后，干预组处于行动阶段的人数显著多于对照组（$\chi^2 = 3.571$，$p < 0.05$），其他条件下则没有显著差异（见表4－1）。

表4－1　　干预组、对照组的动机变化比较分析

阶段划分		干预组	对照组	χ^2
前意向阶段（≤8）	前测	5（62.5%）	4（50.0%）	0.111
	后测	1（12.5%）	4（50.0%）	1.800
意向阶段　（8—11）	前测	3（37.5%）	4（50.0%）	0.705
	后测	1（12.5%）	4（50.0%）	1.800
行动阶段（11—14）	前测	0（0.00%）	0（0.00%）	3.571*
	后测	6（75.0%）	0（0.00%）	

注：* 表示 $p<0.05$。

干预组、对照组成员行为改变的动机，在前测的基线水平上不存在显著差异；进行动机式访谈后，干预组和对照组成员行为改变的动机存在显著差异，干预组成员动机显著高于对照组（$t=3.907$，$p<0.01$）；对干预组的调查发现，其成员经过动机式访谈后动机水平显著提高（$t=-4.447$，$p<0.01$），而对照组成员动机水平没有显著变化（见表4－2）。

表 4-2　　膜拜成员干预前后的动机比较分析

		干预组	对照组	t
行为改变评估量表	前测	6.23 ±2.81	7.38 ±2.64	-0.846
	后测	12.18 ±2.40	7.50 ±2.39	3.907 **
	t	-4.447 **	-0.684	

注：** 表示 $p<0.01$。

2. 动机式访谈法能够改变膜拜成员的心理—行为方式

（1）前意向阶段

前意向阶段，成员通常没有意识到自己存在的问题，仍然依恋膜拜团体，认识上也存在偏差。成员的典型表现是不愿意面对现实、认同膜拜身份、不认同任何帮助、不接受当前生活环境；情感冷漠、焦虑、易激惹；沉默寡言、自我封闭、难以沟通、公开表示抵触，等等。这个阶段，成员是在被动的情况下接受转化教育，并没有从内心产生改变的动机。

（2）意向阶段

在意向阶段，成员逐渐意识到问题的存在，他们开始知道膜拜行为给自己带来的危害，如大部分成员都提到，沉迷膜拜给家庭带来很多不幸，耽误了孩子学习、影响了自己工作、辜负了父母期望等。此时，这些人内心存在强烈的冲突，既希望摆脱膜拜团体而又顾虑重重，其典型表现是行为反复多变、情绪焦虑不安。

（3）准备阶段

成员逐渐愿意采取一些实际行动来解决问题，能够主动寻找和接受帮助，愿意接受所制订的心理转化计划等。

（4）行动阶段

该阶段的成员已经具备行为转化的动机和自我效能感，他们开始用实际行动证明自己已经开始转化。比如，他们的情绪积极起来、能接受一些其他信息、主动写一些有认识意义的材料。

（5）维持阶段

此阶段，成员行为的改变还不够稳定，大部分人会出现膜拜行为的反复，他们需要更强的动机来维持这种改变。多数成员都希望得到咨询人员、家人和朋友的理解与支持。

3. 动机式访谈法能够提高膜拜成员的自我效能感

成员在开始接受干预时，存在强烈的心理矛盾和冲突。一方面，他们已经意识到膜拜行为所带来的危害，希望有所改变。另一方面，又恐惧改变带来的不确定性以及可能的风险，如害怕报复和惩罚等，如果此时出现一些不适反应，如失眠、焦虑、躯体疾病或发生一些意外事件，就会进一步加剧他们的心理恐惧。这说明他们的自我效能感还不够强，动机式访谈法就是要提高成员的自我效能感以解决问题。

本研究在前测的基线水平中，干预组和对照组的一般自我效能感没有显著差异；进行动机式访谈后，干预组成员自我效能感显著高于对照组（$t=2.490$，$p<0.05$）。分析发现，经过动机式访谈后，干预组成员的一般自我效能感显著提高（$t=-4.744$，$p<0.01$）；而对照组没有显著变化。这一结果说明，动机式访谈有助于提高成员改变行为的自我效能感。自我效能感是关系到现有膜拜行为能否成功改变的一个重要因素（见表4－3）。

表4－3　膜拜成员一般自我效能感的前、后测比较

		干预组	对照组	t
一般自我效能	前测	26.50±6.85	27.00±3.30	−0.186
	后测	31.88±4.02	27.50±2.93	2.490*
	t	−4.744**	−0.552	

注：* 表示 $p<0.05$，** 表示 $p<0.01$。

本研究认为，动机式访谈法提高成员自我效能感的原因如下。

（1）动机式访谈法体现了人本主义观念

膜拜成员不管是在家庭还是在社会环境中都不被理解，他们被认为是“怪异”和“痴迷”，对其行为表示否定。而动机式访谈法在实际操作中，使用“共情”和“肯定”，创设一种无条件被接纳的氛围，在干预过程中充分理解成员，尊重其诉说的主观感受。这种表达的共情和肯定正是成员最需要的心理支持，提升了他们的自我效能感。

（2）动机式访谈法提高了行为改变的认知动力

动机式访谈法是一种通过发掘和解决心理矛盾，来帮助成员寻找和建立行为改变内在动机的方法。动机式访谈法基于认知理论的观点，帮助成员认识不良认知与膜拜行为之间的关系，帮助成员领悟自己追求的价值、信念与行为之间存在的矛盾之处，若继续从事膜拜行为便不能实现所追求的价值。成员在提高认识能力之后，才有可能从心理矛盾中走出来，建立行为改变的内在动机，向着正确行为的方向发展。

（3）动机式访谈法提高改变行为的益处

我们在动机式访谈法实施过程中，询问成员膜拜行为带来的风险以及改变行为带来的益处，让成员认识到改变与否的意义。咨询者只是引导和帮助，成员在整个干预过程中都是自觉思考和主动表达。这样，通过成员独立主动思考而产生的改变让他们增加信心，从而进一步促进行为向积极方面改变的自我效能感。

（4）动机式访谈法的“概括”技术利于接受

在整个干预过程中使用“概括”技术，将成员取得的进步及时反馈给他们。对于一些成员来说，有关机构考察其行为转化与否，是通过写“承诺书”来认定膜拜行为的转化。而动机式访谈法一直是在积极地概括成员所取得的进步并反馈给他们，让他们了解自己取得的成绩，从而增加行为改变的积极性和效能感。

4. 动机式访谈法能够矫正膜拜成员的心理问题

（1）动机式访谈法可以改善成员的心理健康水平

本研究显示，干预组和对照组成员在前测的基线水平上，自评健康总分及各因子没有显著差异。经过动机式访谈后，干预组成员在自评健康总分及各因子上得分显著提高（$t=-3.843$，$p<0.01$；$t=-4.277$，$p<0.01$；$t=-3.105$，$p<0.05$；$t=-5.114$，$p<0.01$）；他们在心理健康、社会健康和自评总分上显著高于对照组（$t=3.650$，$p<0.01$；$t=3.029$，$p<0.05$；$t=3.656$，$p<0.01$），而对照组成员前、后测没有显著变化。这说明动机式访谈确实可以改善成员的心理健康水平（见表4-4）。

表 4-4　　膜拜成员自评健康各因子前、后测比较

		干预组	对照组	t
生理健康	前测	114.75 ± 18.51	120.12 ± 26.96	-0.465
	后测	130.38 ± 11.89	121.75 ± 19.93	1.051
	t	-3.843**	-0.314	
心理健康	前测	90.75 ± 9.46	91.75 ± 24.26	-0.003
	后测	120.00 ± 8.40	91.53 ± 20.42	3.650**
	t	-4.277**	-0.287	
社会健康	前测	77.88 ± 10.15	83.38 ± 11.57	-0.670
	后测	96.38 ± 9.35	83.50 ± 7.56	3.029*
	t	-3.105*	-0.056	
总分	前测	310.62 ± 19.82	324.02 ± 32.57	-0.503
	后测	377.50 ± 19.46	326.25 ± 34.54	3.656**
	t	-5.114**	-0.281	

注：* 表示 $p < 0.05$，** 表示 $p < 0.01$。

（2）动机式访谈法激发成员内在力量促进自我和谐发展

对成员自我和谐调查发现，干预组和对照组自我和谐各因子前测的基线水平不存在差异；通过动机式访谈之后，干预组成员的自我与经验不和谐项目得分显著低于对照组（$t = -2.707$，$p < 0.05$），这说明动机式访谈有助于提高成员的自我和谐水平（见表4-5）。

表 4-5　　膜拜成员自我和谐各因子前、后测比较

		干预组	对照组	t
自我与经验的不和谐	前测	51.63 ± 6.99	46.63 ± 7.23	0.766
	后测	38.75 ± 7.11	46.88 ± 4.64	-2.707*
	t	3.363**	-0.084	
自我的灵活性	前测	41.88 ± 4.94	42.50 ± 3.83	-0.283
	后测	41.25 ± 5.12	42.13 ± 3.56	-0.397
	t	2.376*	1.426	

续表

		干预组	对照组	t
自我的刻板性	前测	23. 50 ±4. 34	22. 00 ±4. 31	0. 693
	后测	17. 75 ±2. 12	21. 13 ±4. 62	-1. 881
	t	5. 675***	1. 825	

注：*p 表示<0. 05，** 表示 $p<0.01$，*** 表示 $p<0.001$。

机理分析：膜拜成员的自我和谐水平处于较低分值，他们对自己的认识不客观，其自我的三个部分：现实自我、理想自我和社会自我存在不一致的倾向。理想的自我是追求“圆满”“灵魂永存”和“进入天国”，而现实的自我并没有达到这种境界，他们固执、不易变通，坚信自己的“信仰”并依恋于膜拜团体。当他们在实际生活中因为“信仰”遭到亲人不理解、社会不认同等挫折之后，这些现实经验与其自我概念不一致而发生冲突，但他们又不愿意改变并刻板坚持，这种矛盾冲突使成员体验到自我与经验之间的差距，感到内心紧张而出现不和谐状态。动机式访谈法正是从这种矛盾入手，帮助成员认识到矛盾并努力加以解决。人本心理学家罗杰斯（Rogers）认为：“如果对个体进行无条件积极关注，个体就可以在自然情境中形成和谐的自我概念。”① 动机式访谈法对成员的“共情”与“肯定”，为成员创造了无条件积极关注的情境，激发他们内在力量，促进他们自我与经验的和谐。

（3）动机式访谈有助于提高人际信任水平

本研究对膜拜成员人际信任调查发现，干预组和对照组成员在前测的基线水平上，人际信任没有显著差异，而经过动机式访谈之后，干预组成员人际信任总分显著提高（$t=-4.744$，$p<0.01$），其人际信任得分显著高于对照组（$t=2.756$，$p<0.05$）。而对照组成员前、后测都没有显著变化，由此说明动机式访谈法有助于提高成员的人际信任水平（见表 4-6）。

① Prochaska J. O. , lemente C. C. , Norcross J. C. , “In Search of how People Change: Applications to Addictive Behaviors”, *Am Psychology*, 1992, Vol. 47, pp. 1102-1114.

表4－6　　膜拜成员人际信任前、后测比较

		干预组	对照组	t
人际信任总分	前测	72.25 ± 12.67	72.00 ± 12.96	0.039
	后测	83.00 ± 5.29	73.63 ± 8.03	2.756**
	t	－4.744**	－0.552	

注：** 表示 $p<0.01$。

机理分析：人际信任反映个体与他人之间的相互信任，大部分学者都将人际信任看成一种普遍的心理功能，将其与易受伤害性、不确定性等特征联系在一起。“人际信任程度高的个体在交往中表现出更多的信任行为，也容易得到他人信任，因此更容易产生合作行为。”① 学者米勒（Miller）认为：“在动机式访谈过程中，咨询师与来访者良好的沟通与合作，是提高来访者人际依从性的可能原因之一。”② 多数研究表明，社会支持是人际信任的重要影响因素，个体得到的社会支持越多，人际信任就越高。动机式访谈法给成员提供了良好的心理支持，他们得到了在之前很少能得到的理解、尊重和关爱，这是该方法有助于提高成员人际信任水平的有效途径之一。

（4）动机式访谈法有助于缓解焦虑情绪

干预组和对照组成员在前测的基线水平上，状态焦虑和特质焦虑均没有显著差异；而在经过动机式访谈之后，干预组成员的状态焦虑得分显著降低（$t=2.733$，$p<0.05$），即干预组成员状态焦虑得分显著低于对照组（$t=-2.543$，$p<0.05$）（见表4－7），特质焦虑项目则没有显著变化。而对照组成员在状态焦虑和特质焦虑项目上的前、后测均没有显著变化。

---

① Kurt D. Michael, Lisa Curtin, Dale E. Kirkley, and Dan L. Jones, “Group-Based Motivational Interviewing for Alcohol Use Among College Students: An Exploratory Study”, *Professional Psychology: Research and Practice*, 2006, Vol. 37, No. 6, pp. 629－634.

② Rogers, C. R., *A Theory of Therapy*, *Personality and Interpersonal Relationships as Developed in the Client-centered Framework*, New York: Mc Graw-Hill, 1959, pp. 184－256.

表 4 -7　　膜拜成员状态—特质焦虑前、后测比较

		干预组	对照组	t
状态焦虑	前测	46. 13 ±10. 67	46. 88 ±4. 97	-0. 180
	后测	42. 13 ±6. 99	46. 38 ±3. 42	-2. 543*
	t	2. 733*	0. 280	
特质焦虑	前测	51. 88 ±8. 08	46. 88 ±6. 88	1. 333
	后测	47. 75 ±4. 83	44. 88 ±4. 29	1. 258
	t	2. 146*	0. 569	

注：* 表示 $p<0.05$。

研究发现，成员存在特质焦虑，而动机式访谈法并没有降低其特质焦虑。分析原因多考虑为：本次干预仅有 7 次，时间较短，特质焦虑是一种固有的人格倾向，在短时间内难以改变。而状态焦虑则具有情境性，动机式访谈法降低了成员的戒备心理，在干预中所创设的无条件积极关注降低了他们的状态焦虑。虽然动机式访谈没有显著降低成员的特质焦虑，但显著降低了其状态焦虑。心理学家斯皮尔伯格（Spielberg）认为："当个体始终处于一种危险环境中时，状态焦虑就会转化为特质焦虑。"① 对于膜拜成员而言，动机式访谈法缓解了其状态焦虑，继而防止状态焦虑转化为特质焦虑。由此认为，动机式访谈法对于降低成员特质焦虑也具有一定意义，若将动机式访谈法持续进行，可能会出现由量变到质变的情况，由缓解成员状态焦虑直至缓解他们的特质焦虑。

5. 动机式访谈法的效果评估

参与本次动机式访谈的成员共有 8 名，除了接受与对照组同样的问卷评估外，还采用自编《干预效果反馈表》进行效果的自我评估，评估反馈情况如下（见表 4 -8）。

① Spielberger, C. D., Gorsuch, R. L., Lushene, R. E., *Manual for the State-trait Anxiety Inventory*, Palo Alto, Califomia: Consulting Psychologist Press, 1970.

表 4-8　　膜拜成员干预效果反馈表

项目	自我了解	人际信任	情绪控制	行为改变	总体满意度
有所改善	7（87.5%）	5（62.5%）	7（87.5%）	7（87.5%）	7（62.5%）
没有改善	1（12.5%）	3（27.5%）	1（12.5%）	1（12.5%）	1（12.5%）
χ^2	4.500*	2.000	4.500*	4.500*	4.500*

注：* 表示 $p<0.05$。

通过自我评估反映，大部分成员对此次干预效果满意，总体满意度为62.5%，且差异显著（$\chi^2=4.500$，$p<0.05$）。他们认为此次干预对于了解自己、缓解焦虑情绪和改变行为方式都有明显改善。可见，动机式访谈法无论是对于成员的内部动机改变，还是对于膜拜行为的改变都具有显著效果，能够有效提高成员的转变动机，对于他们转化有积极作用。动机式访谈法引导成员改变，这是一个内在的改变，它与强制性教育转化明显不同，它是从成员的内部动机入手，能有效降低膜拜行为的发生率。

（六）动机式访谈法的个案举例

一例成员焦虑问题的实施方案。

1. 膜拜成员背景资料

李某，女，56 岁，汉族，大专学历，育有一子一女，夫妻感情和睦，家庭经济状况良好，家族无精神病史。1998 年加入某膜拜团体，参加膜拜活动十分活跃。

2. 咨询者观察印象

李某思维清晰，内向羞怯，情绪较低落，非常渴望回归社会正常生活，同时又不能调整好心态，不知道如何去做，担心他人不理解、不接纳自己，担心不能很好适应社会生活，情绪处于焦虑状态，每天都在毫无理由地担忧自己可能会发生这样或那样的不幸。

根据李某主诉、观察和问卷测量结果（见表 4-9），诊断她存在焦虑心理问题。

表 4－9　　李某自测健康、自我和谐、人际信任、状态—特质焦虑测验结果

项目	内容	前测	后测
自测健康	生理健康	91	127
	心理健康	100	135
	社会健康	68	94
	自评总分	280	381
自我和谐	自我与经验的不和谐	41	33
	自我的灵活性	32	41
	自我的刻板性	21	15
人际信任	人际信任总分	58	87
状态—特质焦虑	状态焦虑	55	36
	特质焦虑	51	49
	URICA－R	6.36	12.11
	一般效能	8.82	13.36
	所处阶段	沉思阶段	行动阶段

3. 干预过程

第一次：建立关系

（1）李某陈诉

自己在加入膜拜团体之前一直受到颈椎病、腰椎间盘突出、妇科病等疾病困扰。原本是税务局的会计，工作压力大，与同事关系不融洽。从小父母对自己要求严格，接触的人也简单，性格一直很内向。工作后不太适应单位复杂的人际关系。家庭和睦，但丈夫工作很忙，获得的情感支持很少，退休后觉得时间难以打发，通过朋友介绍加入某团体，希望可以去除身体疾病。进入膜拜团体后，发现好多人也是因为身体不好而加入的，大家有共同语言，相互信任，感情纯粹，在这个团体中得到了情感支持。通过几年的练习，感觉能更加深入地认识自己、理解别人，与同事的关系也缓解了，而且颈椎病等也得到了缓解。最初丈夫很支持自己，但看到电视上关于取缔该膜拜团体的报道后，极力反对自己再参加该团体的活动，但自己认为所练的功和电视上的报道不一样，因此不顾家人反对一直坚持，而且也听从“上面”安排参加了一些活动。

（2）澄清干预目的

结合问卷调查结果，李某处于行为改变的意识阶段，她已经有改变的念头，但是害怕行为改变带来的未知因素，也不知道如何改变。咨询者针对李某的状况共同澄清此次干预目的：第一，帮助李某缓解焦虑、恐惧情绪；第二，提高自我效能感；第三，制订行为改变的具体方法，为回归社会正常生活做好心理准备。

（3）介绍理论、订立契约

向李某讲述动机式访谈法的原则、方法和主要技术，引导李某说出对动机式访谈法的看法。李某并没有清楚意识到自己的问题。在这个阶段，充分尊重李某的人格、想法和隐私，不否定她的心理体验，不随意对其言行做出道德性评判，更不对其隐私做不必要的探询，双方建立平等关系。尊重是用言行来表达的一种态度，操作要领就是增进理解。比如，对于李某出现的疑惑表示理解：“你近来的情绪状态不稳定，是发生什么问题了吗？你要是愿意的话可以告诉我，我们共同来解决，你现在不想说也没有关系，需要时可以来找我。”如果遇到她有不同的想法也表示理解：“虽然我对这件事情不这么看，但我明白你这么想会有你的道理，我们可以来分析一下，你这样的想法可能会引发的问题，好吗？”在尊重的基础上共同制订治疗契约，签订保密协议。

（4）结束治疗

干预结束时，咨询者总结整个干预过程，再次澄清治疗目标。

通过第一次干预，观察到李某已经开始意识到自己是有问题的，但是还没有实际的行动，她存在较多的心理冲突，自我效能感较低。这是整个干预的切入点，咨询者帮助李某澄清现有问题，提高行为改变的动机和自我效能感。

第二次：介入期

（1）放松训练

指导李某进行呼吸放松：以一种舒适的姿势坐好，尽力深深吸入一大口气，屏住呼吸，心中默数 1 至 5，接着再慢慢把气呼出，直到全部呼尽为止。重复几次后，李某评估放松状态为 1 分，紧张情绪明显缓解。

（2）引入讨论—了解背景

在第一次干预的基础上，咨询者采用共情、开放式提问、反馈式倾听等技术，更加详细了解李某的生活背景，并且总结其加入膜拜团体的原因：一是希望祛病强身，摆脱疾病的困扰；二是在生活中获得的社会支持较少，特别是情感支持不足，希望在某一团体中得到更多关注和情感支持。

（3）切入正题—认识“相关”

针对李某的具体情况，她处于行为改变的意识阶段，已经有改变的意图，但不知如何改变。李某最突出的问题是自我效能感低，因此需要引导她认识目前的不良状态与低自我效能感有关。咨询者严格遵循表达共情等原则，采用反馈式倾听和概括等技术，为李某创设一种无条件接纳的氛围，让她充分表达自己的想法，并理解李某内心的矛盾和焦虑感受。

（4）结束干预

结束干预时，咨询者采用“概括”技术，总结此次干预内容，特别强调李某的低自我效能感是导致问题的主要原因。李某告诉咨询者，以前从来没有想过依靠自己的力量去改变困境，总是被动接受。李某经过这次干预想要尝试自己改变，可是不够自信，希望得到指导。最后，布置家庭作业，在平时生活中练习放松训练，保证每天两次，每次 10 到 15 分钟。

第三次：评估期

（1）放松训练

指导李某学习渐进式肌肉放松法，李某在放松训练后，评估放松程度为 1。放松训练有效缓解了李某的焦虑情绪。

（2）引入讨论—重复“相关”

首先，询问李某家庭作业情况，李某表示已经学会呼吸放松法，但是效果不明显，对渐进式肌肉放松法感兴趣，希望指导她再进行一次渐进式肌肉放松训练。随后，咨询者概括前一次干预的讨论结果，重复“相关”。继之，采用开放式提问，引导李某进行自我探讨，让她意识到自己的问题是可以依靠自己来解决，而不是将所有希望寄托在他人身上。咨询者在干预时询问李某：“你希望事情怎么改变？”“对于接下来的治疗，你有什么想法”等，鼓励李某表达自己的观点，同时以她为中心，让她体验到信任和关注。

（3）评估“益处”和“风险”

让李某绘制代价/获益分析图（见图4－4）。

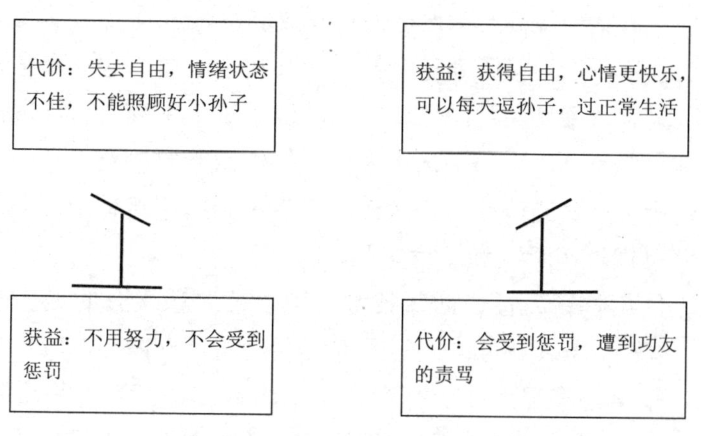

图4－4　李某代价/获益分析

从图4－4中可看出，李某维持膜拜行为的代价大于获益，而改变行为的获益大于代价，这说明李某已经做好行为改变的准备。咨询者采用“概括”技术，向李某反馈她的动机水平，并引导她将注意力聚焦于改变行为带来的益处上。

（4）结束干预

干预结束时，李某告诉咨询者，她愿意自己做出努力获得改变，过好以后的每一天，同时她也相信自己可以做到。最后，布置家庭作业，让李某继续练习渐进式肌肉放松，保证每天1—2次，严格按照顺序进行。

第四次：干预期

（1）放松训练

在咨询者的指导下，李某可以自行进行渐进式肌肉放松，她反馈该放松方法对自己很有效，能够缓解焦虑情绪。

（2）引入讨论—重复评估“益处”和“风险”

拿出咨询者和李某共同绘制的代价/获益分析图，采用开放式提问，让李某明确行为改变带来的益处，增加行为改变的动机。这时，李某对于改变十分迫切，希望干预继续下去。咨询者让李某评估当前行为改变的自我效能感，从0到5表示自我效能越高，0代表非常不信任自己，5代表非常自信。李某告知，现在自己正处于2，自我效能感还是不高。

（3）切入正题—诱发性谈话

使用概括技术向李某反馈她目前的状态并澄清问题，共同商定接下来的干预方向，即如何提高行为改变的自我效能感。

首先，使用反馈性倾听和肯定鼓励李某表达矛盾心理。李某希望改变膜拜行为，又害怕受到膜拜团体惩罚和其他成员的不理解。出现这种情况的矛盾心理主要有：一方面李某认为自己的生活需要改变，另一方面又没有采取任何措施来实施改变。咨询者与李某一起讨论这种矛盾心理，使用的方法为“反馈性倾听”和“肯定”。

其次，使用“诱发性谈话”技术引导李某向积极方向做出改变并解决矛盾。“诱发性谈话”可以使用关键问题提问、反馈性倾听、具体化等具体技术。李某一直强调改变行为会受到膜拜团体惩罚，咨询者帮助李某认识到，改变行为并不会受到惩罚，使用具体化技术询问李某：“会受到什么样的惩罚?”“为什么你认为会受到惩罚?”“有没有亲身经历过?”李某并不能回答这些问题。在此基础上，咨询者使用反馈性倾听告诉李某：“我通过你的讲述了解到，你所说的受到惩罚只是出于自己的担心，并没有亲自经历过或看到过其他人接受惩罚。如果打消这种担心，你就可以改变现在的行为了，对吗?”李某表示赞同，但不确定能不能做到。咨询者告诉李某：“你现在可能还不能确定，并不代表以后也不能确定，如果用在这里学到的方法可以改变你的行为，你愿意尝试吗?”咨询者在干预过程中强调李某的自主性，告诉她有权利进行选择。经过诱发性谈话，李某表示愿意尝试改变，并且相信自己能成功。干预结束时，李某重新评估行为改变的自我效能感得分为 4，说明李某的矛盾心理有所改变。

第五次：干预期

此次干预的主题是探讨如何改变，李某行为改变的动机和自我效能感已经很明显，此时与李某共同探讨行为改变的方法，结合此次干预目标，李某最担忧的是社会适应问题。因此，帮助李某制订适应社会生活的行为计划。

（1）一周“自我设计”

首先让李某设计出一个塑造自己的一周方案，设计内容包括：在接下来一周“我对焦虑情绪的控制怎样，怎样通过放松方法控制焦虑情绪?”

"我怎样关心他人，采取什么样的交往行为?""目前我对于环境的适应状况如何，怎么样才能更好地适应环境?"同时，李某制订的行为计划还包括：每天自觉进行两次放松训练、规律生活、按时完成每天的工作、主动帮助他人、积极参加集体活动等。

（2）"商定奖励措施"

通过交谈发现李某对孙子很疼爱，从此处入手增强李某行为改变的动机。因此，咨询者和李某共同商定奖励措施，在接下来的一周时间内，如果遵守行为改变的计划，就奖励一个趣味性玩具赠送给小孙子。

（3）家庭作业。鼓励李某遵守行为改变的一周计划，并且做好每日记录。

第六次：评价期

此次干预的主题是评估行为改变计划的可行性，包括可能遇到的困难、如何处理，最终确定可实施的行为改变计划。在一周计划的基础上，让李某再制订一份社会适应的行为改变计划。根据李某反馈，实施一周计划时，她遇到的最大困难是不能得到他人理解，比如当她主动帮助他人时会受到质疑。因此，李某对自己的能力产生怀疑，自信心有所降低。针对这种情况，咨询者采用"肯定""鼓励"等技术帮助李某克服挫折。咨询者和李某一起概括已取得的成绩，如更加信任自己，能够自己缓解焦虑和恐惧情绪，让李某从成功经验中获得自信。干预结束时，李某表示愿意继续尝试改变。布置家庭作业：继续实施"一周行为改变计划"。

第七次：结束干预

引导李某再进行一次放松。此时，她基本能遵守行为改变计划。咨询者采用开放式提问，询问李某认为自己发生了哪些变化。李某表示，自己变得更加自信，不像以前那样害怕别人的看法，心里轻松了许多，对未来的生活抱有希望。咨询者引导李某进行想象放松训练时，让她想象每天带着自己的小孙子到公园里玩耍，去练习扇子舞，生活洋溢着幸福。

4. 干预总结

经过动机性访谈，李某的焦虑情绪有了很大改善，自信心和自我效能感都有很大程度的提高，开朗了许多，对他人的依赖有所降低。其丈夫反映，李某的情绪有明显改善，之前经常流泪，哭诉自己的病痛，现在说得最多的是对今后生活的打算。李某的改变验证了动机性访谈法的干预效果，特别是在提高改变动机和自我效能感方面的功效。动机性访谈法中以来访者为中心的人本态度使咨询者和成员之间建立起了共情信念，激发了成员积极的情感，提高了转化效果。

5. 动机式访谈法应用于膜拜成员心理动机干预的启示

（1）动机式访谈法有助于提高成员行为改变的动机和自我效能感，这是基于该方法的人本主义观念、干预技巧利于接受等基础上。该方法对于促进成员行为转化具有可操作性，效果可靠且具有延续性，可推广至我国膜拜成员心理问题干预的实际工作中。

（2）由于动机式访谈是一种较新的干预方法，我国将其应用于膜拜成员心理干预的实践研究几乎未见，并没有详细的、系统的干预模式可供借鉴。本研究的干预对象仅有 8 人，且干预周期较短，因此所得结论都是分析性的归纳以及阶段性的效果，期待今后研究能够扩大样本量并延长研究周期，更加严谨地考察动机式访谈法对于膜拜成员心理干预的长期效果。

（3）动机式访谈法可以作为干预方法独立使用，也可以与其他方法结合共同使用。因此，在面对不同成员的不同问题时，可以将动机式访谈法与其他干预方法结合使用以增强效果。

（4）动机式访谈法适用于膜拜成员心理问题的干预已被本研究证实，它有助于提高成员的心理健康水平，改善他们的自我和谐程度、人际信任水平，由此降低犯罪心理与行为，但目前我国还没有编写出系统的干预手册。因此，希望在今后研究中，编制一套操作性强的动机式访谈干预手册，以便于应用在教育转化工作中。

第五章　破坏性膜拜团体成员的心理危机干预研究

破坏性膜拜团体或膜拜成员所导致的危机事件不断出现，自残、伤人、自杀、杀人以及恐怖袭击事件时有发生，膜拜危机事件产生了社会不良影响，既影响了膜拜成员的身心健康，使他们的各种心理功能紊乱，更严重地影响了社会公共安全。因此，加强膜拜心理危机干预刻不容缓。

一　心理危机概述

（一）心理危机的含义

关于心理危机的定义多种多样。1964 年，美国学者卡普兰（Caplan）提出了心理危机概念：“即当一个人面临困境时，先前的处理方式和惯常的支持系统不足以应对当前事件，即面对的困难情境超过其能力时，便会产生暂时的心理困扰，这种暂时的心理失衡状态就是心理危机。”① 这一概念强调了个体应激反应的失败是心理危机产生的原因。理查德·K. 詹姆斯等学者指出：“危机是个体的一种认知或体验，认为某一事件或生活境遇是自己已有资源和应对机制所无法克服的困难。这种困难除非及时得到某种解脱，否则将导致情感、行为以及认知功能失调。”② 美国心理学家克里斯蒂·康奈尔（Kristi Kanel）认为：“不管哪种方式的定义，心理危机实

① Caplan, G., *The Theory and Practice of Mental Health Consultation*, New York: Basic, 1970.

②［美］詹姆斯、吉利兰：《危机干预策略》，高申春等译，高等教育出版社 2009 年版，第 4 页。

质上都包括三个基本部分：重大心理影响的危机事件发生；对危机事件的感知导致当事人的主观痛苦；惯常的应对方式失败，导致当事人心理、情感和行为等方面的功能水平较突发事件发生前降低。”① 总之，心理危机是个体遭遇到超出个人能力解决的重大事件之后，固有的应激反应失败后产生的一系列认知、情感和行为的变化，并以强烈的挫败感为主要特征。人们在社会中生存和竞争，经常会遭遇各种变化，任何变化都会带来相应的心理波动，如果个体不能及时调整自己以应对变化，轻者会出现适应困难，重者就会引发心理危机。

（二）心理危机的分类

引发个体心理危机的重大事件多种多样，自然灾害、丧失亲人、婚姻破裂、身体疾病、事业失败等。这些事件都足以促使个体出现严重的心理危机。美国心理学家布拉默（Brammer）于 1985 年提出了应用危机理论，并根据危机的来源将危机划分为发展性危机、境遇性危机和存在性危机。②

1. 发展性心理危机

发展性心理危机也称为成长性危机、内源性危机或内部危机。这是指人在生活中发生的一些事件对于个体来说有重大的转折意义，容易引发异常的心理反应。美国发展心理学家爱利克·埃里克森（Erik H Erikson）认为，人生是由一系列连续发展的阶段组成，他将个体社会心理的发展划分为八个阶段，每一个阶段都有其特定的身心发展课题：婴儿期信任与不信任的危机；幼儿期怀疑与羞耻的危机；学前期主动与内疚的危机；学龄期勤奋与自卑的危机；青春期自我同一性的危机；成年早期亲密与孤独的危机；成年中期繁殖与停滞的危机；老年期完美与失望的危机。当一个人从某一发展阶段转入下一发展阶段时，他原有的行为和能力不足以完成新任务，而新的行为和能力又尚未发展起来，这时个体常常会处于情绪和行为混乱的无序状态，这就产生了发展性危机。比如中考高考、新生入学、远

① Kristi Kanel, *A Guide to Crisis Intervention*, Pacific Grove, USA: Brooks/Cole Public, 2003, pp. 4 – 12.

② Brammer, L. M., *The Helping Relationship: Process and Skills*, Upper Saddle River, N. J.: Prentice Hall, 1985, pp. 94 – 95.

赴外地、离开父母、结婚生子、退休离职等，一些急剧的变化或转变都有可能导致心理失衡，出现适应问题从而引起发展性危机，这是人生必然要经历的事件，因而也被认为是正常的危机。

2. 境遇性心理危机

境遇性心理危机又称为外源性危机、环境性危机或者适应性危机。这是指个体在生活中遭遇到罕见或超常的事件所引发的心理危机，这些事件具有随机性、突发性和震撼性的特点，个体无法预料和控制。它可以是物质的或环境的，如火灾、自然灾害、恐怖袭击、企业破产等，也可以是个人突患疾病、交通意外、被强奸、被绑架等，还可以是人际的或社会的，如亲友突然死亡、离婚等。境遇性危机会使个体遭遇强烈的情绪体验，容易处于情绪崩溃状态，最为典型和常见的表现症状就是失眠和情绪低落，如果调节不及时，其后果往往是灾难性的。

3. 存在性心理危机

存在性心理危机是指个体面临一种内部冲突和焦虑状态，这是基于重要的人生问题而产生，如关于人生价值、目的意义、死亡与生存等问题。在人的一生中，常常会遇到各种各样的存在性危机，尤其是多发生于青少年和中老年人群，他们都面临着重新获得自我认同的危机，青少年追问自己是谁，因何而存在？中年人反思自己的人生是否有价值？老年人容易陷入悲观情绪之中。存在性危机可以是基于现实的事件，如一个45岁的男人上有老、下有小，妻子还重病在床，他会感到经济压力使自己过得很沉重，几乎到了崩溃的地步；也可以是基于后悔情绪，如一个50岁的女人没有生育过孩子，而现在却失去了机会，她常常痛悔得难以自拔；也可以是基于一种压倒性的不愉快感觉，如一个70岁的老人认为自己疾病缠身，给家人带来了很大负担，再活下去已毫无意义，心里感到极为痛苦。因此，存在性危机容易引发自杀事件或暴力事件的发生。

学者鲍尔温（Baldwin）提出的分类法比较容易操作，他将心理危机程度从弱到强划分为6种类型。

（1）倾向性心理危机

这是指暂时失利所引发急性的短暂痛苦，如考试失利、面试被淘汰等引起的心理反应。

（2）过渡期心理危机

这是指由生活变化或习惯性行为被打破所引起的危机，如新生入学后的适应危机、大学毕业后初进单位的职业适应、婚姻磨合期的适应等。

（3）创伤性心理危机

这是指由偶然的、突发的、出乎意料的强烈刺激事件引发的危机，如地震灾害、亲人逝世、恋人突然离去等。

（4）发展性心理危机

这是指个体在成长发育过程中发生的危机，如青年人的价值观混乱、恋爱与性的困扰，中年人的人际关系不适应、更年期综合征等。

（5）精神病理性心理危机

这是指由精神病理变化引起的危机，如精神病人在病态思维下的危险行为。

（6）精神科心理急诊

这是指由精神病患者引起的危机事件，如精神病人在病态情况下出现伤害他人的行为。

心理危机贯穿于人的一生，人在每个发展阶段都存在相应的心理危机，却又因个体应对方式的不同，而表现出差异的危机反应，既具有普遍性，又具有特殊性。

（三）心理危机的过程

依据压力累积效应之观点，心理危机也是一个压力积累过程，当压力积累到一定程度时就会产生压迫感，当压力再也承载不下时，心理危机就会爆发出来。

卡普兰（Caplan）认为，心理危机要经历四个阶段。

第一阶段，个体感受到自己的生活突然发生变化或即将发生变化，其内心平衡状态被打破，表现为警觉性提高并体验到紧张焦虑等负性情绪，而个体为了重新获得平衡状态，常以惯用的应对方式予以解决。

第二阶段，经过一段时间的努力，个体惯用的应对方式未能解决当前问题，便开始寻求其他解决途径，焦虑程度有所提高并出现抑郁情绪，而紧张情绪又会增加心理压力，影响个体的应对处理能力，可导致危机加重。

第三阶段，个体尝试的各种方法都未能有效解决问题，焦虑和抑郁情绪持续增强，可能会引发焦虑症或抑郁症，此时个体会不顾一切地发出求助信号，甚至不惜采用荒唐的方式处理危机事件。此阶段的当事人很容易受到他人的暗示和影响。

第四阶段，经过前三个阶段的努力，个体如果仍然没有解决面临的问题，就很容易出现无助感，丧失对自己的信心，甚至将问题泛化，触发以前未能完全解决的被各种方式掩盖的内心冲突，有的人甚至会走向人格解体或精神崩溃。此阶段当事人需要外源性帮助才有可能度过危机。比如，心理咨询缓解危机、组织帮助解决困难等。

二　膜拜心理危机发生原因与反应特征

（一）膜拜心理危机发生原因分析

膜拜心理危机发生具有一定的特殊性，即一部分是由人为因素引发的，多数是由“教主”起主导作用，多是在公众和政府机构毫无准备的情况下突然发生，对社会公共秩序和民众心理造成影响，更对成员造成很大的心理伤害。

1. 社会政治类

一些成员会因为膜拜团体受到政府限制而引发不满、抱怨社会、反对限制等，他们怀有极为强烈的“护教”之心，由此引发集会、游行、示威、抗议、绝食等活动，他们容易被利用而情绪起伏激荡，导致行为冲动引发心理危机现象。

2. 团体伤害类

来自膜拜团体内部的言语、行为和压力侵害。膜拜团体内部环境非成员个人所能控制，群体压力容易致软弱的成员产生心理危机，比如有些“组织者”欠缺道德自律，强迫进行“双修”等性骚扰事件，由此给成员带来巨大的身心伤害。

3. 心理问题类

一些成员由于性格存在一定缺陷，这种易致病性人格在膜拜团体施加压力等因素之下，容易出现各种心理问题，而又得不到合理疏泄，由此而发生的精神失常、自残、自杀、故意杀人等危机事件也是层出不穷。

4. 生活事件类

一些成员在遭遇生活困难、身体疾病、亲人分离、婚姻破裂、家庭暴力等负性生活事件之后，会产生一系列的负性连锁反应，不仅威胁自己的身心健康，还会对社会或其他人员造成影响而引发危机事件。

5. 意外事故类

成员的活动常常受制于膜拜组织者的指令，会遇到一些前所未有的突发事件。比如某膜拜团体在外出传教途中突遇翻车而致数人死亡，给其他成员带来巨大的心理恐慌。另外，火灾、水灾、地震等自然灾害，同样会对成员造成心理混乱而导致心理危机现象。

（二）膜拜个体心理危机反应特征

膜拜成员遭遇危机时会出现一系列的心身反应，包括认知、情绪、情感、意志、行为等出现不良状态，身体也会出现各种不适的症状。成员常常表现有焦虑、恐惧、抑郁情绪，他们会变得敏感多疑、过度警觉甚至出现认知偏差、记忆错位以及行为迟缓和逃避退缩等现象。本书第三章研究证实膜拜成员的焦虑水平高于一般人员，而特质焦虑水平高的个体会对危险情景反应敏感，甚至会把一些非危险环境看作危险环境，并出现一些与实际情况不相符合的心理反应。另外，具有焦虑人格特质者容易采取消极的应对方式，往往关注事情的负性方面，从而产生消极情绪，采取消极退缩的应对方式。

膜拜成员在面对危机事件时要经历以下四个时期。

1. 冲击期

这主要是产生一种心理冲击感，成员感到自己的生活可能面临重大的变化，处于较高的应激水平，此时容易丧失理智而出现冲动行为。如一些成员听到所信仰的“教”被政府取缔，自己所追求的“圆满”和进入“天堂”的理想破灭了，他们会感到震惊，产生强烈的失落感、恐慌感和愤怒情绪，以致丧失理智而做出一些失控的冲动行为，如不顾一切地去上访、游行，甚至以破坏性方式去解决问题，或者出现极强的攻击行为，暴力犯罪和自残、自焚等现象。

2. 困惑期

冲击期过后，成员的应激情绪得到一定程度缓解，开始坐下来接受学习，他们采用惯常的应对方式解决问题，同时也寻求其他的解决途径。在此阶段，由于提供给成员的信息有了变化，与他们以前接受的膜拜信息不同，他们一时感到有些混乱，在头脑里存有疑惑，焦虑情绪可能有所提高，他们会采取各种消极的心理防御机制。比如，他们会因为自己的信仰被阻止而产生逃避心理，并出现一些不理不睬的消极行为，当他们解决现实问题的方法失败后，可能会出现反扑的行为。

3. 应对期

多数成员在经过一段时间的学习之后，能够理解并接纳不同的观点了，他们开始认识到膜拜事件所导致的个人危害和社会危害，将注意力转移到膜拜问题的解决上，积极应对心理的失落感和恐慌感，但也有些成员在短时间内无法理解和掌握相关知识，他们不能认识面临的问题，有的成员还会将问题泛化，认为“这是与自己过不去、这是迫害自己”，很容易出现挫败的消极情绪，对谁都不信任，甚至会走向自暴自弃的心理危机状态。

4. 安定期

成员在经过前三个阶段的学习之后，认识有所提高，情绪趋于平稳，能够接受现实并积极寻求帮助，他们能认识到自己的问题，愿意在帮助下解决心理困惑，同时也开始学习一些其他的健身方法，身心功能逐渐恢复平衡，并获得了应对危机的相关经验，可以顺利度过危机了。

困惑期和应对期是成员心理危机的活跃阶段，成员在这两个阶段的表现是心理紧张、焦虑、悲观，甚至出现仇恨情绪，不能冷静处理问题，很容易受到他人暗示的影响。如果在此阶段，成员接触或是接受了一些暗示，就会感觉获得了“支持”，会产生放弃对危机应对方式的有效探索，企图依靠“尊师”来拯救自己。这种状况的成员如果停留在期待心理中，就等于仍然陷于心理危机之中。

（三）膜拜群体心理危机反应特征

心理学所指的群体亦称“团体”，这是具有一定结构和共同目标，在心理上相互影响、行为上相互作用的人群集合体。心理学家乔治·霍曼斯（George Homans）认为，任何群体都包含相互联系的三个组成要素：活动、相互作用和情感。群体中各成员“相互依赖、在心理上彼此意识到对方，在行为上相互作用，彼此影响，都具有‘我们属于这一群体’的心理感受等特征”。① 由于一些人在现实生活中遇到挫折，在某种诱因下选择膜拜团体作为“避难所”，将问题交给“尊师”来主宰，这已成为一部分成员的群体思维模式了，从而表现出一系列的社会退缩行为，而膜拜团体精神控制又进一步强化了成员的行为方式，使其不可能有效地应对问题而容易出现心理危机。由于膜拜群体普遍存在想法易变、易受怂恿、偏听偏信、抱团取暖等心理倾向，这使得心理危机事件很容易被放大，进而产生各种不良的群体反应。

膜拜群体的心理危机表现主要有以下几个方面。

1. 从众反应引发的心理危机

从众反应，这是指“个体在群体中常常会不知不觉地受到群体的压力，而在知觉、判断、信仰以及行为上，表现出与群体中多数人一致的行为倾向”。② 从众行为的主要特点是盲目性，容易在团体压力下，放弃自己的意见而参与到随大流的活动中去。膜拜团体组织者很重视“从众心理效应”的运用，他们在启动活动时会使用一些场所、人员、资料、音响，再加上刻意渲染制造一种群体效应，似乎形成了某种“心理场”，激发或驱使成员的情绪情不自禁地走入某种激情之中，采取与人一致的从众行为，“大家都去政府部门请愿静坐，那我也应该跟大家一起去，同甘共苦”。这种“圈内从众”所引发的集群效应很容易引发社会混乱，引发冲击或围攻政府机关、学校、电视台，甚至发生自焚等危机事件。

2. 服从反应引发的心理危机

“服从是指在他人和群体的直接命令下产生某种行为倾向，即个体根据别人的意愿或社会要求、群体规范而表现出来的一种相符行为，它是从两人或双方关系中产生的。”③ 服从与人的个性特征关系密切，处于精神控

① 孙时进：《社会心理学导论》，复旦大学出版社 2011 年版，第 217 页。

② 沙莲香：《社会心理学》，中国人民大学出版社 2011 年版，第 213 页。

③ 俞国良：《社会心理学》，北京师范大学出版社 2007 年版，第 432 页。

制中的成员会显得脆弱，他们胆怯、依赖、缺乏决断能力，渴望得到权威人物的帮助。所以，他们对于“教主”十分崇拜，在某种特殊氛围下，成员形成了无条件地服从，尤其是当他们遭遇到群体压力时只能表现出服从，这是一种难以抵抗的群体压力，如果违背这种群体力量就可能被制裁，制裁的压力和伤害会是成员产生心理危机的原因之一。

3. 去个性化反应引发的心理危机

“去个性化是指处在群体中的个体不是以个人的方式来行动，而是融于群体之中，丧失了个体可辨别性的一种状态。”① 简单地说，去个性化即成员处于群体中时，出现自我约束的弱化和个人身份意识的丧失。去个性化的外在条件有两个：一是身份的隐匿，匿名性质使人暂时忘却了自身身份，以及要遵守的道德及法律规范，转而服从其所在团体的行为规范；二是责任的模糊化，即认为可以在匿名条件下免于对自己的行为承担责任。一些成员在去个性化效应之下，放弃独立思考和辨别是非的能力，将自己淹没在群体之中而丧失了自我感和责任感，做出一些在通常情况下不会做的行为。他们自认为群体行为是“法不责众”，可以不用负责任，因而会表现出更多的极端行为，而这种行为当他在独处时是不会表现出来的。比如，山东招远“全能神”故意杀人案中，其中有 1 人是未成年人，他也跟着这个小团体进行了活动，忘却了自己的学生身份和道德约束力，发生了不能自控、更不自律的暴力事件。

4. 心理渲染反应引发的心理危机

心理学研究表明：在宣传中带有情绪色彩比不带情绪色彩的效果更好。膜拜团体喜欢通过渲染效应蛊惑人心，他们擅长使用影像、图片、名人等方式实施宣传战术，让成员受到情绪渲染，继而产生心理服从和行为执行的效应。有些膜拜团体也利用心理渲染效应煽动不安定的情绪。比如，“全能神”一直利用世界末日蛊惑人心。该教宣扬说：世界将会灭亡，到时候，世界上三分之二的人都要死亡，只有三分之一信神的人才能活下来。2014 年 6 月 7 日《东南早报》曾报道，42 岁安徽女子张某在信奉“全能神”后，把女儿小梅（化名）发展为成员，读高三的小梅在母亲授

① 俞国良：《社会心理学》，北京师范大学出版社 2007 年版，第 439 页。

意下，在学校传播“全能神”思想，并发展小莹、小玲、小冰、小强（均为化名）等9名学生，他们在信仰“全能神”后，思想发生了很大变化，认为世界末日快到了，读书没有用处，心理恐慌而焦虑，成绩是年级前列的小梅、小强、小冰三人都放弃了高考，他们经常外出参与传教活动。这种被“神”控制的情况令人痛惜，这不能不说是一种自毁前途的心理危机状态。

归纳膜拜行为与心理危机的导向关系如图5－1：

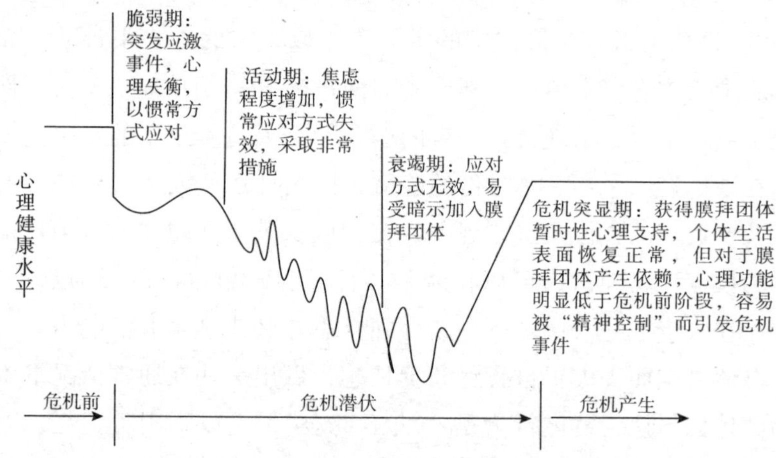

图5－1　膜拜行为与心理危机的导向关系

三　膜拜成员心理危机干预

心理危机具有普遍性，很少有人能够幸免于心理危机的袭击。同时，心理危机也具有特殊性，不同的人对于相同的心理危机有着不同的体验，因此危机的影响程度各有不同。心理危机干预属于一种心理卫生的救助措施，克服心理危机后的成员将会趋向于更好的自我发展。

（一）膜拜心理危机干预目标

心理危机干预最早兴起于美国、荷兰等国，在20世纪70年代初，危机干预已正式成为世界卫生组织（WHO）的研究课题而发展迅速。在心理学领域中，危机干预（Crisis Intervention）又称为危机介入、危机管理或危机调节。在林传鼎主编的《心理学词典》中，将危机干预定义为：“以简短的急诊或访问形式来改善可能导致心理障碍的各种条件，主要目的是改变现实环境，但也关注人际关系和当事人内心的各种情感因素。”① 简单地说，心理危机干预是在心理治疗基础上发展起来的一种援助方法，是对处于心理危机状态下的个体采取明确有效的措施，使之最终战胜危机，重新适应生活。这是一种短期的、对处于困境或遭受挫折而具有情绪性危机的求助者予以帮助的心理救助过程，也是帮助危机个体运用更好的方法解决危机事件。心理危机干预适用于面临暂时困境或挫折的人，以及家庭破裂、分离问题、蓄意自伤、意外伤害以及自杀等情况，使之尽快恢复心理平衡，达到危机前的健康或行为水平。

心理危机干预不同于一般的心理咨询和治疗，而是一种特殊的心理服务，是在紧急情况下的短程心理治疗，它不求根治，只是在短时间内帮助对方渡过难关，它是以解决问题为目的，不涉及人格矫治，其特点是帮助的及时性、迅速性和有效性，行动是立见成败的关键，其工作目标就是阻止危机反应的恶化和泛化，加速康复过程，恢复社会功能。② 归纳而言，心理危机干预的主要目标有二：一是降低风险，降低急性、剧烈的心理危机和创伤风险，减少危机引发的严重后果，减少攻击性、减少自我惩罚，避免自伤或伤及他人；二是恢复心理平衡与动力。稳定情绪，确定问题性质，及时、迅速、有效地制订援助方案，促使危机者从危机中很快康复。

膜拜心理危机干预包括三个部分：危机事件前的调查和了解、危机状态中的干预和教育、危机过后的随访和帮助。危机干预的工作对象至少包括与危机事件有关的四类人员：亲历危机事件的成员；危机事件成员的亲属；危机事件的现场目击者；危机事件的其他相关人员等。心理危机干预的主要作用在于启发、引导、促进康复。危机干预人员的职能是：①帮助成员正视危机；②帮助成员建立正确的应对方式；③帮助成员获得新的信息和知识；④必要时在日常生活中提供帮助；⑤帮助成员回避一些危机情景；⑥避免给予不恰当的保证；⑦督促成员接受帮助。

（二）膜拜心理危机干预原则

心理危机干预原则是各国相关学者基于实践经验而总结出来的工作守

① 林传鼎主编：《心理学词典》，江西科学技术出版社 1987 年版，第 168 页。

② 参见樊富珉、张天舒《自杀以及预防与干预研究》，清华大学出版社 2009 年版。

则，能否遵守原则关系到心理危机干预工作的成败。

1. 一般心理危机干预原则

美国学者卡普兰（Caplan）提出了危机干预的三个原则：

（1）想方设法让当事人接受帮助；

（2）帮助当事人有所作为地面对危机；

（3）为当事人提供有关信息。

阐释卡普兰的危机干预原则，要做好以下几点：

（1）强调现有危机的立刻解决，而不涉及当事人的人格矫正问题；

（2）干预者要采取直接、主动参与的方式帮助当事人；

（3）兼顾当事人内在的心理因素和外在的环境因素；

（4）危机干预可以给当事人提供情绪支持，但不能给予错误的保证和安慰，更不能以救世主自居；

（5）尽可能利用相关机构、家庭、社会等支持系统提供相应的帮助。

卡普兰指出，危机干预应该注意两点：一是避免提供假安慰；二是避免引导当事人责备他人。提供假安慰是不明智的，尽管是为了减轻当事人的悲痛，但这种做法不能从根本上缓解危机，反而会增加当事人对干预者的不信任感，更会增加痛苦。卡普兰提出了“痛苦工作”的观点，所谓“痛苦工作”就是让当事人将埋藏心底的悲哀发泄出来，如果没有经历过“痛苦工作”，心理不平衡将会持久地存在。比如，一对兄妹沉迷于膜拜团体，认为父母的疾病是“业障”所致，不需要就医，只要消除业障，让“尊师”发功就能治愈，但父母在一年之内因病相继去世之后，这一对兄妹一直想不通，总认为是自己的虔诚程度不够，每天都生活在自责中，几年后仍然处于自责自怨的状态中，这是由于他们没有经历过有效宣泄和清理认识的“痛苦工作”。另有一位中年女成员，她在丧夫之后经过心理帮助宣泄了痛苦，及时改善了情绪，明确了今后生活的方向，甩掉了心理包袱，形成了正确的认识和行为方式。

2. 膜拜心理危机干预原则

（1）志愿接受原则

心理危机干预并不坚持成员主动接受咨询的原则，但由于危机的客观存在，干预人员要积极劝导成员接受帮助，不对他们的行为进行指责或评价，充分与其沟通并建立良好的关系。首先，帮助成员正确认识当前的心理危机事件，正确评价自己在危机事件中的情况。其次，帮助成员认识到面对危机事件并非是一己之事，寻求帮助并不代表懦弱和无能，为度过危机状态需要自我调适，也需要专业人员的帮助。

（2）助人自助原则

心理干预的理念在于“助人自助”，膜拜心理危机干预同样遵循这一基本理念，干预的目的就是让成员在专业人员的帮助下，学会有效应对危机的方式，学会自我解决问题的相关技能，从而实现自己帮助自己，因为所有的心理干预都是要通过发挥个体的主观能动性，最终依靠自己的力量解决问题。所以，在干预过程中要反复告诉成员，首先自救是最主要的，其次才是外界帮助。同时，干预人员要给成员提供必要的信息，帮助他们客观、正确地认识当前的处境，并采取积极和有效的措施应对危机。

（3）内外兼顾原则

这一原则强调在膜拜心理危机干预中，要兼顾成员内在的心理因素和外在的环境因素，一个人发生问题是内外交互作用影响的结果。内因，即个体的身心素质，这是发生问题的基础；外因，指社会环境因素，这是发生问题的条件，膜拜心理危机是否发生，取决于二者的共同作用。因此，在积极引导成员关注自己心理变化的同时，也要注意外在客观环境的变化，环境变化是影响心理状态的重要因素。

（4）个体差异原则

如同每个人的压力感受不一样，心理危机感受也存在个体差异。个体抵抗危机的能力有一定差别，同样是遭遇困境的成员，但情况各有不同，干预方案也有所不同，只有“对症下药”才能有效帮助他们从危机事件中走出来，恢复身心平衡的状态。

（5）系统支持原则

系统支持原则强调持续有效的心理援助。膜拜心理危机干预不能一蹴而就，尤其是对于需要转变思想观念的成员来说，应该进行系统有序的定期心理帮助，即使危机过去了，但心理康复仍然需要一段时间，在心理功能尚未完全恢复之前，危机再发的可能性仍然存在。所以，切忌一次性干预以及干预人员的快速更替。同时，要尽可能利用相关单位、家庭、社会等支持系统提供相应的帮助。

（6）实事求是原则

在明确问题之前应对成员的身心状态做一个全面评估，并在危机干预过程中随时予以补充。连续性、动态性的评估应贯穿于心理危机干预的全过程，根据成员的应对能力，心理危机程度以及能动水平，对他们的危机状态或干预效果做出客观准确的评估。

总之，膜拜心理危机干预总原则是：①分析危机的来源；②提高个人的效能感；③提高应对危机的能力；④教会社会资源的灵活利用。

（三）膜拜心理危机干预模式

心理危机干预的方式仍在不断地发展之中，各种理论和方法不断地涌现，目前具有代表性的干预模式有哀伤辅导模式、平衡模式、认知模式、心理社会交互模式和整合模式，这些模式为不同类型的危机干预提供了理论指导和操作方法，介绍如下：

1. 哀伤辅导模式（grief counseling model）

哀伤辅导起源于一场事故。1943 年，美国波士顿椰子园音乐厅发生大火，导致 492 人遇难，美国精神病医生林德曼（Lindemann）对遇难者家属进行了火灾后悲伤反应的相关研究。他通过对比研究发现，那些没有经历悲痛过程的居丧者，所引发精神问题的概率要远远高于体验悲伤情绪的居丧者。由此，林德曼提出了“哀伤辅导”理论，该理论主要适用于突然丧失亲人的场合，并成为危机干预理论最为重要的基础内容，其干预模式也被认为是基本的危机干预模式。林德曼认为，人们的悲伤行为是因为情境刺激所激发的，它具有剧烈性、爆发性和暂时性的特点，这些悲伤行为主要包括：①总是想起死去的亲人；②认同死去的亲人；③出现内疚和敌意的表现；④日常生活出现某种程度的紊乱；⑤某些躯体不适。[①] 这些悲伤行为可以通过哀伤辅导得到康复，即通过一些可操作的具体方法，如体验痛苦、宣泄情绪、接受现实、适应没有亲人的生活等短期的危机干预，帮助居丧者释放内心感受和面对现实，以避免引起心理不良后果。林德曼否定了把悲伤者表现出来的危机反应当作异常或病态来进行治疗的观点。

① Janosik, E. H., Crisis Counseling: A Contemporany Approach, *Monterey*, C. A.: Wadsworth Health Sciences Division, 1984, Vol. 11, pp. 10 – 12.

学者沃登（Worden）于1991年提出了哀伤辅导的目标，主要是协助生者完成与逝者之间的未竟之事并向逝者告别，他认为哀伤辅导应包括四个过程：接受哀伤的事实、经历及表达情绪、适应逝者不在的环境、将注意力投入其他的关系中。

2. 平衡模式（equilibrium model）

影响个体心理平衡的因素主要包括：对事件的知觉、有无情景支持、应对机制是否充分。平衡模式认为，危机中的个体通常处于一种心理或情绪的失衡状态，在这种状态下原有的应对机制和解决问题的方法失去效用而不能满足需要，该模式目的在于帮助人们重新获得危机前的平衡状态。平衡模式适用于早期干预，一些成员在刚刚出现危机时，常常会失去对自己的控制，不知道如何解决问题，分不清解决问题的方向且不能做出适当的选择。此时危机干预的主要任务是稳定成员情绪，使负性情绪得到宣泄，之后再进行干预使其获得应对危机的能力。至于分析产生危机的深层原因，这是在成员情绪稳定之后才能进行的活动，在这之前不要急于进行。

奥格莱尔（Aguilera）总结了危机干预平衡模式（如图5－2所示）。

3. 认知模式（cognitive model）

认知模式基于这样一种认识："危机植根于一个人对待事件和围绕事件境遇的错误思维，而并不是事件本身或与事件境遇有关的事实。"① 该模式的基本原则是通过改变当事人的认知方式，尤其是通过反思自己认知中的非理性成分，再获得理性思维使自己对生活中的危机能进行控制。认知模式危机干预的任务在于改变当事人的非理性和消极的认知思维方式，消除旧的、否定性的和懦弱的认知方式，摆脱悲观的心理预期和消极推理的恶性循环，建立积极应对以及更为肯定的方式，趋向于自我解决问题。但是，认知干预模式也具有一定的局限性，它并不像哀伤辅导模式那样要求当事人体验悲伤情绪，而是要求站在理性角度分析自己的情况，这在实际操作中很难做到，因为当事人在危机发生时处于心理应激状态，很少会保持理性认知。因此，认知干预模式并不适合于心理危机的初期，只适合于

① Ellis, A. E., *Reason and Emotion in Psychotherapy*, New York: Lyle Stuart, 1962.

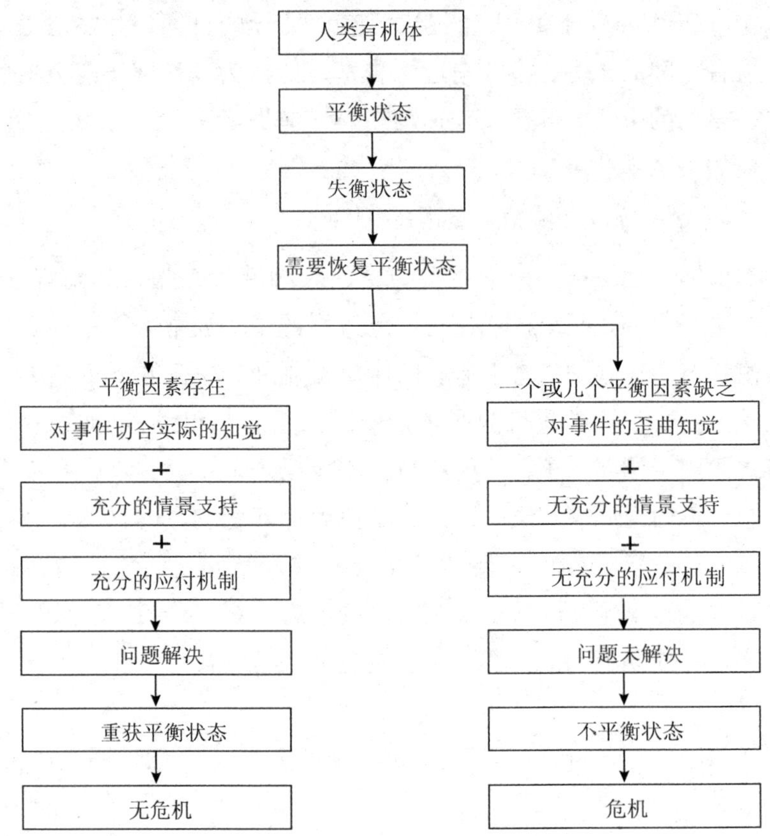

图 5－2　危机干预平衡模式

危机发生的中、后期阶段，此时当事人的情绪已基本稳定，能够理性看待自己的危机反应，并且能够接受所发生的危机情况。针对膜拜成员而言，注意把问题指向其非理性认知观念中与现实不一致的方面，鼓励其自我思考。可以采取对话式、讨论式或启发式提问，通过提问不断揭示成员回答问题中的矛盾，直至引导出正确的认识。当然，整个过程是在晓之以理，动之以情中进行，目的是消除成员混乱的认知状态，从而有效改善成员的情绪体验，继而改变其行为方式。

4. 心理—社会交互模式（psychosocial transition model）

心理—社会交互模式认为，人是先天遗传和后天环境学习的产物，人们是在不断地变化、发展和成长，而社会环境也是在不断地变化，因此危机可能与内、外部的（心理、社会或环境的因素）困境有关，而不是一种单纯的内部状态。[①] 由此，膜拜心理危机干预的目的在于与成员合作，使他们认识到当前状况的发生是内外部因素交互作用之结果，帮助分析与危机有关的因素，引导他们整合自己的应对机制，选择替代现有态度和使用各种资源的办法，将适当的应对方式、社会支持和人际资源结合起来，获得对心理危机问题的积极解决。该模式适合于情绪已经稳定的成员，主要针对他们回避社会、过度反应以及社会功能的不足，增强其个人生活技能、家庭职能、社会功能以及维持工作的能力，重建有效的社会交往能力，发展积极的情绪体验，以达到消除心理危机所带来的不良影响。

5. 整合模式

危机干预中有两大主题：一是所有的人和所有的危机都各具特色且互不相同；二是所有的人和所有的危机都有类似之处。整合模式将这两大主题进行了良好的融合，这已成为当前心理危机干预的发展趋势，即从所有危机干预的方法中，有意识地、系统地选择和整合各种有效的方法来帮助当事人，不局限于某种单一的理论与方法，这种模式具有较大的灵活性和适应性。该模式有以下观点：①对各种危机理论的有效成分予以分析，将各理论整合为一个具有较高内部一致性的整体；②整合模式很少有概念，而是各种方法的混合物，它与理论概念不同，十分注重操作方法；③保持良好的开放性态度，应用该模式就意味着不局限于任何一种理论方法，而是将各种理论和方法很好地结合在一起，选择适当的方式以切合需要。[②] 这种模式对于成员的心理功能康复具有很重要的价值。

（四）膜拜心理危机干预程序

1. 心理危机干预步骤

心理危机具有高度的复杂性和多样性，因此干预工作并没有一个统一

---

① Dorn, F. J., *The Social Influence Process in Couseling and Psychotherapy*, Springfield, I. L.: Charles C Thornas. 1986.

② [美] 詹姆斯、吉利兰：《危机干预策略》，高申春等译，高等教育出版社 2009 年版，第 17 页。

标准，但仍然有一个简单有效的干预程序，以使心理危机干预能够有序进行。此处参考伯尔·吉利兰（Gilliland）心理危机干预的六个步骤。①

（1）明确问题

这是心理危机干预的第一步，善于站在成员角度来感知当前的危机状况，明确危机问题以及带来的各种影响，清晰地分析所面临的问题，通过真诚、无条件积极关注和共情等技术，密切关注成员的言语和非言语信息的变化。这既是心理危机干预的起点，也是关键之所在，问题不明确或者稍有偏差，干预方案就不能达到良好的效果。

（2）确保安全

保障安全是心理危机干预的第一要务，即确保成员在身体和心理上不会对自己或他人造成伤害，如果无法确保安全，心理危机干预的意义也就难以存在了。因此，心理危机干预一定要把安全贯穿于工作的始终，必须对成员的身心健康作全面评估，密切关注他们的情绪状态，避免出现自伤、自杀、伤人等极端行为。

（3）提供支持

提供支持是成员面对心理危机的重要支撑力量，要让他们感知到心理危机干预人员是可以信任的人，让他们相信无论多么困难，干预人员都会以积极态度协助他们度过危机。同时，帮助调动一切可供利用的资源为成员提供支持。

（4）提供方案

心理危机干预目的是帮助成员重获心身平衡，帮助他们顺利度过危机并学会应对方法。因此，帮助成员认识自己的固有方法的不足，主动修改并采取可行的应对方法。可供利用的应对方法有多种来源：成员固有的应对机制；现有能利用的应对资源，包括环境资源、机构帮助、人际关系支持以及自己积极的、建设性的思维方式等。在此过程中，干预人员应该与成员共同商讨，分析并制订出可供选择的、实际可行的应对方案。

（5）制订计划

帮助成员制订一个切实可行的心理危机应对计划，然后按照计划执行

① ［美］詹姆斯、吉利兰：《危机干预策略》，高申春等译，高等教育出版社2009年版，第30页。

具体的干预步骤。同时，要明确在计划执行过程中可能会遇到各种问题，进行及时处理，避免强制推行计划，要保证成员的权利、独立性以及自尊心。

（6）获得承诺

心理危机干预成功的标志就是当事人重新获得对生活的控制能力，让成员做出承诺，保证以实际行动执行制定的心理危机干预方案。在结束之后，干预人员也要对成员进行随访，做出必要而恰当的反馈报告。

实际上，在吉利兰的危机处理六个步骤中，前三步骤主要是了解情况和进行评估，后三步骤则是采取行动。因此，也可以将心理危机干预从宏观上分为倾听、评估、行动三个阶段。

另外，学者戈德弗雪德（Goldfried）曾经提出：帮助当事人学会解决问题的方法，这是解除心理危机的一个有效办法，尤其是帮助他们按照步骤进行思考和行动。具体做法归纳如下：

第一步，明确当事人面临的困难和问题；

第二步，提出各种可能解决问题的方法；

第三步，罗列并澄清各种方法的利弊与可行性；

第四步，选择切实可行的方法；

第五步，制订具体的实施方案；

第六步，付诸实践并验证结果；

第七步，小结并评价问题解决的效果。

2. 心理危机干预四个阶段

膜拜成员的心理危机干预要根据情况制订计划，而不是简单地套用心理危机干预方案。

（1）第一阶段：评估心理危机的情况

在干预初期，干预人员与成员应该建立良好的咨访关系，以认真细致和诚恳的态度来对待。从四个方面入手：全面了解并分析成员心理危机的引发原因、评估心理危机的严重程度、明确症状表现的特征、了解成员的自我感觉状态。弄清楚成员当前存在的主要问题是什么？是心理危机还是生理危机？什么问题需要首先得到解决？危机干预过程中是否需要亲人参与？有无严重的躯体疾病或精神疾病？什么方式可以起到良好的效果？另外，必须评估成员自伤的危险性，如果发现有自虐或自杀倾向，可以考虑转介到医疗部门。

（2）第二阶段：制订危机的干预计划

心理危机干预必须有明确目标和周全的计划，以避免走弯路或者发生意外。心理危机干预并非强制性的反精神控制，其重点是使成员恢复到膜拜行为前的心理水平。因此，根据成员的心理功能、心理需要和具体问题来制订干预计划，同时还要考虑到有关文化背景、社会生活习俗以及家庭环境等因素。简单地说，危机干预的计划是限时、具体、实用和灵活可变的，并且有利于追踪随访。在这一阶段，需要了解危机对成员的心理损害程度，以及其所处环境的影响因素，理解成员最初加入膜拜团体的动机，对成员的一些优点予以肯定，同时调动家庭力量和社会支持系统共同帮助成员恢复身心功能。

（3）第三阶段：实施心理危机干预方法

这是处理危机的最主要阶段，让成员放弃不适当的膜拜行为，使他们认识到这种行为不是解决问题的方式。干预从下列四个方面入手：正确认识和理解膜拜信仰的实质；明确膜拜行为并非是实现目标的有效手段；学习解决问题的技巧并提高心理适应能力；鼓励有效利用社会支持系统，大多数成员都有过生活挫折，他们选择膜拜团体作为回避困难的方式，如果有其他方法可供选择的话，许多成员就会主动放弃膜拜行为。

（4）第四阶段：心理危机解决并随访

经过4—10周的危机干预，绝大多数成员可以认识到破坏性膜拜团体的实质，并反思膜拜活动对自己的消极影响，焦虑和抑郁情绪也会得到缓解，但是还不够稳定，反复性较高，所以追踪和随访尤显重要。注意继续强化成员新习得的应对技巧，以减少心理依赖性，鼓励他们在面临类似危机时，会举一反三地解决问题。

（五）膜拜心理危机干预方式

膜拜心理危机干预的方式多种多样，既有共性之处，也各有侧重。可以采用面谈危机干预、电话危机干预以及书信危机干预等多种方式，或者针对实际情况将多种方法结合使用，以达到理想的干预效果。

1. 个体心理危机干预

这是“一对一”的心理咨询式干预方式，可以疏导成员的不良情绪，避免负性情绪郁积引发意外，帮助处于心理危机状态中的成员尽快度过危机，以恢复身心平衡与康复能力。基本方法是倾听、疏导和建议。

具体干预措施包括：

（1）主动倾听并真切关注，鼓励成员述说并全面了解情况；

（2）提供疏泄机会，鼓励成员将自己内心的负性情绪表达出来；

（3）解释危机的发展过程，使成员理解自己目前的境遇、理解他人的看法、反思自己的所作所为；

（4）给予成员希望，使其保持正确态度和建立对未来生活的信心；

（5）培养兴趣，转移情志，让成员有追求健康生活的情趣；

（6）鼓励成员参与有关的社交活动，多与家人、亲友、同事接触和联系，减少心理孤独感。

2. 团体心理危机干预

团体心理危机干预是在团体心理环境下，为成员提供心理帮助和指导的一种辅导形式。由于人力、物力、财力等方面限制，采用团体心理危机干预形式也是一种适用的方式，其优点是可以使个体迅速获得一种有效的支持系统，其动力性更强，且经济和高效，可以最大限度地应用有限资源，尤其是对于遭遇同一危机事件的成员，更能表现出相互启发的效果。团体中的成员通过沟通交流和相互启发，认识自我、分析自我，了解当前的危机事件，在集体支持下提升自己的危机应对能力，但需要注意的是团体规模不能太大，一般以 10 人为限。

3. 电话危机干预

电话心理危机干预主要是针对远距离的成员。干预者的任务是从音调、语气以及简洁应答中迅速判断成员的心理状态，基本干预策略是先稳定对方的情绪，引导其大胆倾诉之后，告知解决问题的方法。这种方法比较方便、及时、经济、保密性强，但难度较大，因为互不见面，仅仅是依靠电话作为获取信息和施行干预的途径，作用受到一定的限制。

4. 社区危机干预

社区原是一个社会学概念。社会学家费孝通将其定义为："社区是由若干社会群体，如家庭和民族，或社会组织积聚在某一地域里，形成一个生活上相互关联的大集体。"由于长期居住在一起，使某一社区的人们具有共同的文化习俗和生活方式，容易形成一种认同意识和归属感，愿意互相合作并求得共同帮助以解决问题，从而形成一种持续性的长久关怀。社区危机干预的具体内容包括成立各种自助组织或心理辅导站，及时识别膜拜活动的高危人群并进行帮助。

（六）膜拜心理危机干预技术

膜拜心理危机干预的主要目标之一，是让成员学会应对困难和挫折的方法，所谓“授之以鱼，不如授之以渔；授之以渔，不如授之以欲”，这不但有助于成员度过当前的危机，也有利于提高危机处理能力，更有利于适应各种环境。心理危机干预的技术，主要采用精神分析技术、认知行为技术、人本主义技术、动机访谈技术以及叙事疗法等。

膜拜心理危机干预主要应用下述技术。

1. 一般技术

（1）晤谈技术

心理危机晤谈又称为严重突发事件应激晤谈，目的是讨论成员的问题，缓解他们出现的与危机事件有关的痛苦，尽可能地解决危机，使他们情绪得以稳定。可以采用暗示、保证、支持、疏泄、环境改变等方法，有必要时也可以考虑使用少量镇静药物。心理晤谈既可以是个体形式，也可以是小组形式。小组心理晤谈可以让经历某一突发事件或危机的成员从不同角度、以不同方式说出对危机事件的感受和经历，通过交流重建安全、自信和责任。针对成员而言，有关的指导、解释、说服主要集中在放弃膜拜观念上，而不是对原因做过多的评价和解释。同时，在干预过程中要注意避免带有过强的教育目的，教育虽说是心理帮助的任务之一，但应该是在危机解除之后实施的任务。

晤谈技术的基本注意事项。

①摄入性晤谈。这是初期晤谈中常用的方法，主要是全面了解成员的身体感觉、情感体验、生存态度、工作生活压力以及家庭经济状况等，以求获得多方面信息资料，为准确反馈信息、调整方法提供翔实的依据。

②开放式晤谈。这种方式鼓励成员述说，有利于了解成员经历中深层的内容，挖掘出问题根源，但要避免在晤谈中提问过多，尽可能运用解释性提问或探询式提问。可以问一些有导向意义的问题，比如：“你参加活

动的想法是什么?”“你这样做对家庭会带来什么影响?”“你希望今后怎样发展自己?”这些问题比较容易接受。

③封闭式晤谈。这种方式有利于聚焦会谈内容，并能够较为快速的获得信息，也能获得一些深层次的信息。一般给出的回答是“是或否、对或不对、有或没有”。引导谈话的方式方法要温和。比如：“你从小生活在农村吗?”“你生活的村子里会举办一些拜神活动吗?”“你喜欢阅读宗教方面的书还是社会学方面的书?”等等。

④目的性交谈。掌握谈话内容与方向，及时给予释义、引导和启迪，同时能大致鉴别出成员的问题，并在晤谈中起到缓解心理危机的作用。有时候可以单刀直入一语中的，一下子抓住实质性要害，不用再去周旋了；有时候需要旁敲侧击，巧妙地发出信息去影响对方的心理，循循善诱地让成员心服口服。取得效果的思路是：迷茫—怀疑—动摇—感动—认识—改变。最后，成员可能会问：“我现在回归还来得及吗?”这个时候，交谈的目的就达到了，危机也就解除了。

⑤注意观察思考。在晤谈中并非是口舌之辩，而是情感和理性力量的投入，要正确地把握成员的心理问题、情绪表现和行为特点，关键点在于“攻心”，攻事先攻人，攻人先攻心，能入情入理地进行说服。晤谈基本公式是：50%听成员在说什么（事情缘由）；30% 看成员是怎么说的（情绪状态）；20%观察成员身体语言所表达的意思（个性特征）。也就是说，用耳朵听，用嘴巴问，用大脑分析。

⑥符合成员兴趣。晤谈内容的选择要适合成员的接受能力，让他们对所谈话题有兴趣。可以从社会生活、家庭生活等细节谈起，避免一些空话、套话，也不要像做报告那样“大横向、大纵向”地高谈阔论，而是实实在在地论证说理，深入人心，同时要注意的是，可以争取改变成员的观念，但不要伤害他们的感情，更不要引起摩擦和对抗，先服其心，再服其力，促进他们探索生存的价值和改变的意义。

（2）倾听技术

倾听是一种很朴素无华的技术，在解决问题之前首先是倾听，其重要性在于使成员感到自身价值的存在。有时候，有效地倾听成员的故事就足以给他们理解、关怀和力量，通过倾听分析他们的信息，在全面了解情况并明确问题之后，才能帮助他们从新的方向来认识自己。同时，倾听也是良好沟通和取得信任的途径，有利于降低成员的抗拒情绪，提高共情能力并获得认同。

倾听技术的基本要求包括。

①以开放的姿态接纳成员，保持良好的目光接触，温和地看着他们，注意消除内外部因素的干扰，以避免影响双方诚恳沟通和表达的能力。

②保持全神贯注、倾心倾神地听，表示对他所说的内容有兴趣，注意倾听的时候要把握关键点，听出弦外之音。

③避免矛盾的信息交流，如口头承诺和实际行动的矛盾，以和蔼态度对成员表示理解和关心。

④理解成员的话语信息，通过语调、词语、表情、姿势、动作等领会他们所表达的潜在信息，鼓励他们明确表达自己的想法。

⑤不仅要听成员的表述，还要给予他们适当的反馈，反馈时避免应用专业性难懂的术语，多用通俗易懂的言语，尽可能深入浅出的交谈。

2. 关系技术

人本主义心理学非常重视人与人之间“心理气氛”的建立。罗杰斯（Rogers）认为：良好关系的建立是一切疗效最重要的基础。他提倡的观点是：态度重于知识，关系重于技术，关系是助人过程中的核心问题。① 因此，干预人员应该与成员建立良好的关系，有利于降低成员的抗拒情绪，使他们保持冷静和愿意接纳建议的态度。

关系技术的原则：

（1）不给成员下道德结论，初期接触时采取非评判性态度；

（2）以平等身份对待成员，强化影响力、亲和力和沟通力；

（3）避免给予过多的指教，鼓励成员主动寻求改变的意识；

（4）不断从成员身上发现和挖掘优点、价值和发展的力量；

（5）进入成员的内心世界，体会他们的心情，不忽略他们的体验和感受，再将自己的理解传达给成员，帮助他们认识自己。

3. 支持技术

心理支持技术主要是采用消除疑虑、劝解鼓励、安慰疏导、启发建议

① 参见江光荣《心理咨询的理论与实务》，高等教育出版社 2012 年版，第 272—273 页。

等方法帮助成员，目的在于挖掘他们的内在潜力，面对现实以应对心理危机。简言之，其原理就是为成员提供有效的心理帮助，使他们获得前进的动力，能够调动自己的积极性去应对危机事件。同时，心理支持技术是给予成员精神支持，但不赞成其错误观点，不支持他们的冲动行为。比如，有一位沉迷于膜拜活动的“90后”女青年，她对自己的生活价值产生怀疑，认为自己的生命没有意义，是被浪费的、被虚度的，对生命意义和生存价值产生负面的看法甚至有些自暴自弃。针对这种情况可以采取心理支持技术。该女青年的手很巧，做出来的花卉十分漂亮。周围的人很真诚地赞美了她，鼓励她多进行这样能带来美感的活动，也让她教给大家这门小手艺。这种赞美满足了她的心理需要，调动了她的内在潜能，提升了自信心和向上的动力，她更加努力地发挥自己的优势，一步步地解除了“活着无意义”的心理危机。

4. 心理急救技术

心理急救是一种以循证为依据的干预模式，用以帮助经历过自然灾难或一些其他危机事件之后，心理处于危机状态中的成员，减轻他们因事件所引发的痛苦。这是以成员的长处、优势或资源为出发点，结合其受教育水平，淡化危机事件的感受，帮助重建康复信念。比如，有一位成员在她丈夫去世周年纪念日时，她望着丈夫的照片，脑海里突然闪回一年前丈夫盖房时从房顶摔下血流不止的情景，她重新表现出事件发生时所有的情绪症状，出现强烈的痛苦反应和过度换气。这种时候，心理急救要做到以下几点：

（1）脱离现场：消除出现危机情况的强化情景，帮助离开现场；

（2）稳定情绪：进行心理放松活动，减轻恐惧和焦虑的情绪；

（3）疏泄痛苦：疏泄被压抑的情绪，鼓励讲述心里的感受；

（4）规劝安抚：规劝接受所发生的事实，预防出现其他危险倾向；

（5）给予支持：安排亲友、心理咨询人员和有关人员到场。

美国国家心理急救中心认为，心理急救仅适用于危机发生后的几小时到几天内，干预人员与危机者往往仅有一次接触，而危机发生后的最初几周到几个月，则需要提供心理康复技术（Skills for Psychological Recovery, SPR），即处理成员在危机事件后出现的个人无法解决的危机反应和困难。心理康复技术由五方面核心模块组成：问题解决、安排活动、有益的思维方式、社会支持和反应管理，这五个模块可以单独使用，也可以结合在一起使用。此技术需要对成员进行鼓励，除了必要的物质支持外，重要的是心理支持、情感支持，需要亲人和朋友的陪伴支持。

四　膜拜成员自杀危机的干预

（一）自杀的心理学认识

自杀即造成死亡的蓄意行为或危及生命的自残行为，明知行为后果是死亡并自愿去执行。临床心理学认为："自杀纯粹是病态心理的产物。"①

1. 自杀的心理动力学观点

弗洛伊德（Freud）指出："死本能既表现出毁灭对手的愿望，也表现为自杀、自虐、自我惩罚和自我谴责等，是一种以自身为对象的破坏欲。"② 自杀是由于个体心理内部发生冲突，对生存的恐惧和焦虑大过死亡，为避免痛苦而采取的一种极端的应对方式。因此，自杀是一种失败的应对方式，这种失败是由于长期的心理冲突之结果。

2. 自杀的认知理论观点

学者罗德（Rudd）曾提出一个自杀认知三维结构：包括自身、他人及将来的三种因素。自身因素：认为自己无价值、令人讨厌、无能和无助；他人因素：认为别人对自己是排斥、责备和苛刻的；将来因素：认为将来是无望的。当多种危险因素叠加在一起时，自杀的概率最大。这些危险因素主要包括情境压力、消极的认知方式、思维混乱以及不充分的应对能力等。认知理论认为，有些自杀者并未显示出焦虑和抑郁情绪，还有些自杀者并无冲动的个性特征却表现出冲动的自杀行为，这是因为认知不足降低了情绪反应、抑制不足而导致了冲动行为。同时，认知理论还认为，自杀者在问题解决能力方面有缺陷，难以有效应对压力，生存的意志被彻底摧毁了，故而采取无效的应对方式——自杀。

---

① 王晓慧、孙家华主编：《现代精神医学》，人民军医出版社 2002 年版，第 118 页。

② ［奥］西格蒙德·弗洛伊德：《弗洛伊德后期著作选》，林尘、张唤民等译，上海译文出版社 2005 年版，第 23 页。

3. 自杀者人格特征

有些人的个性抑郁、孤独、偏激、冲动、神经质，这些个性特征者容易采取自杀行为；有些人表面看各方面比较好，但是极端崇尚完美主义的人，一旦失败就等于毁灭了其脆弱的自尊心，也容易导致自杀；还有一些人的自杀则是自我偏执心理不断膨胀的结果。心理学认为，绝望是自杀的根源，来自个人的孤独感、自卑感、无助感以及精神疾患等因素。这些因素会使人感到受排斥、遭拒绝、被淘汰，感觉倒霉的事情总是发生在自己身上。久而久之，人就会越来越绝望，其结局就是自杀。

（二）膜拜成员自杀的基本特征

传统宗教的戒律是禁止信徒自杀，因此五大宗教的信徒的自杀率都很低，中国传统的“儒教”也是将着眼点放在现世的生命上，强调生的价值与意义，孔子曾说“不知生，焉知死”；儒家认为“身体发肤，受之父母，不可毁也”。而破坏性膜拜团体导致集体性和个体性的自杀现象频繁发生。如1978年11月，美国吉姆·琼斯领导“人民圣殿教”的914名信徒，在琼斯镇的圭亚那热带丛林中喝氰化物集体自杀；1987年8月，在韩国发生“五火洋教事件”，在韩国女术士惠顺斋控制下的32名信徒在首尔附近喝下有毒药水自杀；1993年4月，美国“大卫教派”的信徒放火自焚，死亡86人；1994—1997年，法国、瑞士和加拿大的“太阳圣殿教”74名信徒自焚或神秘死亡；1997年3月，美国“天堂之门”39名信徒集体自杀；2000年3月，乌干达“恢复上帝十诫运动”制造出530名信徒集体自焚的惨案，等等。我国少见大规模的膜拜成员集体自杀事件，但个体自杀事件却屡见不鲜。比如，江苏张玉琴割断颈动脉自杀事件、河北曹玉珍跳渠溺水事件、四川龙刚携儿跳河事件、山西李进忠和常浩弛自焚事件等。

究竟是什么原因促使他们放弃生命去自杀呢？我们需要从成员自杀的特征和类型来进行分析。2003年，莱纳斯（Leenaars）在研究了10位著名心理学家对自杀原因的假设之后，他通过聚类分析总结了自杀原因：不能忍受的心理痛苦；认知狭隘；表达间接；适应不良；极端自我；人际关系不良；遭拒--攻击；身份—逃逸等八种类型。但是，依据此原因并不能完全解释膜拜成员自杀行为，其自杀表现具有以下特征。

1. 自杀原因的虚幻性

19 世纪末，法国社会学家埃米尔·迪尔凯姆（Emile Durkheim）从社会整合的角度将自杀分为四类：利他性自杀；利己性自杀；失范性自杀；宿命性自杀。① 社会中的普通自杀行为基本可以划分到这四种类型中，但膜拜信仰引发的自杀行为并不能完全归入此种划分类型。自杀行为在有些成员看来是一种“圆满”，是修行的最高境界，是进入“天国”的必经途径，其自杀意图带有虚幻的色彩。因此，膜拜成员自杀的手段往往采用自焚方式，或者是采取集体自杀形式。

2. 自杀手段的残忍性

普通的自杀方式有药物、跳楼、自缢、投水等，而膜拜自杀行为与此不同，手段更加残忍，往往采取极端的自杀方式。自焚是众多成员采取的方式之一，并且多表现为集体自焚；服用剧毒药物也是成员的自杀方式之一，如美国琼斯领导的“人民圣殿教”信徒集体服用氰化物自杀；“太阳圣殿教”的自杀者甚至用黑色塑料袋套住头部导致窒息而亡。

3. 自杀行为的预演性

预演性在普通自杀者中表现并不明显，或只在脑海里想象一下，但在膜拜团体中，自杀如同防火、防恐演练一样被不断的预演。“人民圣殿教”教主吉姆·琼斯，在圭亚那每月都进行集体自杀演练，成员排队喝下药物，在最后真正的自杀来临时，多数信徒还以为是演习呢。

4. 自杀行为的仪式性

膜拜自杀行为有较强的仪式性，多以膜拜信仰为依据，如“太阳圣殿教”信徒集体自杀，其中 14 名信徒遗体环绕着一个三角祭坛，呈太阳状圆形排列，象征他们奔往“天狼星”。加拿大的信徒分批自杀，后自杀的信徒为先者举行安放遗体仪式后再自杀。

（三）膜拜成员自杀的原因与类型

21 世纪以来，膜拜信徒自杀一直是国际学术界关注的重点问题之一。本研究通过采用：①《社会支持评定量表》；②《一般自我效能感量表》；

---

① Durkheim, E., *Suicide*, New York: Free Press, 1897/1951, pp. 152 – 176.

③《心理控制源量表》（内控性、有势力的他人及机遇量表）；④《状态—特质焦虑量表》。这四项心理测验工具对西安市30名膜拜成员进行了调查（男性14人，女性16人，平均年龄47岁），同时对其中10名调查对象进行了深入访谈，从实证角度探讨膜拜成员自杀活动的背景因素及其心理特征与类型。将膜拜成员自杀情况依据社会功能、自我效能感、情绪障碍和归因方式四个方面划分为12类，并对每一类自杀的心理机制进行简要分析。

1. 社会功能不足诱发的自杀类型及其心理机制

采用《社会支持评定量表》（SSRS），测量被调查者的物质直接援助和社会关系的参与，以及稳定的婚姻状况等人际联系频度和可获得程度，另外还测量其在社会中体验到受尊重、被支持和理解的情感体验与满意度。社会支持是个体生存状态的直观反映，个体获得较高的社会支持，更多表现为积极乐观的心理状态，能有效应对挫折以及生活压力。研究结果显示，膜拜成员的社会支持平均得分32.07分，明显低于国内常模的34.56分[①]，二者之间具有统计学显著性差异（$t=-2.189$，$p<0.05$）。这说明膜拜成员体验到的社会支持少于一般人群，其社会关系参与度和社会亲和性均较低，这种低社会参与度容易诱发如下的自杀类型。

（1）逃避式自杀

学者迪尔凯姆（Durkheim）在《自杀论》中提出："自杀完全可以根据社会机构（如家庭、单位和政治制度）的整合程度进行预测。一个社会如果不能提供一定的生存条件，一些心理脆弱的个体就可能自杀。"[②] 研究表明："社会隔离和社会结合紧密程度低的个体身心健康的水平较低，其死亡率则较高。"[③] 虽然膜拜团体有团契性，他们提出"全人类都是一个大宇宙中的兄弟姐妹"，但这只是"虚构亲属"的概念并无实际作用，这种主观标榜而客观不足的差距容易使成员形成极大的感觉落差。一些成员由于夫妻离异、人际关系不和、社会适应不良或人格偏差等问题，不能很好地承担社会责任或家庭角色，不能创造和维持一定的社会支持系统，

① 汪向东主编：《中国心理卫生评定量表手册》，《中国心理卫生杂志》1993年增刊，第43页。
② 引自王明旭、李小龙编《大学生自杀与干预》，人民卫生出版社2011年版，第19页。
③ 汪向东主编：《中国心理卫生评定量表手册》，《中国心理卫生杂志》1993年增刊，第42页。

或者不善于利用社会支持，主观感受不到社会的支持，或者长期被家庭和社会忽视，同时又被膜拜团体愚弄，当他们对未来无望而丧失信心时，就会产生忧郁、孤独、空虚和生存的悲剧感，这种情绪状态下人体内的心理兴奋性物质，如肾上腺素、去甲肾上腺素、5－羟色胺等激素水平就会产生逃避性抑制，从而在行为上容易诱发逃避式的自杀活动。

（2）传染式自杀

传染式自杀主要原因在于膜拜成员对社会关系认识不良以及对社会知觉不良，这种情况大致有三类：①认同现象。“这是个人朝向另一个人或团体的价值、规范与面貌去模仿、内化并形成自己的行为模式。”[①]成员绝对崇拜教主的权威，把教主当作“神”一样，崇拜“教主”录像里那种像佛光一样的幻影，当“教主”或者少数权威人物要求采取极端行为时，大多数成员会认同这种权威而产生自杀行为。②从众现象。“个体在群体中常常会不知不觉地受到群体的压力，从而在知觉、判断、信仰以及行为上表现出与群体中多数人一致的行为。”[②] 当膜拜团体活动达到一定规模时，成员面对强大的压力和暗示，做出包括自杀在内的追随行为。③暗示现象，环境的暗示效力具有很大的作用，膜拜团体将成员融入精神控制之中，在相对封闭的环境里，通过语言、表情、动作以及其他方式，形成群体之间的互动氛围，使其受暗示性增强，会更多依赖暗示者的影响，如果是来自教主的暗示则接受性更强，就会狂热地跟随教主一起去自杀。比如，1994 年 10 月，先是“太阳圣殿教”23 人自杀于瑞士弗里堡的郊区，而后另 25 人自杀于瓦莱斯市，接着 5 人在加拿大蒙特利尔自杀。次年 12 月，该教派又有 16 人在法国维科斯区的一座森林里自杀。无论是认同、从众还是暗示，都是成员在教派极权环境的精神控制中，形成了特异性的、不加批判的偏执信念，他们在与世隔绝的状态中情绪互相感染，从而导致连锁性的“心理传染式自杀”行为。

（3）工具式自杀

社会关系的敌意可以产生工具式自杀，这种自杀方式带有消极的抗议性质或基于政治算计，其目的是通过自杀行为操纵社会或报复社会，这与

---

① See David. L. Sills Editor, *International Encyclopedia of the Social Sciences*, Vol. 15, Copyright 1968, by Crowell Collier and Macmillan. INC. 250.

② 沙连香主编：《社会心理学》，中国人民大学出版社 2007 年版，第 251 页。

破坏性膜拜团体采用暴力威胁手段所起的作用一样，同样都控制了成员的心理活动，使其失去了个人行为的意志自由而无其他选择，只能选择自杀。同时，膜拜自杀者多是一些社会弱势人员，他们可能因某种原因对社会产生不满、愤怒或敌对情绪，在其潜意识里会有这样一种想法：如果我自杀，就会受到重视，所以我就去自杀。他们认为自杀可以获得关注，与其在失败中等待，不如在自杀中干出震撼社会的大事，他们以生命为武器去要挟社会。比如，一些宗教极端团体使用的“人肉炸弹”就是如此。该团体组织者对信徒说，你必须为教派献身，你可以获得烈士荣誉称号，你的家人会得到经济补偿，你的照片会悬挂在公共场所，而且你在天堂还能获得72位处女的服侍。在这种威诱之下，就有人甘愿加入自杀爆炸行动以表示对团体的忠诚，并企图通过自杀迫使社会承担责任或达到报复目的。

2. 自我效能感错乱诱发的自杀类型及其心理机制

采用《一般自我效能感量表》(GSES),① 测量被调查者对自己行为的控制或主导能力。这种能力反映了个体处理问题以及对环境控制的理性思维程度，也反映了个体能否采取适当的行动面对环境挑战的信念，不同自我效能感的人其感觉、思维和行为都有不同。本调查结果显示，膜拜成员的自我效能得分普遍较高，平均得分为3.13分，明显高于常模的2.69分（男）及2.55分（女），二者之间具有统计学的显著性差异（$t=5.43$，$p<0.01$）。膜拜成员显示高自我效能感的原因如下：一是对自己的追神行为拥有很高的自信；二是来自其他成员“成神成仙”的经验暗示；三是膜拜团体的精神诱惑。这些高自我效能感激励一些成员的努力程度和坚持性，设定了他们的行为价值，也让他们丧失了正常的思维能力，而容易诱发如下的自杀类型：

（1）夸大式自杀

本研究在访谈中发现，膜拜成员多数存在“精英定位”思想，“高自我效能”的成员会为自己确立“成神成仙”的目标，这种目标激发了他们极大的“追神”动机，他们的主观评价高过客观实际，甚至具有夸大性，盲目地追求心理神秘体验的刺激，对所信奉的内容病态般狂热。他们觉得

① 由Schwarzer等人编制，引自王才康等人翻译修订中文版《一般自我效能感量表》。(www. xxha. cn).

自己得到了神的启示，神附在了身上，具有了“特异功能”。他们似乎在扮演“神”和“上帝”的角色，而不是自己本身，似乎认为自己具有常人没有的独特功能，坚信自己是特殊的人物，一副很了不起、上层次、非同“常人”的感觉，表现得兴奋、话多、情绪高涨、神采飞扬，感觉自己无所不能。① 事实上，这种感觉诱发他们意识变态，构成了一种负面的效能作用，这种作用激励其“求神”行为，并在不断的效能膨胀中形成了近乎疯狂的念头，当他们再受到教主的劝诱和煽动时，为促使自己加速“圆满”的进程，会毫无理性地将疯狂信念付诸行动，以自杀祈盼能够早点进入“天堂”。

（2）殉道式自杀

破坏性膜拜团体有严密的纪律，要求成员对教主要有虔诚的信赖和忠诚的感情，这是入教后的第一“修行”。多数成员生活在相对闭塞的环境中，他们与外界很少接触，在长久的精神控制下会出现自我身份认同障碍，表现出低自尊、低自信、低自我价值感和自我意识混乱等现象，对诸如“我是谁”“我要做什么”“我要到哪里去”的人生问题缺乏思考。在他们心中，教主被神化了，他们坚信只要跟随教主一定能实现“圆满”，甚至把这种信念变成一种痴迷而执着追求，当这些成员在“通往神的修炼中”失去力量支撑时，他们不能接受事实，心中充满了沮丧、痛苦和空虚，会不惜一切甚至放弃生命去追随教主。1986 年 11 月 1 日，在日本西部的一处沙滩上发生了一起集体自杀事件，7 名隶属“真理之友教会”的女成员留下遗书而自焚，她们表示是在她们的精神领袖逝世后，为了追随去世的教主而自愿自杀的，这种自杀就属于对信仰失去支撑的殉道悲剧。

（3）被动式自杀

破坏性膜拜团体否定现代医学，讳医忌药，如某膜拜团体有“消业说”，认为有病和所有不幸的根本原因是“业力”所致，只有“消业”才能“上层次”，而吃药打针则是积攒“业力”，将会“永远失去生命”。许多成员听信了这些话，在患病后拒绝治疗，失去了最佳治疗时机。如膜拜成员成某，他平时有腹泻的现象，练功一年后感觉有所减轻，他将此归于

① 由 Schwarzer 等人编制，引自王才康等人翻译修订中文版《一般自我效能感量表》。（www. xxha. cn）.

练功的神奇功效。第二年他感到身体不适，便中带血，日渐消瘦，却拒绝去医院，直至昏迷后家人将他送进医院，一检查已是直肠癌晚期。可他坚决不吃药，把药悄悄地扔掉，只坐在病床上打坐练功，口里还念叨着，这是“尊师”正在给他“消业”和净化身体，并说他的病很快就会好了。结果三个月后因病情加重去世了。这一类的事例举不胜举，这是在“忽悠”成员的生命，引诱他们耗尽、摧毁自己的健康，最后顺理成章地走向死亡。同时，这也是成员的悲哀，虽然他们并未主动采取自杀行为，但不接受挽救生命的措施，拒绝治疗等于放弃生命，执着于迷信而压抑了自己的生命。这种情况简直就是一种被动式自杀。

3. 情绪障碍诱发的自杀类型及其心理机制

采用《状态—特质焦虑量表》（STAI），测量被调查者的情绪体验和焦虑状态。膜拜成员的特质焦虑得分为49.85，明显高于常模的41分[①]（$t=6.37$，$p<0.01$），这说明他们存在情绪问题，而焦虑情绪伴有神经系统的功能失调，同时会产生一系列异常的生理心埋症状和行为失调反应，从而诱发如下的自杀类型。

（1）恐惧式自杀

破坏性膜拜团体的特征之一是宣扬“末世论”，并以此对成员进行恐吓，让他们产生恐慌，再利用“来世论”诱导成员采取自杀方式结束自己的生命，以便早日进入“天堂”。比如“人民圣殿教”“大卫支教派”“拜上帝教”的集体性自杀都是如此，他们以集体自杀的方式对抗社会并迎接“世界末日”的来临。为什么这么多的人愿意服从选择自杀呢？因为他们不同程度存在这样或那样的问题，他们在感受信息方面过于敏感，眼界看不到未来，他们相信肉体的毁灭会摆脱尘世的烦恼，相信自己的死亡意味着“再生”，相信生命能够升入天堂而轮回转世。于是在“世界末日”的暗示下会产生极度的恐惧情绪，走火入魔地结束自己的“今生”去换取“来生”，身不由己地去追求自杀了。

（2）焦虑式自杀

国外有关于“圣痕”的事例，有些虔诚的信徒一联想到耶稣的手心被钉在十字架上时，自己紧握的手心也会形成伤痕，十分痛苦时甚至会从手

① 汪向东主编：《中国心理卫生评定量表手册》，《中国心理卫生杂志》1993年增刊，第207页。

里流出血来，这说明情绪焦虑会引起生理变化。有一些膜拜成员会在情绪焦虑中产生感性冲动，他们不相信理性的智慧，钟爱并着迷于“神道”，充满了追求“功效”的情绪，甚至脱离社会自成“王国”，当他们顽固的“追神”行为被阻断或挫折时，就可能爆发强烈的焦虑情绪，引起极度的激愤、绝望和反抗情绪，情绪可以达到白热化程度，导致行为失控。如1993年4月，美国膜拜团体“大卫教”违背社会规则，公然使用武器与政府对抗，在被联邦执法人员包围51天后，其首领大卫·考雷什带领着众多信徒一起自焚于火海。焦虑式自杀因具有斗争性、突发性，其进程较为迅速，发展期短暂，且具有群体性，因而风险性也极高。

（3）神经质式自杀

一些膜拜成员存在“神经质式体验”，这主要表现为情绪不稳定，容易焦虑、敏感多疑、内向退缩、自卑抑郁、依赖性强、易走极端等特征，他们容易在挫折面前或在一时冲动之下付诸自杀行动。众所周知，膜拜团体利用封闭的环境，让成员在类似于感觉剥夺的状态里“修炼”，同时配合说教的影像资料，刺激其中枢神经系统，诱发他们形成神经质似的体验，有的膜拜团体甚至使用致幻类药物让成员产生幻觉去体验升入“天国”的感觉，诱其死亡却教诲说是去“天国”，而成员也在幻觉中不断地强化对神秘体验的渴望，并不断地激发去“天国”的焦虑情绪，当他们在命令性幻想、升天幻想或神灵附体妄想的支配下，便会为了实现“升天”愿望而神经质地去自杀。如1985年9月19日，菲律宾民答那莪岛“阿达”部落的60名成员，就是在他们的领袖拿督曼加雅弄的命令下服毒而死的，因为“这样他们便能够看到神的形象”。这一类的“自缢”“自焚”“投河”“剖腹”的事例在许多国家都屡有发生。

4. 归因方式不良诱发的自杀类型及其心理机制

本研究采用《内控性、有势力的他人及机遇量表》（IPC）对成员进行调查。I量表是测量被调查者在多大程度上能够驾驭自己生活的程度；P量表是测量是否相信他人能够控制自己的生活；C量表是测量相信机遇对自己的影响程度。在IPC量表中，膜拜成员的I得分为32.86分，明显低于常模的35分（$t=-4.70$，$p<0.01$），这说明成员对行为的内在控制性低于常人，他们认为事情的结果和付出努力之间的关系不大。P得分23.09分，明显高于常模的20分（$t=3.04$，$p<0.05$），C得分20.85分，明显

高于常模的18分（$t = 2.79$，$p < 0.05$），膜拜成员的P、C得分高于常模，这说明他们对驾驭自己生活的能力没有信心。这三项结果都说明所调查成员对自己的内在控制力低于常人，驾驭自己生活的能力较低，认为行为的结果大多是由权威人士或者机遇所决定的，容易受制于外部力量的控制，相信机遇和依赖于他人控制自己的命运，这些现象容易诱发如下的自杀类型。

（1）宿命式自杀

宿命式自杀是指个人因外界一些原因，受到过分的控制和指挥，感到命运不能由自己驾驭时而采取的自杀行为。膜拜团体故意制造成员心理的极大恐慌和自我否定，感到事情完全不能由自己所控制，从而陷入一种宿命式的心理，他们在困难时感到自己无法控制命运，常常采取虚幻的或退缩的应对方式。我们在访谈中发现一些成员认为“人的命天注定”，习惯于从外界给自己的行为归因，这是典型的外控型表现，即认为发生在自己身上的事，是由自己无法控制的外部力量所决定的，他们更相信运气和他人。研究显示：“外控型强的人与焦虑和抑郁情绪有关，更难以应付紧张的生活环境。”① 有一些成员极为相信“命中注定”的生死观，即使患有疾病死了也是“命该如此”。还有一些成员认为，自己已经不是自己的了，一切都应该由教主来支配，教主让你去死，你就不应该活着，他们在盲目中顺从指令去自杀，这是一些心理脆弱的成员逃脱不掉的悲观的人生宿命。

（2）受虐式自杀

暴力是破坏性膜拜团体的凝聚手段之一，他们常常采取私刑暴力来防范成员的自由选择和脱离膜拜团体，由此导致自杀身亡的事件时而有之。当成员对教主产生疑念或萌生不信任时，组织者就会采用各种恐吓手段威逼利诱，如果不奏效，则直接使用暴力虐待等方法来驱逐成员头脑里的“疑念”。他们故意造成成员心理的极大恐慌和自我否定，感到事情完全不能由自己所控制，从而陷入一种忽视自己或受虐的状态里，在走投无路时而不得不自杀。膜拜成员“处于受虐待的高危状态，部分原因是因为对有

① 汪向东主编：《中国心理卫生评定量表手册》，《中国心理卫生杂志》1993年增刊，第265页。

感召力教主的应和与奉承，同时也使得教主们为寻求权力而变本加厉。”①实际上，受虐式自杀也是一种被胁迫式自杀。1987 年 8 月，发生在韩国的 32 名膜拜成员自杀事件震惊世界，他们是在喝下有毒药水之后选择放弃生命，但是大部分死者的喉咙被割破了，他们是在自杀和受虐的状态中痛苦丧命的。

（3）扩大式自杀

扩大式自杀是指一些成员在自杀前先杀死自己的儿女、配偶或父母，这种情况多见于内向、偏执、易受暗示和情绪不稳定者，他们生活在虚幻和现实生活的矛盾之中，丧失了正常的情绪体验和控制能力，感到外部世界和自身的某些部分变得不真实了、疏远了。他们在思维极度混乱和情绪极度焦虑的情况下很容易出现认知错误，丧失基本的自知力甚至出现认知扭曲，这种扭曲可以泛化成妄想内容，他们要么认为，儿女、配偶以及父母是“魔”，应该除掉；要么认为这些人应该跟随他一起升入“天堂”。1978 年 11 月，美国“人民神殿教”的 914 名膜拜成员集体自杀，在这些喝下或被迫吞下有毒果汁饮料的死者中，就包括 294 名孩童，他们大多数是被信教的父母裹胁着走上了不归之路。扩大性自杀的死亡率相当高，且受害人多为成员的近亲，因此会给家庭带来巨大的痛苦，所造成的社会危害性也极大。

每个人活着是为了保存自己与发展，自杀显然是违背生命原则的极端行为，任何生命之物，首要目标是保存生命并设法排除一切阻止生命发展的障碍。因此，自杀无疑是一种思想在混乱中所选择的错误行为，其结果违背了生命要求存在的本能。

（四）膜拜成员自杀的干预方法

破坏性膜拜团体是在人为地制造自杀现象，其自杀类型有上述多种形式，原因主要是与病理文化信仰、社会功能不足、自我效能感低下、情绪障碍以及归因方式不良等因素有关，是一个人内、外部因素相互作用之结果。故此，针对膜拜成员的自杀行为，仍然采用贝尔金（Belkin）等学者

① 中国反邪教协会、美国家庭基金会编：《关爱生命·远离邪教》文集，2004 年 3 月，第 111 页。

提出的三种危机干预模式①如下：① 平衡模式干预。自杀危机中的成员通常处于一种心理失衡状态，此模式干预目的在于稳定情绪，以获得对自杀行为的自主控制，而在他们未达到某种程度的情绪稳定之前，不宜采取其他措施。②认知模式干预。膜拜成员自杀的危机植根于对事物认知理解的错误归因，片面地将失败原因归于外界环境，只能增加自己与社会的对立。该模式基本原则是，通过纠正非理性和自我否定的认知方式，以获得对自杀危机的控制。③社会模式干预。社会提供支持以帮助成员学习应对危机的方法。需要做到：第一，迅速确定自杀原因，尽快摆脱应激环境；第二，必要时请成员的亲人、朋友参与，在短期内构建相应的社会支持系统；第三，应以鼓励和解决问题为主，而不仅仅是安慰；第四，增强对抗应激的能力，纠正不良的心理防御方式。

国外开展心理危机干预和研究工作已有60余年的历史，对于危机发生后的各种干预方法和效果都进行了科学评估，制订了评估筛查与现场干预指南以及效果评估指标。我国卫生部在2008年汶川大地震后，也制定了针对不同受灾人群以及包括创伤后应激障碍在内的各类心理问题进行危机干预的操作方法，这些都是涉及自然灾难的危机应对方案，对于膜拜信仰的突发心理危机、暴恐伤害危机、自伤与自杀危机等新课题，还没有针对性的干预体系，这是值得今后大力研究的内容。

① Belkin, G. S. , *Introduction to Counseling* , Dubuque, IA: William C. Brown, 1984.

第六章　构建防控破坏性膜拜活动的社会预警运行体系

破坏性膜拜团体有明显的政治意图，排他性和攻击性都很强，容易与国家体制发生冲突，他们发动成员反社会、走向恐怖犯罪活动的事件时有发生。比如，1995 年，美国大卫教的支持者把装有 5000 磅炸药的卡车开进俄克拉荷马州的州政府办公大楼，把九层大楼全部炸塌，死伤近千人；1995 年日本的“奥姆真理教”使用沙林毒气残害 5000 余民众的健康；2000 年，乌干达的“恢复上帝十诫运动”集体焚身事件致 500 名信徒死亡；2012 年尼日利亚连续发生两起暴力袭击大学校园惨案，有 48 名学生和 7 名教师被害，也与膜拜团体有关，等等。有的国家干脆将破坏性膜拜团体与恐怖组织相提并论，他们虽然表面活动各有所属、各自为政，不是一个整体，但实际上都具有在宗教名义下体现极端思想的特征，都是以宗教极端思想为载体，暴力恐怖活动为手段，分裂国家为最终目的，二者都可能采用恐怖手段来实现变革社会的目的，其极端思想的本质具有相似性。由此，严格防控和治理破坏性膜拜团体的发展与活动，已成为世界各国政府亟须解决的重要问题，无论是发达国家，还是发展中国家，都面临膜拜问题的治理工作。虽然我国与西方一些国家都奉行宗教自由政策，但只要膜拜团体危害到国家安全，就会予以坚决打击，许多国家采取了一系列预防和打击措施，诸如立法控制、行政干预、舆论导向、民间反制甚至武力解决。

中国政府对于破坏性膜拜团体显示了防范与控制的决心。但是，在单一的农业社会向多元的工业社会、在社会主义计划经济向社会市场经济、在传统价值体系向现代社会价值体系转型的过程中，人们的心理会发生种种不适应，在迷乱中会去寻找一些体制外的事物，这为膜拜团体的兴起创造了条件。目前，我国有破坏性膜拜团体二十余种，有害气功十余种，仍不断有新的出现，它们向社会公共安全频繁发起挑战，导致一系列恶性事件出现。这些事件都是在膜拜极端思想支配下产生的反社会行为。在社会主义初级阶段，在社会不断变革的过程中，破坏性膜拜团体是长期存在的一种现象，对其仅从“治”的角度去解决还远远不够，必须在“治”的同时更重视防控，应该是“防重于治”。由此，从社会安全保障机制、从防控破坏性膜拜团体产生及其蔓延、从降低它们对社会的危害、从提高社会公众的认识等因素出发，都应该建立或强化一套社会预警运行体系。

“社会预警是对社会可能发生的破坏社会系统结构的危机和偏差进行预报和分析，是为宏观调控提供预报和警告对策的一种超前认识行为。”① 党的十八大报告指出：“要完善国家安全战略和工作机制，高度警惕和坚决防范敌对势力的分裂、渗透、颠覆活动，确保国家安全。”为此，须构建一套完善的防控破坏性膜拜团体产生及遏止其活动的社会预警运行体系，使预警防控工作更加超前、系统、专业和有效运行，将其社会危害降至最低限度。这是一场中国社会意识形态巩固政权的保卫战，具有促进国家安全、保障社会稳定的战略性意义，它反映了我国社会安全的需要，也反映了国家意志和人民的要求，更是践行社会主义核心价值观与构建和谐社会的需要，其工作水平也是衡量一个国家安全管理实力的重要标志之一。

一 构建防控破坏性膜拜活动社会预警运行体系的意义

（一）破坏性膜拜团体危情活动的表现特征

破坏性膜拜团体有三个特点：破坏社会稳定、摧残人的精神、践踏人的生命。1978 年，美国“人民圣殿教”教主琼斯，他在膜拜极端思想的支配下，让 900 多名信徒排队喝下掺有氰化物的葡萄饮料。事后现场

① 阎耀军：《论社会预警的概念及概念体系》，《理论与现代化》2002 年第 5 期。

勘验时，发现有的尸体上有弹孔，这显然是不愿意喝药的成员被枪击致死的证据。1982—1984 年，非洲盛行一种恐怖的膜拜团体，这个教派用男人的尸体和女人的血做成饼分给信徒，称为血餐，还时常举行杀人祭祀仪式，选取男女儿童作为“祭品”。1995 年，日本的“奥姆真理教”在东京地铁站施放“沙林”毒气事件，造成 12 人死亡，5000 余人受伤，一些中毒较重者虽经抢救保住了性命，却落下终身疾患。2000 年，菲律宾的“天主教上帝之灵”在与警方发生冲突时，成员都穿着写有拉丁文咒语的 T 恤衫。他们相信，穿着这种“护身符”的衣衫就能够刀枪不入，敢于为非作歹，抗警拒捕。破坏性膜拜团体导演了一出出的人间惨剧。

中国的破坏性膜拜团体带有较强的政治目的，他们制造各种事端，扰乱社会公共治安。尤其是近年来，有些膜拜团体在国外反华势力支持下，形成了“第五支反华队伍”①，他们与民运团体、伊斯兰极端势力，新疆民族分裂势力合流为“四股势力”并产生扩张效应。他们在境外制造围攻大使馆、围攻出访领导、围攻亲华机构等事端，并且不断地向我国境内进行挑衅，“他们在客观上扮演了一个小但有效的帝国主义国家反华宣传角色，是中国的一个内政风险，它在中国内部进行颠覆活动并煽动世界其他国家的反华、反共情绪”。② 同时，他们控制成员思想、异化心理功能、危害健康的事例比比皆是。2012 年，湖南农村的一对普通夫妇，因为相信练功可以治病，在病情恶化时坚决不肯去医院接受治疗，最终死在家里；2013 年，江苏省的徐某认为患有精神疾病的管某系“魔鬼撒旦”附身而将其杀死；2014 年，在山东招远的膜拜成员张立冬家里的记事板上，写有“虐杀、残杀”等字样，并将行为实施在无辜的妇女身上。这些惨痛的教训在向民众生命安全和社会稳定敲响警钟。

目前，我国膜拜危情活动的分类如表 6－1 所示。

---

① ［德］Secarts：《法轮功：第五支反华队伍》，《反邪教论坛》2014 年第 1 期。

② 同上。

表6－1　　我国膜拜危情活动的基本分类情况

类型	引致原因	冲突表现
权力斗争型	教主夺权	政治事件
利益失衡型	教主争利	敛财欺骗
心理异常型	病态心理	异常行为
意识冲突型	意识异化	反抗社会
国外挑唆型	反华势力	负面舆论

以下归纳破坏性膜拜团体引发的危情活动。

1. *突发性危情活动*

破坏性膜拜团体具有高度的政治性，历来就没有避免过矛盾和冲突，其核心活动都是围绕政治，名义上是以宗教为幌子，实际上是作为政治团体而存在的，其政治活动掩人耳目，具有隐秘性和掩饰性，活动常常是出人意料甚至是难以预测。要么其爆发的时间、地点、范围、程度、后果等超出人们的想象；要么是整个事件突如其来，超乎常理地发生在眼前，导致严重的后果。比如，以法国为活动基地的“太阳神殿教”，曾于1994年、1995年和1997年在瑞士、法国和加拿大组织三次集体自杀事件。1995年3月20日上午7时50分，匆忙上班的人们谁也没有料到“奥姆真理教”在东京地铁内实施了一起震惊全世界的投毒事件。还有一些人在某种教唆下会处于心理亢奋状态，他们感性大于理性，不善于通过理性思维去审视事物，心理功能极不稳定，其意念常常会在很短时间内形成，经过一些特殊诱导，脑子里一闪念头，马上就会采取行动，任何一个小问题都可能引发情绪激动而导致冲动的危情行为。比如，2012年12月14日7时许，河南省光山县文殊乡陈棚村完全小学发生惨案，村民闵拥军受到同村一名60多岁“全能神”女信徒“世界末日”的影响，闯入校园，砍伤了22名小学生。

2. *潜在性危情活动*

膜拜活动危害性一部分建立在成员心理危机基础上，成员心理危机越严重，其行为就越具有破坏性。有时候，成员的心理危机并非以直接方式表现出来，它具有潜伏性而藏于内心。简单地说，只要成员具有膜拜极端心态，其危机动机和危险行为就可能并存，这促使他们关注自我、仇视社会及与其意见相左的人。当他们接受特定指令或面对某种特定的情境，危机与敌意的力量相互增长时，潜在的危机就爆发出来了。有一位50多岁的男性成员，他每天外出“传福音”拉人入教，心里想多“传福音”，多进行活动，就能多得福。他向村民宣传的就是：“世界末日快到了，只有入教才是安全的。”他到村民家里进行劝说，一天不行两天，两天不行三天，一直到说服为止，然后跟着他再一起去说服别人，一说十、十说百地发展成员。正如在平静大海下掩藏着怒潮一样，危机的累积是一个潜在过程、是量变到质变的过程，一旦质变就会引爆危机发生。有些成员平常看不出他们的政治本色，但到了两种思想大对决之际，立场马上就会分明起来。如果他们与社会主流意识相对抗，就会成为动摇和破坏社会基础的力量。因此，对于潜在性危情活动要注重防范，不仅要关注显在的被意识到的问题，而且对于潜在的、表面上看似普通，但仔细观察便能发现端倪的危情现象更应该关注和做好防控对策。

3. 交互性危情活动

20世纪上半叶，心理学家开始关注文化和环境对个体的影响，学者莱文森（Levinson）进行了较具特色的研究，提出了“人生四季理论”。他认为成年早期是个体“精力充沛而多产，同时又充满矛盾和压力”的时期，人们在这一时期需要解决学业、爱情、专业技能、事业发展等方面问题，实现主要的生活目标。同时，也要承受巨大的负担，需要对爱情、工作和生活各方面的问题做出明智的决策与承诺，但是许多人并不具备做出明智选择的经验，因此要面对各种矛盾与冲突、选择与机遇、情感与职业发展等困惑。人到中年，面临着各种变动会产生较为强烈的心理冲突，如遭遇双趋冲突、双避冲突、趋避冲突、多重趋避冲突等，内心冲突会伴随强烈的情绪体验而导致不愉快。人到老年，由于生理机体发生退行性变化，抵抗病菌感染的能力降低，各种疾病增多而导致身心功能衰退。膜拜成员同样有这些困惑和冲突，还可能涉及经济状况、身体健康、生活期望、情感归属、人际关系等，各种因素交织在一起，在遇到特定的事件激发时，这些交互因素的不良反应便会浮出水面，引发不满、冲突与危机活动，也可能在同一段时间内发生若干危情事件。

4. 迷茫性危情活动

随着我国政治体制和经济体制变革的深入，体制改革、竞争激烈和快节奏生活给人们带来诸多压力，如就业竞争激烈、经济压力增大、人际关系复杂，还有劳资纠纷等，都对人们心理产生了深刻影响。社会每一次改革和变迁，都会引起人们的思想波动、心理变化和适应问题。在中国社会科学院法学院研究所发布的《2014 年中国法治发展报告》中指出，21 世纪以来，中国社会进入群体性事件高发期。近 14 年间发生在中国境内、规模在百人以上的群体性事件有数百起。破坏性膜拜团体抓住这些“机遇”，大肆渲染社会的阴暗面，利用公平、民主等幌子招募成员并制造危情活动。在膜拜成员中也不乏青年人，甚至还有大学生。18—24 岁正是一个人建立自己身份认同感的重要时期，也是世界观形成的关键时期，正处于由崇拜泛化向信仰选择的过渡时期，这是一个极不稳定的阶段。近年来，膜拜团体不断地向高校渗透，大学生求知欲望强，但缺乏客观鉴别力，容易被诱惑参加一些危情活动，甚至做出“殉教献身”的举动。他们以为加入的是宗教组织，其实是膜拜团体。比如，学习音乐专业的大学生陈果，她加入某膜拜团体后，迷失自我，制造了护法自焚的活动。2006 年，郭某是南方某学院的大二学生，在一次同学聚会中被“全能神”组织发展为信徒，大学毕业后即外出传教，再也不与家人联系了，让父母整日以泪洗面。2014 年，发生在山东招远杀人案中的张帆也上过大学，他们都是膜拜极端思想的信仰者，做出了与自己身份不相符的行为。

（二）破坏性膜拜团体危情活动的诱发因素

膜拜危情活动的产生受到很多因素的影响，具体分析产生的原因有：宏观层面有社会环境中的文化观念变化、价值观转变、功利主义影响等。微观层面有个人生活经历塑造的思想认识、人格特征、认知方式、人际关系以及生活应激事件等，这些都是诱发膜拜危情活动出现的重要因素（如图 6 – 1 所示）。

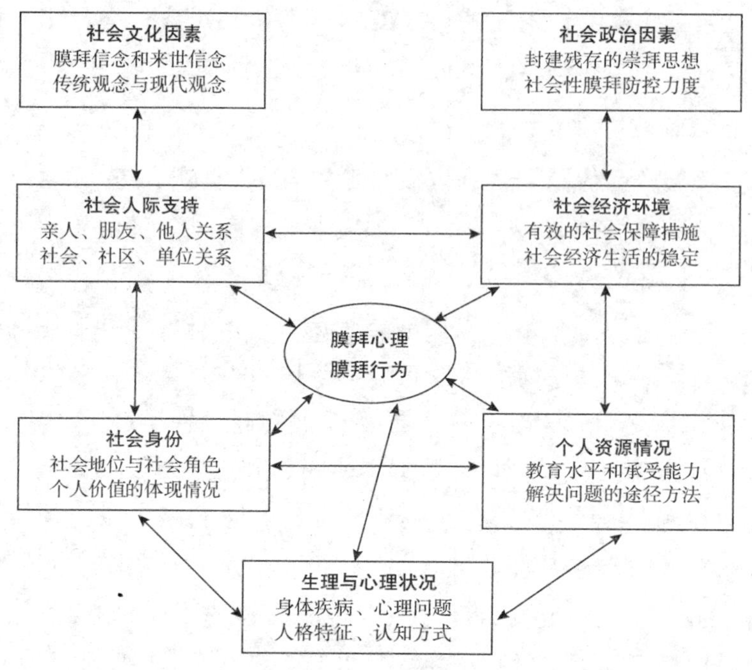

图6-1　多因素影响模型

1. 社会文化因素

（1）社会有效支持系统不足

社会支持是社会健康的重要组成部分，包括情感支持、物质支持和对支持的利用度。每一个人都在各种社会功能网的交织中生活，并从中获得物质和情感支持，从而有效解决问题以适应社会生活。我们调查发现，膜拜成员与非膜拜人员相比，他们自评社会支持不足，得到的物质支持和情感支持都比较低，他们缺少或者不会利用社会支持，缺少有效解决问题的能力。我国进入了一个经济建设的转型期，经济体制转变冲击了原有的社会经济结构，一些无业人员和转入城市生活的农村人员成为城市中的贫困群体，他们经济地位低，受教育程度低，人际资源不足等因素构成了对社会不满和不稳定的潜在危险因素，一旦受到膜拜团体的“关爱”，就会表现出一定的盲从性，在某种“指令”下会舍身忘义地去行动。

（2）鬼神文化亲和膜拜信仰

信仰给予了人以精神力量支撑，而这种力量的方向却是因人、因环境、因受到的教育程度、因信仰的类型而异。如果一个人在幼年时受到鬼神文化、迷信思想的影响，这种影响会延续到成年以后的生活。当一个人在成长过程中遭遇挫折，如情感挫折、亲人去世、婚姻破裂等，自己的能力不能有效应对这些挫折事件时，就会倾向于求助外界力量，而膜拜团体的“拯救”对于一些具有鬼神文化观念的人而言，具有一定的诱惑力。2007年，为了避免“世界末日”带来的灾害，俄罗斯一群“末日教派”信徒在西部一处冰天雪地的深山洞穴里等待末日降临。他们认为，“2008年5月就是世界末日，唯一能保护自己的方式就是躲在地洞里”。2012年，国内“全能神”宣扬“世界末日”将到，在成都市部分地区的成员挨家挨户敲门入户宣传或在公共场所散发“紧急呼召”“避难通知单”等宣传资料，鼓吹“只有信‘全能神’才能保平安”，同时还宣称“凡不信和抵制的都将被‘闪电’击杀”。这些活动干扰了群众的正常生活。还有的成员甚至以自杀方式来迎接“世界末日”的来临，如湖南省长沙市的谢某因痴迷“全能神”，放弃了一切亲情友情，整天期盼着“灵魂升天”，并宣称“世界末日到了，我与天堂近了”，自杀而亡。

2. 存在认知偏差及人格缺陷

认知方式是指个体在认知活动中偏爱使用的信息加工方式，一个人在面对困境时，因不同的认知方式会赋予当前情况以不同的解释。一般而言，成员会有两个方面的基本特征：一是认知偏差，他们存在看问题片面、绝对化、容易情绪推理，执着于追求神秘现象，并且分析与判断能力不足，对事物的解释倾向于消极认知；二是他们的人格倾向多偏于内向、孤僻、不太合群，经常会产生自卑、焦虑、抑郁等情绪，甚至是自暴自弃，如果同时具有易受暗示性或易冲动性的人格特征，则容易受到膜拜团体的鼓惑。而膜拜团体的组织者也偏爱这些类型的成员，他们鼓动认知处于疑惑状态，性格容易盲从的成员去从事一些危情活动。

3. 身体疾病康复的期盼愿望

医学至今还有许多“黑箱”问题未能得到解决，或者是处于半治半不治的状态，让病人生命健康的期望无确定的寄托。一些人之所以选择进入膜拜团体，是因为患有躯体疾病，尤其是慢性疾病经久难愈，让生命力不断地消耗和痛苦。膜拜团体打的旗号就是强身健体，他们宣称其教能治疗各种疾病且没有经济压力，这很能吸引人、迷惑人并迎合了人们的健康需要。于是，有些人在医疗方法求治不力的情况下会选择膜拜团体，犹如抓住一根救命稻草一样，把自己的健康期望投射在膜拜信仰之中。这里有一位村民的自述："我听说信'三赎基督教'很灵，真神会保佑你想要什么就能得到什么，只要信此教全家人都会得福音平安，生病不需打针服药，用'祷告'就能治病，人死后还会复活。于是，我就入了教。一年后，我已出嫁的妹妹生病，我就将妹妹接回家里祷告治病，结果病情加重，没几天就死了。可我还是没有放弃信教，总认为是自己信得不真，是真神在考验自己。第二年，我妻子生病，本来不是什么大病，只是风寒感冒，可我是信'三赎基督'的，生病是不用打针服药的。当时，我和妻子还有几个信教的人在我家里祷告给妻子治病，妻子的病就这样被我一拖再拖，病情越来越重，没多久就去世了。痛定思痛，因为我的错信，延误了治疗时机而让两条生命过早离世，这让我痛悔不已。"

4. 负性生活事件的影响

最近发生的负性生活事件是重要的影响因素。亲友病故、婚姻破裂、子女早逝、下岗待业、退休离职以及突患疾病等，这些负性生活事件对身体健康和认知状态会产生负面影响。心理学家霍姆斯（Holmes）认为：某些一时性的、急性的与客观性的生活事件变化，可以成为发生心理问题的刺激因素。另一心理学家拉扎勒斯（Lazarus）认为：在日常生活中虽不引起急剧变化，但程度持续的、缓慢的生活紊乱情况具有负性作用。当一个人处在负性生活事件中，消耗大量的生理能量和心理资源，很容易引发不良的身心反应，而这些反应常常滋生负性情绪，影响思维、认知、情绪和行为方式。也就是说，人在遭遇较多的负性生活事件之后，很容易让信心荡然无存，要么破罐子破摔，要么企图借某个机会翻身，这种情况下都容易受到某种信息误导而出现危情活动。比如，有的成员在受到挫折之后的行为反应会表现出攻击行为，他们会出现直接攻击、间接攻击或者自我攻击等危情活动。

5. 群体压力因素的胁迫

研究发现，群体规模对人的影响较大，比如 5 个人意见的一致性对个体产生的压力显著大于 3 个人意见的一致性。群体因素对于人的思想及行为具有很大影响力和约束力，心理学分析其原因：①寻找行为参照。当成员在处于不确定的情景或处于群体压力之中时，通常会通过观察他人行为为自己获得行为指引，从而跟随群体的指挥棒走。②对偏离的恐惧。膜拜团体趋向于保持内部的一致性，对于与群体趋向一致的成员，群体的反应是接受的，而对于偏离群体的成员，反应则是拒绝的。因此，成员为了避免拒绝和否定，往往在群体压力之下选择屈服。③群体凝聚力。膜拜团体具有排他性，是一种高凝聚力的团体，成员对自己所属群体有较强的认同感。因此，他们为了迎合群体而采取一致的行为。当成员的态度和行为与膜拜群体出现不一致时，就会受到群体的压力，会给他们造成紧张不安并引起不良的情绪体验，从而驱动自己做出为群体所接受或认可的反应，以消除紧张压力感。另外，群体压力也会使成员感受到一定的力量，会激发他们斗争的勇气，将行为引向错误的方向。近年来，破坏性膜拜团体围攻政府机关、公安机构、事业单位的危情事件都有发生，有些成员并不知道去干什么，只是为了获得群体对他的认可以及团体归属感，避免与群体成员观点不一致所带来的压力，选择了与其他成员相同的态度或行为，而这又进一步加剧了他们行为的极端化和疯狂化，导致一系列危情事件的出现。

（三）社会预警防控破坏性膜拜团体的作用

防控破坏性膜拜团体的社会预警机制的作用主要体现在以下几个方面。

1. 加强社会危机管理工作

美国学者理查德·帕斯卡尔有一句名言：“21 世纪，没有危机感是最大的危机。”危机管理是为应对各种危机情境所进行的规划决策、动态调整、化解处理等活动过程，其目的是消除或降低危机所带来的威胁和损失。简单地说，危机管理是为应对突发事件、抗拒突发的灾难、尽量使损害降至最低点而事先建立的防范、处理体系和对应措施。它是一种适应社会现实的活动过程，要求管理者具有前瞻性和预见性。在当今社会矛盾突显的今天，膜拜因素导致的危机时常威胁着社会安全，其危机的形态也是多种多样，既有谣言危机、上访危机，还有围攻危机以及各种各样的突发危机……所以，在预警防控方面应该做足准备，以应对变化万端的情况。危机管理应包含四层含义：①必须围绕一定的目标展开；②必须制订出能付诸实施的决策；③必须是在确定的条件下选择能达到目标的优化方法；

④必须是在若干个有价值的方案中选择最优方案。社会发展需要稳定，任何工作都应该用尽量少的成本达到最大收益，给民众提供相对舒适的安全环境。

2. 控制破坏性膜拜活动产生的前提条件

凡事预则立，不预则废。做到警示在先、防范在前，重在提前防控，快半拍、早半拍、抢半拍地做好防控工作。按照“前提存在—反应发生—后果产生”之规律，消除膜拜团体及其活动产生的前提条件，加强对社会大众思想的正面引导，普及相关预防膜拜活动的知识，建立科学的世界观。科学世界观是辩证唯物主义的，而膜拜信仰的世界观是属于唯心主义范畴，这二者之间的分界是根本性的，无论是谁都无法兼容。

3. 控制破坏性膜拜活动不良后果的蔓延

社会需要实用性和能解决问题的方法。相关人员的主要任务是帮助解决成员带有思想性、认识性和适应社会的问题，纠正一个人的思维方式，这是具有难度和带有挑战性的工作，有时候甚至会出现一些阻抗现象。但是，解决了难题，化解了危机，也就保障了安全。因此，要提高膜拜问题的应急处理能力，吃透问题、摸清症结、及时解决。如果出现了膜拜危情活动，要及时消除所引起的不良后果，处理问题的能力也体现了防控工作的实力。

4. 巩固已有工作成果并预防复发

我国开展此领域的研究工作已有十余年，虽然起步较晚，但进展很快，取得了许多成效，积累了不少经验，有效保障了社会安全，促进了经济的发展。同时，基于认知、行为和人本理论的心理教育方法，已经用于成员的身心康复与社会回归工程之中，并取得了良好的效果，维护了社会稳定，降低了成员心理残疾以及带给社会的负面影响。

概括主要成果如下：

（1）追源性探讨，从中国社会文化背景探清了从“康复系统（气功）—新兴宗教—破坏性膜拜团体—政治团体”的演变过程；

（2）探查了膜拜成员易感性人格特征与心理演变的过程；

（3）探明了膜拜团体诱发成员反应的精神控制基本手段；

（4）制订了一套较为适用的防范膜拜势力发展的工作制度。

目前，国际社会正在探索一套“反膜拜干预模型”。[①] 我们也应该积极跟上，开拓新的研究思路和工作方法以顺应社会形势的变化和需要，同时巩固对前成员的帮助效果，防止他们回归社会后的反复。

5. 抵制境外不良文化渗透和传播

这有两个方面的原因：一方面，自20世纪90年代初，苏联解体和东欧一些社会主义国家相继发生剧变以后，国外一些反华势力加紧对中国实施“和平演变”的战略，他们宣扬“中国威胁论”，对中国展开了一场像苏联解体那样的意识形态战争。要“像打败苏联和东欧那样在中国打败社会主义”，“要向中国人传福音”，使中国“福音化”。由此，境外一些团体借助书籍、影像制品、网络通信等工具对我国进行文化渗透，其宣传技巧性、迷惑性都很大，对中国进行文化战争。另一方面，国内有些膜拜团体总部和一些骨干成员已迁移国外，在境外操纵着国内的膜拜活动，继续指挥成员进行影响社会稳定的活动。因此，抵制境外不良文化渗透和传播也是该领域工作的重要内容。

二　防控破坏性膜拜活动社会预警运行体系的理论基础

治理破坏性膜拜团体的工作是一个综合性工程，不是单靠法律制约、行政干预或道德教育就能有效控制的，应该全方位地进行防控。

（一）社会控制论在破坏性膜拜活动防控中的观点

“社会控制”概念最早是由美国社会学家罗斯（E. A. Ross）提出，他在《社会控制》一书中指出：“社会控制是一种由某种社会组织实施的、有意识的、有目的的社会统治系统。当前社会控制的广义概念是：社会组织体系运用社会规范以及与之相应的手段与方式，对社会成员的社会行为及其价值观念进行指导和约束，对各类社会关系进行调节和制约的过程。”[②] 膜拜问题涉及社会意识，这是一种社会文化病态问题，“既然有一些社会问题可以被理解为社会病态问题，那么对它的防范与解决就是一个

① Data source：2009 Annual International Conference of Cultic Studies In Geneva，Switzerland in July.

② 向德平主编：《社会问题》，中国人民大学出版社2011年版，第28页。

社会控制问题”。[①] 根据社会控制的基本形式，将其分为硬控制与软控制两种类型，构建防控膜拜活动的社会预警机制结合了这两种控制类型。

1. 软控制机制

这是以人本理念为基石而奠定的机制。人本理论认为：人是有血有肉的独立个体，讨论所有与人有关的问题都应该以此为出发点。该理论还认为，人都有积极向上、自我肯定和向好的方向发展的潜能，如果创设一个良好环境，有助于促进正常人际交流和发展的机遇，便可以发挥其积极潜能，更好地适应日新月异的社会生活。从成员的角度出发，找出其加入膜拜团体的心理依据是防控工作的切入点。本研究调查发现，膜拜成员的社会支持总分为33.63分，低于常模的34.56分。这说明成员体会到的社会支持感低于正常人，他们较少感受到社会的支持，因而对自己持有消极悲观的生活态度，而缺乏社会有效支持也是一些人加入膜拜团体的原因之一。因此，“无论在任何历史时期，在灾荒灾难发生时，都需要健全、高效的社会保障制度，对处于困境中的民众加以救助，减弱对社会的不满情绪，从而有效地堵截民众加入膜拜团体的路径”。[②]

从2005年开始，中国政府就系统地对膜拜成员实施“回归社会工程”帮助，实行“思想教育与物质帮扶”的工作政策，为一些成员解决就业、子女入学、生活保障等实际问题，让他们切实感受到政府和社会的关怀，增强他们的生活安定感和社会归属感。比如，有一位文化程度偏低的成员，家庭经济困难，情绪不稳定，有关方面多方协调，从“创业基金”中帮他筹资2万元无息借贷给他，帮他建立了一个小型养鸡场，解决了他的燃眉之急。再如，帮助一些成员开办洗衣店、搭建蔬菜大棚、承包林场等，当他们的生活和情绪得到稳定，对未来生活有了期盼之后，也就脱离对膜拜团体的依恋了。同时，为了防范一些成员的复发，一些部门采用回访工作继续延伸关怀和教育，目前普遍实行十种形式的回访教育制度：电话回访、信件回访、委托回访、节日回访、重点回访、定期回访、家庭回访、求助回访、专题回访、支持创业回访，以巩固成员回归正常社会生活的效果。

---

① 李传忠：《邪教的偏离行为与社会控制》，《济南大学学报》2001年第6期。

② 元青、刘善红：《我国历史上邪教产生和发展的背景分析》，《中国反邪教通讯》2014年第5期。

2. 硬控制机制

这主要是指运用国家机器、法律、法规等制度对破坏性膜拜团体实施强制性控制，几乎所有的国家都很重视采用硬控制方法以防控其扩散与活动。据统计，在全球活跃的国际恐怖团体中，至少有30%是具有宗教极端狂热性质的膜拜团体。可以说，从宗教思想范畴看，破坏性膜拜团体具有宗教极端思想，而从政治行动范畴看有恐怖主义倾向，他们极易外化为恐怖主义和武装冲突，根本原因就是其所遵循的极端思想中凸显“斗争”理念，其思想实质和诉求目标突出的特点就是明显的政治性。因此，膜拜思想的狂热和褊狭使其容易将冲突和矛盾诉诸恐怖活动，往往以恐怖手段对待社会并实现政治目标，对待这一类的膜拜团体是不能手软的。

硬控制体系内容如下。

（1）建立专属监控机构

国外很重视对破坏性膜拜团体/邪教的监控，许多国家都成立了专门机构进行监控。如1998年，法国成立了由司法、内政、就业、国防、国民教育等五个部门组成的“反邪教部级委员会”；2000年，瑞士国民议员责成联邦设立处理邪教问题的专门机构。① 目前，美国有“邪教警戒网（CAN）”、日本有“脱离邪教团体研究会（JDCC）”、加拿大有“膜拜团体信息中心”等专门机构，世界各国对反邪教工作投入了大量人力、物力和财力，以保障国家和社会的安全。我国在2000年，从中央到各级政府也成立了“防范与处理邪教问题办公室”，监控破坏性膜拜团体的各种活动。

（2）宗教组织正规注册

中国是一个多宗教国家。政府对于宗教组织按照权限分类予以注册，将宗教组织分为三类管理：第一类是国家承认的五大宗教组织，如佛教、道教、基督教、天主教、伊斯兰教；第二类是民间认可的一些宗教团体，如儒教、道教、巴哈依教等；第三类是新兴宗教组织。根据宗教类型不同，规定每一类层级的权利。对于正式注册的宗教组织持支持态度，在政策支持上比较宽松，采取补贴、免税等相关政策帮助发展。对于民间宗教组织和新兴宗教组织进行正确引导，使其与社会主流意识保持一致，对于

① 龙敬儒：《西方国家治理邪教团体的对策》，转引自庄逢甘主编《正与邪的较量》，科学出版社2005年版，第199、205页。

以宗教外衣包裹的邪教组织则严格限制活动或给予注销，使之不能发展壮大。

我国的宗教一直以道德教化社会并安抚民众心灵，在维护社会秩序、净化心灵方面发挥了重要作用：一是引导各宗教将社会主义荣辱观与各自的教规教义相结合，不断净化心灵，提高道德修养；二是充分利用宗教调节情绪的特点，尽可能帮助解决矛盾和纠纷，有效地维护社会稳定；三是引导宗教在民主政治建设中发挥作用，积极带动广大信教群众建言献策；四是引导宗教在公益事业中发挥作用。可以说，宗教是一些民众的精神寄托，一个人即使一生不曾有过明确的宗教信仰，但在面临痛苦时也希望去宗教中寻求安慰，正如学者菲克特（Fichter）所说，“宗教是使人们了解痛苦和苦难意义的方法”。[①] 因此，正统宗教的发展会减少邪教的滋生，让一些有宗教情怀的人心有所依。正统宗教是邪教的天敌，“正教不兴，邪说易行”。由于邪教/破坏性膜拜团体常常打着宗教旗号争夺信众，所以正统宗教对其也是深恶痛绝，批评的积极性也很高，常常投身在活动的第一线，比如“全能神”等膜拜团体的不良活动被揭穿后，基督教和佛教界都对其展开了深入的批判。

（3）限制破坏性膜拜团体的发展

世界各国都重视社会稳定和民众的安全，面对破坏性膜拜团体会采取一些强硬方法，以防控一些大规模的社会失范现象。1993 年 2 月，美国政府派出 100 名突击队员到卡梅尔庄园，拘捕“大卫教”教主大卫·考雷什（David Koresh），当时发生了武力冲突，政府调用 450 名军警、坦克车、装甲车和直升机等，在和膜拜武装对峙 51 天之后，采取突击行动摧毁了“大卫教”。由于各国的政治制度与文化背景不同，方法也各有不同，但相同的是无论哪一个国家，政府都是治理和防范破坏性膜拜活动的主体，防控他们对社会造成现实的和潜在的威胁，因为其破坏力丝毫不亚于极端恐怖组织。有些膜拜团体表面看上去似乎没有什么战斗力，但当他们放弃了社会规范、法律准绳和人道主义的束缚时，其破坏性极大，“奥姆真理教”不是就动用沙林毒气，造成 5500 多人受伤，12 人死亡的惨剧吗！

① 引自陈昌文主编《宗教与社会心理》，四川人民出版社 2003 年版，第 217 页。

（二）心理控制论在破坏性膜拜活动防控中的观点

20 世纪 70 年代，在控制论、信息论和系统论的基础上，逐渐形成了心理控制的理论，它是运用上述三论的原理和方法研究人的心理现象，也是心理学与控制论相互渗透而形成的一套理论。心理控制论认为，人的行为是在心理支配下进行的，但人的心理活动是可以进行调节和控制的，以期形成按照规则要求的活动关系。

根据心理控制论思路和实际情况，将社会预警防控要点立足在以下几个方面。

1. 运用心理控制论信息观传播正确信息

我国民众存在对膜拜现象不熟悉和控制感不足的认知情况，这可能会成为防控中值得关注的风险因素。因为大多数人员是在未知的情况下进入其中，一旦被精神控制后则可能产生一些不可控的盲动行为，如果能够针对膜拜认识展开科普教育，让民众提前知晓信息，就能够自觉分辨和抵抗了。采用方法是形势教育、心理教育讲座、影视作品演示、社会活动参观等，给公众传播正确的信息。另外，信息观强调对控制对象信息的详细掌握，在膜拜团体的防控上应该以调查研究为基础，提供准确、翔实的科学理论和数据信息，掌握膜拜团体的流行状况、组织规模、膜拜类型、活动特征、危害程度等，只有详细了解其全面的情况，才能提出有效的防控措施。本研究曾对陕西省西安市长安区 212 名村民的信仰意愿、对膜拜团体的认知状况进行调查，调查结果显示，村民对于破坏性膜拜团体有基本的认识，能够识别其某些特征，无一人加入其中，这是因为他们了解其性质，对于违背社会发展方向的现象不予认同，但也有少部分村民对膜拜现象尚缺乏深入的了解，如下。

（1）调查“以下哪些是破坏性膜拜团体/邪教的特征”这一问题时，村民回答：教主崇拜占 15.0%；精神控制占 27.7%；编造歪理邪说占 29.4%；收敛钱财占 27.9%。这说明农民对于破坏性膜拜团体几个特征都有比较深刻和全面的认识。

（2）调查“破坏性膜拜团体/邪教与宗教的区别”这一问题时，从答案中显示：崇拜的对象不同占 21.7%；活动方式不同占 25.5%；对社会和人类的态度不同占 32.1%；对金钱的态度不同占 20.7%。这说明农民认识到破坏性膜拜团体不是法律意义上的正统宗教，能够知晓二者之间的区分。

(3) 调查“听说过哪些破坏性膜拜团体/邪教”这一问题回答中，农民对于“法轮功”的认识普及率高达62.5%，对于“主神教”的了解占17.1%，对于“门徒会”的了解占11.8%，对于“实际神”的了解占1.3%。这说明他们对一些团体有所耳闻，但了解还不甚全面。

(4) 调查“是否应该加大宗教知识的宣传力度”这一问题时，显示了村民对于宗教政策及宗教信仰有较为理性客观的态度，他们表示“无所谓，听听也没什么坏处”这一回答占40.6%，这表明农民对于我国的宗教政策和宗教信仰的看法，并不存在非此即彼的极端看法，他们希望了解一些信息。

从上述问卷调查结果可以发现，通过积极引导和大力普及知识，广大农民对于破坏性膜拜团体/邪教的特征和本质有一些明确认识，因此加强对农村地区宗教知识以及防范破坏性膜拜团体的宣传教育极有意义，尽可能将宣传深入社区、街道和家庭层面，尤其要加强对偏远农村地区的宣传教育力度。

2. 运用心理控制论控制观提升自我控制能力

人的心理都具有自组织性和自控制性，这是心理活动的基本特点。心理控制是通过自我控制来实现对自己情绪、语言和行为的调控，它是心理功能强大而最有用的部分，是人们适应社会生存的基本条件，也是实现目标所应该具备的心理能力。心理学指出，自我控制力对个人的行为乃至人生都具有极其重要的影响作用，克制冲动的自制力是成功所应具备的一种行为能力。自制力强的人在面对挫折时，会通过意志力调控自己的冲动，表现出积极处理问题的态度，而自制力不足的人却容易使矛盾激化，产生极端的冲动行为。因此，运用心理控制论中的控制观对成员进行针对性教育，增强他们的心理控制能力，使之在面对诱惑或威胁时，能够控制自己而不去接受。

3. 运用心理控制论系统观建立三级预警防控机制

心理控制论中的系统观认为，整个世界都是由系统构成的，人的系统空间可以分为人—人系统和人—物系统。人生存于世界是属于系统中的子系统，并与其他子系统构成一定的关系。在人的所有系统关系之中，既有不可控系统，又有可控系统。为了达到可控的目标，就要求人具有适应社会系统的心理和行为，要求人具有认同性、积极性、相容性、适应性等心理功能。膜拜团体的活动应该属于可控系统之中，可以建构三级制预警防控机制，实行全方位的监管，阻止其活动或将其活动限制在一定范围之内，以减少对社会和民众的伤害。

建构三级预警防控机制的方法如下。

（1）一级预警防控机制

建立五层级科学知识普及体系：省级—市级—县级—镇级—家庭，从上向下进行相关知识宣教普及。在基层社区动员专业人员、志愿者、前成员等人员参加活动，发放相关的学习资料，了解破坏性膜拜活动的特征及其危害性、加入膜拜团体后的自救措施、寻求帮助的渠道等，提高广大民众的识别意识和防范能力。这些活动应该深入偏远的农村地区，尤其要关注农村的老年群体和妇女群体，对于有迷信意识的高危人群需要特别关注。

（2）二级预警防控机制

建立五层级心理干预机制：政府指导与主管—民间协会工作配合—专家理论和技术支持—基层组织具体操作实施—志愿者和家庭人员参与。主要工作是对膜拜成员进行心理援助，帮助他们消除心理问题，鼓励他们修正膜拜行为，同时学习有效应对生活危机的处理方法，成员具有了一定的心理动力之后，才能有效避免和消除膜拜行为，从而顺利回归社会。

（3）三级预警防控机制

建立五层级信息通报机制：专职人员、兼职人员、通信员、信息员、治安员的信息通报体系，及时掌握破坏性膜拜团体的活动信息，对重点人物进行摸排梳理并及时监控，应该对重点成员建立档案，详细掌握个人信息，记录活动频率，做到监控机制全、总体情况清、个人信息明、活动趋向清、反复有预测，使工作科学、规范、有序、准确和实效。

（三）综合治理论在破坏性膜拜活动防控中的观点

1. 综合治理论概述

20 世纪 90 年代，治理理论在西方兴起，联合国全球治理委员会将治理定义为：治理是个人和制度、公共和私营部门管理共同事务的各种方法的综合。作为社会—控制体系的治理，它指的是政府与民间、公共部门与私人部门之间的合作互动。强调寻求政府、社会与市场三者之间的合作和互动，寻求的是一种通过调动各种力量和资源达到“善治”的社会管理体制。① 西方学者对于治理的含义做了较为全面和详细的分析。詹姆斯·N. 罗西瑙（James N. Rosenau）等人，在1991年出版的《没有政府的治理》（*Governance without Government*）中明确指出：“治理与政府统治不是同义语，它们之间有重大区别。他们将治理定义为一系列活动领域里的管理机制，它们虽未得到正式授权，却能有效发挥作用。”② 我国学者俞可平认为：“‘治理’一词的基本含义是指官方的或民间的公共管理组织，在一个既定的范围内运用公共权威维持秩序，满足公众需要的过程。”③ 中国在社会转型期存在许多问题，也存在一些行为失范现象，这些都会影响社会秩序，而社会秩序的整肃有赖于治理。

治理与统治不同。治理指的是一种由共同目标支持的活动，这些管理活动的主体未必是政府，也无须依靠国家的强制力量来实现。换句话说，治理与政府统治相比，其内涵更加丰富。它既包括政府机制，同时也包括非正式的、非政府的机制。学者 R. A. W. 罗茨（R. A. W. Rhodes）认为：“治理意味着统治的含义有了变化，意味着有序统治条件已经不同于以前，或是以新的方法来统治社会。”④ 1995年，全球治理委员会在《我们的全球伙伴关系》研究报告中把治理定义为：“治理是各种公共的或私人的各个机构管理其共同事务的诸多方式的总和，它是使相互冲突的或不同的利益得以调和，并且采取联合行动的持续过程。”⑤ 相对于“统治”而言，“治理”更强调公共事务的管理权限和责任，而模糊公共管理的边界；更突出社会公共事务参与的多中心，而降低统治的权威；更重视社会组织间的权力依赖，减少内部的冲突，从而形成社会各单元共同参与的局面。可见，治理理论是为解决传统治理模式下的各种局限性和缺陷而产生的。

---

① 引自刘涛《论当代邪教的根源与防治》，硕士学位论文，西北大学，2010年，第42页。

②［美］詹姆斯·N. 罗西瑙主编：《没有政府的治理》，张胜军、刘小林译，伦敦：剑桥大学出版社1995年版，第56页。

③ 俞可平主编：《治理与善治》，社会科学文献出版社2000年版，第5页。

④ R. A. W. 罗茨：《新治理：没有政府的管理》，杨雪冬译，《政治学研究》1996年第5期。

⑤《中国大百科全书·社会学卷》：《我们的全球伙伴关系》，牛津大学出版社1995年版，第2—3、23页。

‘治理’的出现将成为新的社会统治和管理的范式，而且成为与传统统治范式相区别的一种全新的更有效的工具，它是顺应公民社会的要求和发展的结果，它积极地推进了社会民主化的进程”。①

2. 综合治理理论的基本特征

（1）治理主体的多元性

治理的主体包括政府，但又不限于政府，只要各种公共部门和私营部门行使的权力得到公众认可，这些部门就可能成为不同层面的权力中心，即可成为社会治理的主体。

（2）治理组织的互助性

这是指参与公共活动的各个组织，都不可能拥有充足的能力和资源来独自解决一切问题。治理是一个互动合作的过程，政府与其他社会组织应该建立各种各样的合作关系。

（3）治理网络的联合性

多元化的治理主体之间的合作关系表现在运行机制上，最终形成一种自主自治的网络。这一网络要求各种治理主体依靠各自优势和资源，通过对话增进理解并建立一种公共事务的管理联合体。

（4）治理功能的适应性

随着社会快速发展，有一些过去制订的管理措施已不能很好适应当前形势的要求，政府要进行某种程度的调整，把原先由它独立承担的责任转移给其他部门，并重新界定政府的治理范围和作用方式。

3. 综合治理的目标就是善治

善治是人们期望的理想管理模式，其治理目的是在各种不同制度关系中运用权力去引导、控制和规范公民的各种活动，以最大限度增进公共利益，让人们安居乐业。同时，还要重视社会心态和社会情绪，既要满足群众生活需求，又要关注社会阶层意识，重视群体的接纳、认同和尊重等社会性需求。

（1）大力促进农村地区的经济发展

我国一些农村地区的生活环境较为封闭、经济发展落后、文化水平较

① 祝理谙：《治理理论视角下我国社团组织发展问题研究》，硕士学位论文，湖南大学，2011年，第14页。

低，加之政府政策的落实不力、个别官员的腐败行径等，使一些人仍然生活在贫困之中。贫困所致的后果就是：人民对生活不满意导致对政府不满意。有的群众说："我们每天看新闻，政府的政策这么好，为什么到不了我们这儿"，从而产生抱怨情绪，引发对社会的不满，进而可能进入膜拜团体。可以说，贫困是不良现象之源，也是膜拜思想产生的基础之一。因此，各级政府对推动社会经济发展，落实政策，改善民生条件，消除贫困负有责任，让人们切切实实地感受到国家和政府的关爱。这是政府的基础性工作，这项工作做得好，膜拜思想就不容易滋生，破坏性膜拜团体就不容易形成和发展。

（2）大力促进社会生活的有效管理

治理理论强调有效的政府管理，不是依靠政府的权威，而是政府与社会组织群体的合作，强调独立自主的公共领域在民主管理中的作用，打破传统的统治模式，形成多中心治理的格局，使公共管理向多元化和民主化方向良性发展。单纯的治理不是万能的，有效治理必须建立在国家和市场关系最佳状态的基础上。俞可平指出："善治就是使公共利益最大化的社会管理过程……本质特征就在于它是政府与公民社会对公共生活的合作管理。善治应该具有六个基本要素：合法性、透明性、责任性、法治、回应、有效。"① 只有实现了善治，破坏性膜拜团体就没有机会联系一些社会现实问题，假借民意抢夺话语权去煽动群众，挑拨矛盾制造思想混乱了。

4. 强化政府主导防控工作的深化

（1）立法治理破坏性膜拜团体的活动

法律是惩治邪恶的有力武器。任何一个国家的政府，作为防控破坏性膜拜活动的主体都十分重视加强立法工作，以严惩膜拜犯罪行为。法国是世界上立法治理破坏性膜拜团体较早的国家之一，在2001年就通过了《阿布—比尔卡法》，这成为打击破坏性膜拜活动的锐利武器。据此对于犯有伤害人身、非法行医、非法售药、走私罪行和欺骗性广告的膜拜团体及其信徒有权予以取缔和判刑。我国更应该加强这方面的立法工作，为防控破坏性膜拜团体活动提供坚实的法律支持。

人是社会性动物，无论任何背景的人生存于社会生活中，基本的守则

---

① 俞可平：《治理与善治》，社会科学文献出版社2000年版，第34、98、102页。

就是遵纪守法，一旦违背就应该受到法律的制裁。1994 年，美国法院曾以谋杀和非法持有枪支等罪名，判处了 8 名“大卫教”信徒 3 年至 40 年不等的有期徒刑。1995 年之后，日本东京地方法院以涉嫌绑架、非法监禁、非法研制麻醉药物、秘密制造枪支以及杀人罪等罪名，对“奥姆真理教”教主麻原彰晃以及 180 多名膜拜骨干成员进行起诉，并处以死刑、无期徒刑和有期徒刑等。同时，判决撤销“奥姆真理教”的宗教法人资格，解散该教，封存该教资产，宣布该教破产。我国在 1995 年对“被立王”教主吴扬明、1999 年对“主神教”教主刘家国，以利用邪教组织破坏法律实施罪、诈骗罪、强奸罪等数罪并罚判处死刑。2014 年 10 月，山东省烟台市中级人民法院，对“全能神”成员张立冬、张帆等 5 人，以故意杀人罪、利用邪教组织破坏法律实施罪分别被判处死刑、无期徒刑和有期徒刑。2014 年 12 月，延吉市人民法院对 19 名“全能神”成员以破坏法律实施罪，分别判处他们 2—6 年不等的有期徒刑，法律惩罚有效地打击了破坏性膜拜团体的嚣张气焰。

（2）促进反膜拜机构的工作发展

政府作为社会治理的主体，是国家宏观防控破坏性膜拜团体及其活动的主体，总领全国的社会预警防控工作，主导制定法律政策、宣传科学信息、监控膜拜团体活动、评估膜拜活动危害、进行危机干预等工作。国外在膜拜活动社会预警防控方面的工作经验值得借鉴，一些国家有专职的工作机构，比如，比利时联邦议会和地区议会均成立了相关的“调查委员会”，法国成立了相关的“部级委员会”、美国成立了“膜拜问题研究中心”、加拿大成立了“膜拜团体信息中心”，瑞士成立了“监视膜拜活动信息中心”等机构。这些机构，使社会预警防控工作有了组织结构，以保障社会和公众的安全。

5. 综合治理推进防控工作的开展

（1）强化区域合作以更好地开展防控工作

当前，破坏性膜拜团体已呈现跨国发展的趋势。一方面，国外膜拜团体利用各种手段对我国进行渗透；另一方面，国内被取缔的膜拜团体有些已转移至国外，通过各种势力的扶持继续操纵国内的活动，因此防控治理工作也应走向国际合作。在欧洲等一体化程度比较高的国家，反膜拜组织也有跨国界联合的特征。1999 年 6 月，欧洲委员会通过了《关于宗派非法活动的建议案》，要求成员国关注和防控危险宗派，呼吁成员国政府利用刑事和民事法律程序对抗破坏性膜拜团体的活动。在欧盟体系之下，欧洲有 15 个国家联合成立了“宗派研究与信息中心欧洲联合会”，这一组织相互交流信息，在跨国界联合和共同防控工作方面取得了很好效果。我国也需要加强与国际组织的密切合作，尤其是加强与日本、韩国、东南亚等邻近国家和地区的有关部门合作，及时掌握各种信息和情报，以便于进行更有效的防控工作。

（2）发动公众力量以防控膜拜思想渗透

中国每个省市都有民间的反邪教协会，主要是一些志愿者参与其中，在防控工作方面发挥了重要作用。如下：①密切联系政府有关部门，沟通党和政府与人民群众之间的联系，实现信息共享，积极开展社会安全教育等活动；②深入揭示膜拜团体的组织内幕、精神控制手段，以及制造集权环境伤害成员身心功能的危害性；③帮助成员脱离膜拜团体，重新构建自己的价值观，重归正常的社会生活；④给予成员后续帮助，志愿者在帮助过程中给予成员长期的心理援助。

（3）营造良好社会环境以消除膜拜诱惑

2012 年，哥伦比亚大学在联合国会议上发布了《全球幸福指数报告》，报告中综述了世界各主要国家的主观幸福感指数，也提出了影响人们幸福感的因素，如失业、身体健康、性别平等以及社会治理水平等，这份报告在国际上引起了很大反响，很多国家致力于提升本国公民的幸福指数。中国科学院心理研究所提出了“国民幸福感”理论框架，即“幸福源×幸福力=幸福感”。幸福源指的是人们所处的社会、企业、学校等外部环境；幸福力指的是人们获取幸福的能力，如自强、勇气、感恩、乐观、坚韧等；幸福感是人们对自己的主观情绪、潜力发展程度、社会安全感等评价结果。

早在 1998 年，学者凯斯（Keyes）就提出了社会幸福感包括 5 个维度：

社会接受：对生活和认知拥有积极的态度，能够接受人与人之间的差异；

社会实现：相信人们、集体和社会有潜力，能够积极发展和成长；

社会贡献：认识到自己在日常生活中的价值，能被社会和他人认同或重视；

社会和谐：对社会生活感兴趣，能够发现其意义，并且有一定程度的理解；

社会整合：有归属感，能够从社区获得安慰和支持。

本研究做过一项陕西关中地区农民总体幸福感与全国常模的比较：男性农民与全国常模比较未见差异；女性农民与全国常模比较显见差异，前者高于后者（$t=3.349$，$p<0.05$）。在对农民总体幸福感与性别、年龄、民族、文化程度、健康水平、家庭经济状况的相关分析中显示，身体健康水平与总体幸福感呈显著正相关（$r=0.352$，$p<0.01$），家庭经济状况与总体幸福感呈显著正相关（$r=0.373$，$p<0.01$），即身体健康水平和家庭经济状况越好，总体幸福感就越强。由此发现，主观幸福感好的农民，他们的精神状态也好，生活态度积极乐观，对未来充满了希望。这说明在市场经济大潮的冲击下，农民认识到经济条件在现代社会对个人生活的重要作用，希望自己能有较好的经济收入，过上更好的生活。他们采用更加务实的方法去挣钱，不去幻想“钱满贯、粮满仓”的膜拜生活，他们说：“占‘神’的便宜那只是一个笑话。”因此，膜拜活动很难在他们心里扎下根，他们也不去参加膜拜活动。

（4）充分树立长期作战的思想

防控破坏性膜拜活动的工作是一场看不见硝烟的思想战，不能有怯让和松懈。膜拜势力能不断发展的一个重要原因，就是人们没有充分认识到其性质，甚至有人还认为这只是一个宗教团体，是宗教存在的正常表现形式。这种认识误区使它们有了发展的可乘之机。目前，尽管针对破坏性膜拜团体的媒体报道不多，但其活动仍然很活跃，有的改名换姓，有的另立新教，有的旧教复出，其争夺思想领域的危害性深深植根于膜拜极端思想的本质。因此，如果任由其发展，必将会走向“分化”国家的目的，我们应该做好持久战和攻坚战的准备，充分聚集各方力量以保障社会的安全。

总之，从社会控制论角度而言，采取软硬相结合的措施，遏止膜拜思想的滋生，切断其传播途径；从心理控制论角度出发，增强抵御膜拜思想渗透的能力，打造民众的健康心理；从综合治理论角度出发，调动一切有益的社会资源，防控膜拜团体及其活动的扩展。采取多方位和多元化的联合治理手段，共同构建社会预警防控机制。

三　防控破坏性膜拜活动的社会预警运行技术

根据社会控制论、心理控制论、综合治理论和社会实际需要，建立防控膜拜活动的社会预警运行技术。

（一）信息采集分析技术

1. 采集分析膜拜团体信息

建立膜拜团体管理档案以进行动向跟踪观察。档案内容包括：编号、教名、教主、教义理念、教内负责人、主要成员、教团活动内容、地域分布情况、流行状态、教团出版物等，便于政府进行监控与引导，并对收集的信息进行评估和制订防控方案：①评估膜拜团体活动类型特征；②根据信息制订干预措施；③保证下属机构和区域防控点的信息交流畅通。比如，笔者调查膜拜成员 88 名，显示一些成员存在轻、中度的偏执型、癔症型、冲动型、神经质型的人格偏差，其中男性成员 MMPI（明尼苏达多项人格测验）的 10 个临床量表分值除异性化外，其他 9 项均高于常模，二者之间存在统计学显著性差异，这说明男性成员有一定的人格问题。[①] 学者沃尔什（Walsh）和罗宾（Robin）等，以艾森克人格问卷调查膜拜成员，其神经质项目得分明显高于常模，并且其自制能力明显低于常模。[②] 另有学者调查显示 30% 的膜拜成员存在人格偏差。那么，由这样一些人员构成的膜拜团体，其发生社会破坏性活动的风险就不能忽视。

2. 采集分析膜拜个体信息

信息采集工作重点主要是弱势个体和特殊个体，尤其是易被蛊惑的人员和曾经加入某些膜拜团体的人员。采集渠道主要是在企业、事业单位和社区等环境，可以针对某一特定问题进行社会态度调查、网络信息采集、电话信息采集等，建立个体电子信息管理档案。其指标可采用人格测定、社会支持测定、心理健康测定、信仰倾向测定等方法，再根据这四个系统

---

① 陈青萍：《精神控制论——从临床心理学视角分析膜拜现象》，人民出版社 2010 年版，第 63 页。

② Yvonne Walsh，Robin J. H. Russell，“The Personality of Ex-Cult Members”，*Personality and Individual Differences*，1995，Vol. 19，No. 3.

的综合得分，将分数明显异常的人员筛查出来，进行个体归因方式、行为预测和风险评估。心理活动总是先于行为出现，由于个人生活背景不同，必然有不同的信仰态度，信仰态度又指导着社会行为，因此了解其态度可以预见其可能采取的行为方式，及时防止易感人员进入破坏性膜拜团体或者发生危机事件。

具体操作方法如下。

（1）建立心理评估档案

根据个人资料建立心理评估档案，对易感人员或膜拜成员进行心理功能测查，测查范围包括心理健康水平、人格特征、认知方式、心理应激等方面，主要观察其人格中是否存在明显偏执、躁狂和神经质倾向，社会支持系统是否显著低于常模，观察成员心理测量得分是否明显超出正常范围，近期是否出现明显的心理问题和行为异常现象，以便于较为全面的掌握情况。可以采取电子档案信息管理方式，将分数明显超出的人员筛查出来以备辅导，这些内容为防控工作奠定了客观基础。比如，本研究采用《认知偏差问卷》调查了 30 名膜拜成员，结果显示：选择非抑郁—歪曲的回答较多，其得分均值为 9.67 分，而抑郁症病人的均值为 7 分，非抑郁住院病人的均值为 1.5 分。膜拜成员分值明显高于后两者，其两者比较差异十分显著（$t=4.584$，$p<0.001$；$t=14.04$，$p<0.001$）。这些数据可以作为预测指标，说明膜拜成员存在明显的认知偏差，他们制造风险行为的可能性极大，应该及时防控可能出现的偏激行为。

（2）筛查膜拜易感人员

许多调查显示有十类易感人员：体弱多病、精神空虚、生活困难、相信鬼神、怀才不遇、迷恋气功、个性偏执、单纯善良、经历坎坷、对社会不满。其中最常见的有四类人员：①体弱多病。由于医疗条件和经济条件的制约，他们容易在“有病治病、无病强身”等劝说下被诱惑进去。②空巢人员。由于子女常年不在身边，部分中老年人的生活是“出门一把锁、进门一盏灯”，当传教的“知心大姐”很快成了“好朋友”之后，填补了他们心灵的孤独，也加入“兄弟姊妹”行列之中了。③迷信人员。迷信色彩比较浓厚的一些人，容易听信一些花言巧语的描述，便认为“信神可以进天国，能消灾避难”，从而归顺于其中寻找心灵的慰藉。④弱势人员。他们在现实社会生活中显得无力，要么得到了教内“周济”，要么梦想

“大师”能帮助自己改变命运，要么被“封官许愿”满足了某种地位感。对这些易感人员可以进行心理筛查，根据测试结果获得准确而客观的信息，对于结果异常者按其异常程度，分别采用不同等级进行标明，或转介有关部门及时进行心理帮助，尤其是通过心理健康或人格倾向的特定条目筛查，对有暴力倾向者早发现、早防控，防止突发的恶性事件。

（3）预警防控不安全事件

在社会高速发展的经济转型期，也是社会内外矛盾的凸显期，须及时准确地掌握各类信息，对突发性膜拜事件保持高度警觉。膜拜危情多发生在破坏社会公共安全等方面。首先，预警需要有一定的信息作为基础，并在对信息进行分析、推断、演绎的基础上做出合理的预报。其次，预警的目的是控制危机和解决危机，当突发性危机事件发生时，及时采取措施疏导以控制事态的发展，对处于心理危机状态的个体或群体采取有效的心理干预措施，使之尽快摆脱困境。再次，迅速进行信息沟通，不仅是体系内的沟通，还要和体系外进行有效沟通，消除公众对危机的恐慌心理，以有利于危机处理有序进行。最后，预警需要建立有效运转的体系，建立危机预警管理的相应组织机构，不间断地进行观察和监测，特别要掌握重大节日、重大活动、重大形势变化期间膜拜团体的动态，如果发现安全隐患及时消除。

（二）危情综合分析技术

此处危情指的是社会危情，就是对社会价值、根本利益和行为准则构成严重威胁，需要在时间压力和不确定性极高的情况下，及时做出决策的重大社会事件。危情综合分析技术是对膜拜团体活动以及有可能做出风险行为的骨干成员进行监测和评估，确定是否会出现危情以及危情级别，并根据情况制订解决方案。

1. 根据三个指标进行分析

（1）危情分析

这是指出现的异常情况。就个体而言，危情是当人遇到某种刺激或无法应对的事件时，产生高度紧张、苦恼、焦虑和痛苦的状态，也是一种心理危情状态。如有一位中年女性成员，她因整日忙于“练功”和“传教”，无暇顾及丈夫和孩子，她的丈夫有了外遇，这让她的自尊心受到很大打击，她要做出一番有价值的事来向丈夫示威，她买了一把刀藏在身上准备“除魔”。这显然是应该防控的危情事件。就团体而言，比如一个膜拜团体一个月内有过多的集会次数，或向成员收取过多的费用，或在秘密地准备一些莫名其妙的工具等，这些情况都是潜在危情的表现，值得关注和提高警惕。

（2）危源分析

危源主要是指两个方面，一是破坏性膜拜团体的存在，这是最大的危源，因为该团体的组织目的、结构形式、传教方式、活动内容等，都与现存社会体制的规范不符合，他们有斗争性和反抗性；二是膜拜成员的被控制性。膜拜成员多是一些社会弱势人员，他们存在诸如信仰混乱、社会生活疏远、信仰迷信文化、遭遇重大生活事件后缺乏社会支持等问题。在他们被施以精神控制之后，便很容易地被裹胁着去冲击有关部门或发生一些暴恐行为。所以，膜拜团体和膜拜成员都可能存在危源因素。

（3）危兆分析

这是指危情在孕育和滋生过程中，先行暴露出来的危险迹象。由于膜拜危机事件具有突发性和不确定性，因此识别危兆十分重要。这方面工作主要包括监测、识别、评价三个方面：①监测危情事件环境，对骨干成员的活动进行信息监测和管理。②对各种危情事件征兆进行识别，将监测信息及时准确地输入识别环节，以识别社会安全活动中各种危情事件的征兆和诱因。比如，某人在参加了膜拜活动后对社会极为抱怨，产生不满和敌意，或者声称自己担负“神”的使命要来改造社会，或者一些团体在秘密策划一些活动等，这些都可以作为先兆信息而需要严密监控。③对处于警戒和危机状态的预警信息进行评估，分析各种引发危情事件的成因、过程和趋势，采用线性回归方法等预测其发展趋势。比如，近两年发生的恐怖爆炸案、公交纵火案中那些“歹徒”平常就流露出对政府和社会的不满，他们具有极端思想、崇尚暴力、报复社会，甚至还有人参加过一些秘密培训。这些信息都在危兆分析的范围之内。④进行及时警示的管理活动，综合多种已有经验和方法提高风险判断的准确性，以实现对全局形势的准确把控。

2. 评估危情级别

危情级别评估主要是依据信息采集资料进行相关指标数值的检测，统计相关指标的数值，并采取定性和定量相结合的方法，确定警戒线以开展预警防控工作。定量分析是采用统计学方法，引用相关常模对数据进行计算，根据数值偏离常态的程度来分析危情级别并发出预警信息。比如，有关调查显示有30%的膜拜成员存在人格偏差，这30%的人极有可能会在某种诱导下走向行为偏差，制造社会负面活动，对这些人要及时进行危情干预，防止出现意外事件。定性分析是在定量分析基础上评估危情等级，以便确定是否发出预警以及发出何种级别的预警等级。关于膜拜活动危情可以分为四个级别：无危情、轻度危情、中度危情和重度危情。根据危情级别选择处理方法：无危情则不采取行动而继续观测；轻度危情则进行情绪疏导并导向良性状态；中度危情则立即采取控制措施；重度危情则采取强制性教育方法，防止发生极端事件。比如，依据《社会事件应激量表》43项内容作为评估的预警指标，通过成员的主观感受而计算分值。评估标准：200分为轻度情绪反应，表示个体心理有波动；250分为中度危情状态，表示心理活动处于动荡状态；300分以上为重度危情状态，表示情绪反应高于能够承受的范围，社会危机事件随时可能发生；350分以上则表示心理处于混乱状态，其情绪状态或行为方式已经或可能影响到他人安全和社会安全了。

（三）危情形势处理技术

危情管理是一种有组织、有计划、持续动态的工作过程，无论是针对膜拜团体，还是膜拜成员都要做好问题解决和心理疏导工作。危情处理方式可以采用“环状包围式”，即由家庭、社区、单位和社会力量进行帮助，将膜拜团体及其成员包裹在环状关系中，从思想认识、身心健康、家庭生活、未来发展等层面进行疏导，并确保教育效果的落实。

1. 危情处理的组织工作

膜拜问题既是政治问题，也是社会问题，还是心理问题，同时也是社会管理问题。危情管理工作能力是相关干部最基本的能力之一，当面对措手不及的膜拜突发事件，面对前所未有的新问题、新事件出现时，应该怎么办？没有现成的处理模式去参照。此时，对于一些突发事件和非常规事件的处理，应当考虑处理中的有序性和重点性，遵循“两利相权取其大，两害相权取其轻”的原则，需要运用原则性、果断性、灵活性和创新性的思维方式，建立在科学判断的原则性和灵活处理的高度统一基础上，以达到处理危情事件的有效性，把对社会的危害减到最低程度。由此，需要建立四级式社会预警防控方式，为膜拜危情管理和预控对策提供组织构成、职能分配及运行方式等有保证的组织环境。四级式社会预警防控方式：一级方式是党政联盟，有组织保障的综合性防控体系，建立垂直线性管理模式（政府—单位—个人），由中央有关部门为最高指挥中心，负责收集信息和评估形势，以及向下级隶属机构发布政策指导和工作任务。二级方式由非政府组织担任，充分发挥关爱协会的民间力量，与社会大众形成良性互动，执行协助辅导的工作任务，以自身优势填补政府管理难以涉及的内容，帮助缓解社会矛盾。三级方式是社会志愿组织和专业支持。心理、社会、教育、宗教等多学科联合，对成员进行直接帮助。四级方式是社区和家庭联手对成员进行长期帮助。

危情处理的工作流程。

（1）根据个人资料建立膜拜成员档案。

（2）对成员进行在线系统测查，建立心理健康档案等。

（3）根据测试结果进行危情预警评估，如可以考察成员的信仰态度、社会态度、心理健康等情况。测验结果正常显示无警，若结果异常则按照异常程度分别标明，以方便进行鉴别与制订帮助计划。

（4）对显示有心理问题的成员，及时安排专业人员进行帮助。此外，还可以根据测量结果对具有某一类问题者进行归类，为危情管理提供参考依据，并可以及时预防危情事件的发生。

2. 危情处理工作策略

（1）超前控制法

超前控制法是采取一些措施让不期望的行为不发生，这是一种超前管理和防控，预警本质上就是一种前馈控制，即通过观察情况、收集信息、掌握规律、预测趋势、正确评估等方法，提前采取措施将可能出现的问题消灭于萌芽状态之中，最大限度地避免出现问题。一是具备迅速反应功能，使工作系统处于一种常备不懈状态，即在外部条件发生不确定变化时，能够迅速通过监测、收集信息和情报分析，发现将要变化的可疑情况，主动和迅速地做出反应与快速干预。二是动态性的重点监测功能，对相关信息进行监测，及时发现可能诱发的危险因素，对可能发生危机的易感人群和特定阶段进行重点监测。三是预先控制危情事件征兆的不良趋势，使之向良性趋势扩展，阻止它形成危情事实。

（2）危情管控法

由于膜拜危情事件多发生在公共场所，给人们造成的心理冲击力和危害性都很大，有关部门应立刻紧急备战，首先对事件发展态势和可能带来的危害进行确认，并立即启动危情管理机制来修复危机的冲击，尽快由危情状态向日常功能转化；在获得膜拜危情出现之初就要积极做出反应，以有效的方法去应对，从膜拜问题源头、危害程度、已造成的社会影响等方面做出评估，并采取措施将其破坏性控制在最小范围内；在处理过程中要保证信息的公开透明，对一件事情不说明原因的简单禁止，反而会让这件事情具有特殊吸引力，使人们将更多的注意力转移到这件事情上，也会引起更多的推测和传言。因此，做好公众的信息宣作工作，正确引导舆论导向，不要隐瞒客观信息，避免公众的心理恐慌，同时也要防止谣言传播，杜绝社会不良影响的发生。

（3）健康教育法

社会健康教育是社会预警防控体系中的一个理论与实践互动的模式，对公民加强教育形成“不加入”的思想基础，其着眼点在于提高民众的思想素质，自觉经受住在社会转型条件下的各种诱惑。培养积极向上的生活态度，始终做到自重、自醒、自警、自励。心理健康的教育还在于：其一，健康教育性质是追求正确目标的共同性，建立规范意识与行为，减少个体偏差和不良行为，作为教育指导性活动是提高社会大众的规范意识与心理健康水平，以达到优化全社会的目标。其二，它是大规模地进行合格公民的培养，为意识扭曲、认知偏差、过失行为等“社会病人”提供一套健康教育对策，促使他们为社会稳定而调节行为。其三，健康教育还涉及改变生活方式，人总是会通过生活方式与思想意识相吻合，从而影响自己的行为方式和对社会的态度。因此，要教育成员思考目前生活方式的危害性、有益性和后果性。健康观念无小事，它涉及社会生活和社会适应情况。其四，膜拜危情事件在社会生活中时有发生，健康教育关注成员的思考与感受，直截了当地提供建设性意见，如现场给予心理辅导、适应指导和心理危机援助等，围绕成员出现的各种心理问题展开帮助活动，是解决和防控危情事件的一条有效途径。

当然，从根本上防控膜拜危情事件，还需要依靠社会环境的合理化、政治、经济与文化等社会关系的良性协调运作。社会预警防控机制只有与社会保障制度、社会安全制度等共同作用时，社会稳定才能实现。

3. 膜拜成员危情处理方法

（1）危情心理疏导

膜拜团体将成员限制在某种单一环境中，限制其与外界接触，采用声音、图像、文字、动作等暗示方式，逐步使成员心理异化，导致成员的感觉、知觉以及识别能力下降。长此以往，成员逐渐思维单一、情感淡漠、行为固化，他们只对特定的事物表现敏感。因此，针对成员的心理疏导分为两个阶段进行。

第一个阶段：情绪波动期（前三个月）

在“冲击早期”主要是采取“一对一”的动机访谈形式，首先是稳定成员情绪，做一些呼吸与肌肉的放松训练，其次是帮助他们改变认知方式，学习面对生活现实能解决困境的技能。这一阶段的效果评估标准有以下几点：①想成神成仙的幻想减少，注意力能够集中在现实问题上；②日常生活有规律性，入睡质量好，能进行正常的活动；③能正视膜拜团体相关的信息，能接纳一些不同看法；④情绪基本稳定，能保持客观态度并对自己的行为进行理性分析，不乱发脾气和抱怨社会。

第二个阶段：心理恢复期（后三个月）

在“恢复期”主要采取的是集体会谈形式和团体心理辅导活动，将几个或十几个有同样经历的成员组织在一起，引导他们相互交流，启发他们发现生活的意义，建立正确的价值观念。还可以组织开展一些心理游戏，帮助他们更好地适应人际互动和社会交流。同时，组织他们观看一些祖国建设的励志书籍和影视节目，帮助他们提升认识和获得愉快的情绪。

这一阶段的效果评估标准主要有以下四个改变：

认知改变：改变看待自己、看待别人、看待事物的观点，能较为客观地看问题；

情绪改变：改变自己负性的情绪体验；

行为改变：改变自己的膜拜行为方式；

人格改变：对自己的问题能进行深层领悟和正确认识。

（2）提高科学素养教育

在社会大变革的时代，人们已不是依据经验来生活了，经验只是过去的东西，仅起到借鉴作用，顺应社会发展需要综合性的科学素养。人的科学素养分为三个层面：了解科学知识、掌握科学方法、科学精神内化。这是随着认识和领悟能力的提高而依次递进的觉悟，最后达到树立科学精神的态度。有观点指出："人的科学素养达到的层面会影响人对邪教的易感性。"① 大多数误入膜拜团体的成员，都是心地善良之人，只是因为科学知识储备得不够，出现了知识层面的认识偏差。特别是一些长期生活在农村的成员，他们的文化程度不高，在社会主义市场经济发展的新形势下，不了解社会和科学发展的趋势，不能掌握自身的命运，缺乏精神支柱，他们常常会在迷信活动中寻求心理安慰。针对这种情况应该大力开展科学知识教育，帮助成员提高认识。当然，也有一些高学历者进入膜拜团体的原因并不是知识匮乏，而是在科学探索过程中的追求方向出现了偏差。针对这类成员主要是促进他们对科学价值的理解，把知识运用到公共利益上才是真智慧。目前我国是"黄金发展"与"矛盾凸显"的并存时期，知识分子应该为社会发展"帮忙"，而不应该在矛盾中"添乱"，国家尊重信仰自由不等于放弃对不符合社会规范的信仰的管理。

（3）开展家庭督导帮助

家庭是以一定的婚姻关系、血缘关系组合起来的社会生活基本单位，这是一种特殊的心理认可群体，是由多方面的特殊关系、特殊感情相互联结而长久生活在一起的人员组成。家庭具有：①生物功能。这包括性生活与生育两个方面，是家庭最基本的功能，是承担繁衍后代的合法单位和文化载体，也是维护家庭成员幸福的主要条件。②经济功能。这包括家庭中的生产、分配、交换、消费，它是家庭功能其他方面的物质基础，以保障家庭功能的正常进行。③文化功能。家庭培植文明进取的价值观，家庭成员通过亲朋往来、文化娱乐、求学就业等活动传递社会道

① 社会治安动态预警研究课题组：《社会治安预警指标体系及其实现途径》，《中国人民公安大学学报》（社会科学版）2009 年第 3 期。

德、法律、风俗和时尚等，是培养仁爱之心的最初场所，也是一个人体现全部社会价值的基点。④教育功能。具有传播科学与文化知识、培养家庭成员文化素质的功能，使其具有建设自己未来幸福生活的能力。⑤心理功能。在家庭成员之间存在一种被权利和义务联结起来的家庭契约，它是感情投入、人际依恋的方向和协调方法。良好的家庭情感有利于成员体验认同感、归属感和安全感，有利于塑造充实而丰富的内心世界，是成员遭受挫折之后缓冲和疗伤的场所。家庭与个体的社会心理健康以及社会行为方式息息相关。

西班牙学者佩佩·罗德里格斯指出："在特别挑剔、充满敌意或过多干涉的家庭中生活的人，比那些没有经历过这种环境的人具有更高的邪教发生率。"① 我们调查发现，一些成员存在家庭关系疏远的问题，他们难与家人进行沟通。比如，有一位女成员的家庭，丈夫常年在外面忙于经商，很少回家。这个妻子无法满足感情渴望，被冷落的失望与心灵的孤寂，让她将感情转嫁到膜拜活动上。在进入膜拜团体初期感受到"无微不至"的关爱，这对于渴望感情的人来说，无疑是一种诱惑。她并没有表现出被精神控制的特征，却也不愿意脱离，只是因为在这里满足了她在家庭中得不到的心理需求。这可以说是一种移情心理，当一个人的某种需要不能得到满足时，就可能会去寻找一种替代以满足自己的愿望。故此，构建家庭第一线防控力量十分重要。家庭对于每一位成员来说，是在现实生活中安身立命的精神家园，代表的是一种重要的感情支持，而有效的支持具有心理、生理的治疗效果。所以，国内外学者将家庭支持称为"支持疗法"。

国外研究指出："家庭背景和家庭关怀能促进成员脱离邪教控制，尤其是对于防止已转化者重新返回起到显著的帮助作用。"② 一般人进入邪教/破坏性膜拜团体通常是在遭遇挫折事件，体验到挫败感，发生在心理困惑时，而从进入到脱离共有五个阶段：引诱、加入、被精神控制、脱离社会、重新适应社会。家庭作用从第一到第五个阶段都自始至终地发挥着重要作用。所以，家庭督导帮助也是一个系统过程，在此过程中主

① ［西班牙］佩佩·罗德里格斯：《痴迷邪教》，石灵译，新华出版社2001年版。

② Mark I. Sirkin, "Clut Involvement: A Systems Approach to Assessment and Treatment", *Psychotherapy*, 1990, Vol. 1, pp. 27.

要有两种督导意义：①感情治疗。着重于建设家庭人员之间的感情联系和有问题时能互相帮助的忠诚态度。②关系治疗。着重于改善成员的心理冲突和促进家庭人员的沟通，每个人都有个性会发生碰撞，要做到兼收并蓄、互相包容。

可以采用策略性家庭督导方法，即关注家庭人员之间的互动作用。举个例子来说明：一位丈夫因妻子整天在外面传教不顾家而生气，他以愤怒的态度指责妻子，但妻子出于对指责的反应，变得更加不顾家了，甚至晚上也不回家了，这导致丈夫更加生气，以更加愤怒的态度对待妻子，妻子则干脆不回家了。本来，丈夫是想改变妻子不顾家的问题，但由于采取的是生气方式而形成了情绪对立，这不但解决不了问题，反而导致妻子干脆不回家了。丈夫生气和妻子回避都不是解决问题的办法，反而加剧了问题的严重性。策略性家庭督导方法认为，家庭人员不应该把问题归咎于某一方，要打破那种不能解决问题的行为链条，创造相互沟通的交流方式。采用策略性家庭督导工作主要有如下三个方面：第一，积极重构家庭关系，由相关人员对家庭人员进行辅导，鼓励他们加强与成员的联系与沟通，家庭是重情并讲爱的地方，不过分责备而要让成员敞开心扉，积极寻求解决问题的方法和沟通模式。在这个例子中，丈夫可以向妻子讲明传教活动与家庭生活孰重孰轻的问题，哪一个对丈夫安全工作、孩子良好教育有意义。第二，家庭人员可以共同讨论，在保证成员自尊心不受到伤害的基础上，向他们说明膜拜行为是不能被接受的，它给家庭带来的不是和睦，而是分歧与争吵，同时制订今后应该遵循的社会规范和行为方式。第三，家庭关系正常化，只有实现了和谐的家庭关系，才能避免其他问题的产生。在整个家庭督导过程中，应该注意家庭成员的整体参与，切忌发生不必要的冲突。

（4）进行社交技能训练

社交建立的是社会支持、精神支持和感情帮助等方面的精神安全与心理尊重，它是通过感情资源和信息资源获取心理安慰。现在流行“社会网络”，它包括支持网络和联系网络，主要是由家人和朋友交往联络等构成，也就是有一群可以听你倾诉并能提供精神支持和感情支持的人际圈，可以帮你渡过难关或缓解心理压力。为什么女性和老年人容易进入膜拜团体？这与他们很少出门，长年待在家里烧火做饭看孩子有关。人都有去体验外面多彩世界以及与人交流的欲望，有的人就进入了膜拜团体。由于膜拜团体难以融入社会，其活动内容使成员与社会及其他人群疏远，由此导致成员表现出：对周围环境和他人失去兴趣；回避有社会价值的社交活动；长期封闭的“修炼”对社会生活失去了热情。这些情况使成员的社交技能不足，因此掌握交流技能是必要的。

①交谈内容。社交并不只是说话，而需要采用一些技巧，比如表情、声调运用和有效的躯体语言等。让成员参与到交流中来，就意味着控制了他的注意力，并且对其思想施加影响，因为交流能产生更深刻的人与人之间的思想渗透，或者说对成员的思想可以产生更大的影响。

②交谈规则。交谈规则在不同社会、不同文化、不同团体和不同职业之间有所差别，但也有一些普遍性规则。比如，一方讲话时对方应注意倾听，不要轻易打断，要注意用词文雅，还有谁先讲，什么时间讲，讲多长时间，怎么讲，都要注意协调。

③语词沟通。在人类的一切经验中，共同性最大的就是语词，它使人际沟通超越时间和空间的限制。因此，语词要准确、有效，少用方言或者专业术语，避免语言表达不清而造成误解，多用通俗性语言，多打些比喻，以让人理解为好。

④身体语言沟通。研究发现，在面对面的人际沟通过程中，多数信息交流是借助于身体语言实现的。面部表情与目光，这是显露个体内心世界的有效方式，态度、情绪和情感都可以从中反映出来；身体运动和接触，用手势语言表达自己的态度与情感，会使情感体验更为深刻，适当的触摸是相互理解、消除隔阂、表达深厚情谊的有效手段；姿势与装饰，这也是运用肢体动作和外表装扮表达情感及态度的一种方式。

⑤沟通渠道和方式。沟通方式复杂多样，既有语词沟通或非语词沟通，又有口头沟通和书面沟通，还有双向沟通和单向沟通，在实际沟通过程中，应根据成员具体情况选择具体方式，以达到良好的预期效果。

⑥采用“团体心理辅导”训练，这有助于提升人际信任和接纳他人，对人际关系沟通有促进作用。如开展“寻找有缘人”“风雨同舟”“名字接龙”“解开千千结”等活动。

当然，社交技能训练是建立在成员自动参与并能给他们带来愉快情绪体验的活动内容之基础上。

以下归纳破坏性膜拜团体活动的社会预警防控主体内容，如图6－2所示：

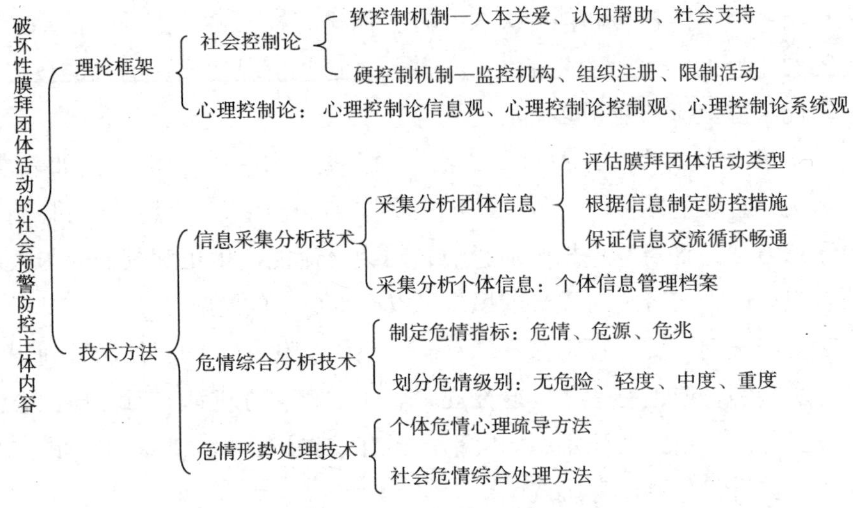

图6－2　社会预警防控主体内容

四　形成“四联体”式社会预警防控运行模式

破坏性膜拜防控工作领域广泛，是任何一个职能部门都无法独立承担的综合性系统工程，需要多元化、多层面、多方位的资源整合，将社会力量统合成一只“拳头”，集中有力地应对破坏性膜拜团体及其活动，而绝非依靠“单兵突进”所能解决的。因此，建构一套“四联体”式社会预警防控运行模式，包含有国家宏观防范的法律制约机制、省市常态防范部门联动机制、区县应急防范协作机制、社区微观防范合作机制，分层分级实现从中央到基层各级政府以及民间组织的协作，即构建一套党政联盟、司法联动、协会联合、社区联手的“四联体”式社会预警防控运行模式（如图6－3所示），在此基础上充分动员社会力量，防控破坏性膜拜团体的活动。

（一）建立国家预警防控的法律制约机制

世界各国学者尽管对于破坏性膜拜团体概念的划分存在一些学术分

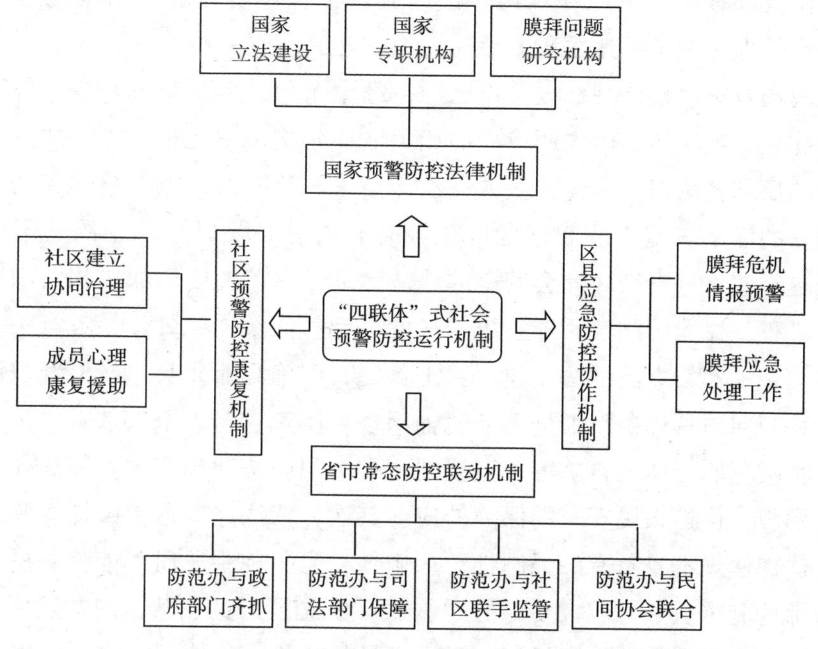

图 6－3　社会预警防控运行模式

歧，但对于其在法律制约方面则意见非常一致，都要求通过法律手段进行严格治理。国家预警防控法律制约机制是“四联体”模式根基之所在，社会安全是基于国家法律的健全，包括制定政策、提供法律保障、制定反邪教法等，这是以国家法律力量以及制度措施来保障社会的安全。

国家反邪教立法建设为反破坏性膜拜团体的工作提供完备的法律依据，其中包含着三个基本要素，即严密立法、严格执法和严厉制裁，真正做到“三严”，需要有相应的制度和法律法规来保障。1997 年，我国在《刑法》第三百条就规定了“组织、利用会道门、邪教组织、利用迷信破坏法律实施罪”。这开启了我国反邪教活动的立法工作基础。1999 年，全国人民代表大会常务委员会通过了《关于取缔邪教组织、防范和惩治邪教活动的决定》，明确了国家有关部门在打击邪教及其活动中的具体职责。1999—2001 年，最高人民法院、最高人民检察院联合发布了《关于办理组织和利用邪教组织犯罪案件具体应用法律若干问题的解释》（一）、（二），明确规定了国家对于邪教犯罪类型的处理方式，对在惩治邪教犯罪活动司法过程中的具体法律适用问题做了清晰、具体、明确的解释和限定，强化了我国反邪教工作的法律保障，成为我国治理和防范邪教活动的法律依据，有效地遏制了其违法犯罪活动。

我国有规模地治理邪教工作已经持续十余年，但是却没有专门针对邪教而建立专项法律，原先所设立的相关法律条文又不是很健全，缺少一部专门的反邪教法案，致使一些人钻法律空子，从事奴役他人精神和伤害他人生命的活动。鉴于邪教问题的长期存在，有必要以法律制约其不法活动，更有效地打击破坏社会安全的违法活动。因此，应该加快相关问题的立法进程，在我国制定一部系统详尽的反邪教法案。此处，参考有关文献提出关于反邪教立法的两点建议：①首先，明确犯罪条目。在反邪教法案中应将犯罪的具体条目细化，如恐怖活动、围观攻击、杀人敛财、骗财渔色、教唆犯罪、诱人自杀等，直接制定在专门的法律条文中，使法律具有打击邪教、保护人民安全的保障效应。其次，依法严肃惩治破坏性膜拜团体。法律法规本身具有的强制性、严肃性，是其他手段所不能代替的，依法对那些利欲熏心、胆大妄为的“教主”实施严厉的制裁，同时还要加大经济制裁力度，使他们在经济上付出高昂的代价，让他们不敢再去以“宗教”为幌子，行“欺骗”之实的活动。②撤销实体机构。现有法律在追究邪教团体责任的时候，多数针对具体的责任人或负责人，但邪教团体多是以实体机构或集团形式存在，惩治了具体责任人，但其实体机构依然存在，这势必为其卷土重来留下基础。因此，在立法中应当加强对其实体惩治的相关法律条文，使之彻底失去组织结构的基础。

（二）强化省市常态防控的部门联动机制

建立省市常态防控部门联动机制，这是基于国家安全需要建立起来的日常预警防范机构，在国家宏观防范机构的指导下开展工作。该机制是一个包括医疗保障、心理教育、社会安全等部门在内的综合体，可以在短时间内调动社会资源应对膜拜危机事件。目前，我国各省市都成立了防范与处理邪教问题办公室，依据中央、国务院相关部门制定的政策开展一系列工作，如收集信息、监测活动、评估风险以及应对膜拜活动等，向上密切联系上级报告危情动向，向下督促区县级单位开展具体的防控工作，严格防控发生破坏性危机事件。

1. 强化省防范办与政府相关部门齐抓共管的党政联盟

建立由省委防范办统一领导，把握工作的重点和方向，以各级防范办工作为基础，协调政府各部门齐抓共管的组织体系，协调各种行政资源和相关的社会资源，不论隶属关系如何，需要时都要服从统一调度、统一指挥、统一使用。相关部门要制定并不断完善防控破坏性膜拜活动的预案，做到组织落实和措施落实，并逐级对防控工作进行专项督察督办。总之，党委政府重视，各部门密切配合，共同参与合作，发挥各方优势，形成联动机制，整体推进社会预警防控工作的质量。

2. 强化省防范办与司法部门安全保障的联动平台

在省防范办和司法部门之间搭建安全保障的联动平台，及时掌握膜拜团体的活动信息。在预警防控工作中，除了关注第一代膜拜团体骨干的问题外，还要关注第二代、第三代的问题。比如，发源于陕西省耀县的“门徒会”，其第一代头目季三保已于 1997 年死亡，第二代掌门人陈某也于 2002 年死于肺心病，目前严密防范第三代头目及其骨干成员的活动趋向，防止其发展蔓延及其破坏性活动。当前，我国正处于社会转型和工业化、城镇化快速发展进程中，经历着许多前所未有的事情，安全防范和监督管理还不十分完善，一些破坏性膜拜团体的活动屡禁不止，他们常常以突如其来的方式出现，制造混乱和引起社会民众的恐慌，社会安全工作亟须加强。解决和处理这些问题仅靠某一部门的力道不够，为进一步加强社会安全工作，预防和减少社会公共安全事故，有关部门应该加强与司法部门的联动，提供更加有效的法治管理。一是建立司法提前介入膜拜团体隐患排查工作机制，可以更好地发现和监督社会安全形势，及时提出安全措施的司法建议，不要造成事故发生后司法才介入的被动局面。二是设立社会安全审判法庭，通过结合典型案例，组织开展公开宣判、以案释法等活动来教育民众，比如，“5·28”山东招远事件就起到了这样的作用。强化省防范办与司法部门联动平台的建设，可以增强全民防范邪教的法制意识，促进社会安全文化的建设。

3. 强化省防范办与反邪教协会互助的联合作用

民间反邪教协会特点是人员数量多、分布区域广、专业领域宽、工作灵活性强。这就保证了其工作覆盖的范围更大，有机会接触到社会的许多具体问题，能够收集到第一手信息，更利于开展群众性的教育工作。许多国家都成立了类似的民间组织，如法国成立的“反对精神操纵中心”、日本成立的“环境整备奥姆对策委员会”、美国成立的“国际邪教研究协会”等组织。我国各省市也成立了反邪教协会，其工作效应主要体现在：①搭建城市与农村思想互助平台，实行工作资源互补；②普及科学知识和开展群众教育活动，提高大众防邪认识；③培训基层乡镇干部工作能力，提高反邪工作质量；④选择教育先进基层单位，扩大反邪工作示范影响力；⑤帮助成员疏导心理问题。尤其是宗教人士和前成员的参与，在普及宗教知识和现身说法方面有很大的便利性，可以减少成员的阻抗心理，使转化工作更具有说服力。

4. 强化省防范办与基层单位监管布控的联手合作

从膜拜流行情况来看，基层单位是膜拜活动容易传播和扩散的地方，因此基层单位是防控膜拜活动的一道重要防线。其工作要点：一是努力把安全隐患消除在基层，实现无邪区；二是一旦有输入性活动发生后，要做到早发现、早报告、早干预，确保不传播；三是实施基层把关并及时帮助的措施，对膜拜团体及其成员发挥监管的作用，不形成安全事故。基层单位可以建立通信员、信息员、治安员的信息通报体系，及时掌握信息并严防膜拜思想的传播。2015 年，某省基层单位一名信息员报告，在一工厂内有一印刷膜拜宣传品的窝点，有关部门立即查获，阻止了不良宣传品的外传。我国十多年来有效防止了许多膜拜危情活动，没有发生大规模的严重事件，这得益于建立了这种联手监管机制。

5. 强化省防范办与专业机构共同调研的联系方法

社会预警防范工作需要建立在有效的社会调研基础上，通过社会调研收集相关数据信息，对一些情况进行定期的预警分析，这对于把握整体形势具有重要作用。这一工作可以由官方的调研机构担任，也可以委托给专业权威机构进行操作。通过一定的指标分析，反映当前的膜拜活动趋向，为制定相关政策提供必要的科学依据。国外一些发达国家都相继建立了专业调研机构，比如美国的综合性社会调研机构——密歇根大学社会研究所，下辖四个分支：调查研究中心、团体动力研究中心、政治研究中心以及人口研究中心。每年有 50 个左右的研究项目，涵盖消费者态度、价值观趋向、选举动向、家庭收入、犯罪调查以及膜拜团体活动趋向等多个方面内容。这些调查有的是长期追踪项目，间隔期以季度、一年、两年、五年不等。① 英国也有“全国社会研究中心”，承担政府和民间组织委托的调研项目，其调研报告为政府制定公共政策和解决问题提供了很大帮助，也能有效预测社会潜在的风险因素。因此，建立专业的膜拜问题研究机构，每年进行一次相关问题的调研，比如膜拜现象流行的区域特征、成员的心理活动特征、预警控制的公共政策、成员回归社会的教育方法、公众健康生活发展的条件、教育转化效能技术等，为防范和治理工作提供科学理论依据和应用技术指导。同时，将收集的最新信息向社会公布，以便于赢得民众对这一领域工作的理解与支持。

（三）强化区县应急防控的协作处理机制

区县应急防范协作处理工作主要是由区县相关部门担负，这是“四联体”模式中直接防控工作的重点，膜拜活动多发生于区县层面，因此区县级政府依据相关的防范应急预案，以应对突发性膜拜事件，防范社会风险行为的发生。

1. 强化膜拜危机情报预警机制

情报预警系统是由澳大利亚联邦警察局首先提出，包括情报分析、决策者和社会局势三个部分，三个部分之间具有连接作用。该预警系统十分强调情报的功能。警务情报学者杰瑞·莱特克里菲夫（Jerry Ratcliffe）认为：“此系统中的情报分析环节是积极解读社会局势，并影响决策者对社会局势的驾驭。”② 这清晰地展现了以情报分析为核心的预警作用，在掌握信息的基础上作出正确预测，反馈给相关部门进行情报解读，最后做出合乎逻辑的决策指导工作，并能够驾驭整体形势向好的方向发展。由于膜拜活动的隐蔽性，情报搜集有一定的困难，重要的是动态监控膜拜团体及其骨干成员的活动意向、活动范围以及将准备进行的活动内容等，减少危机发生的突然性和意外性，争取防患于未然。

---

① 王二平、张本波、陈毅文、史伟：《社会预警系统与心理学》，《心理科学进展》2003 年第 4 期。

② 陈亮：《国外社会安全预警防范理论研究进展》，《情报杂志》2011 年第 8 期。

2. 强化膜拜危机处理工作机制

膜拜危机处理工作是在一些事件发生后，由当地相关部门负责人牵头担纲，协调各方面资源，并抽调民政、卫生、心理、教育等部门人员参加，在第一时间赶赴现场，组织实施危机事件干预。危机处理要在短时间内达到良好协调、高效运作以减少损害，避免拖延、滞后和错失处理时机，避免事态的扩大。2008 年发生在贵州省瓮安县的“6・28”事件的教训值得吸取，这虽然不是由膜拜问题所引发的事件，看似偶然，实属必然，其原因之一是有关部门没有制定预警管理方案，酿成了负性事件的扩大化。膜拜危机处理工作中要保证时间第一、速度第一、效果第一，即在短时间内，避免膜拜极端行为伤害社会或他人。

3. 强化网络监管系统的防控机制

现代社会，网络迅速普及于全世界，向人们提供各种信息、文化和思想等。网络信息并不等同于我们直接感知到的现实世界，有些信息是经过某些人依据一定的信念、态度和价值观而进行的传播，有不同的观点并影响着人们的思想。一些膜拜团体利用网络成本低、传播面积广、传播速度快、隐蔽性强的特点，在国外建立了宣传网站，将一些文章和视频信息源源不断地从境外传至境内。因此，要把膜拜信息拦截在国门之外，就必须采取有效的防控措施。

主要工作有以下几点。

（1）阻拦膜拜信息传入

①聘请电脑技术专家，采用专业技术对网站进行监控和拦截；②增筑防火墙技术，强化对网上情况的监控；③建立网络匿名举报通道，鼓励民众对膜拜团体的非法集会及其活动进行举报；④建立专家审稿制度，对网站文章和影音资料内容把关。

（2）扩大宣传和教育

在中国经济快速发展的背景下，要积极动员公众参与社会文化建设，形成力量才能推动工作取得更好的效果。我国有一些专业网站，已经使很多群众接触到基本的防范知识，也弘扬了社会生活的正能量，并形成了较大的影响力。为了提高网站点击率，可以采用如下一些方法：①增强网站与网友间的互动，经常举办一些主题活动，调动群众参与的积极性；②播放一些身体、心理健康的科普类知识，既有益于阅读者自身保健，更可以用科学道理摧毁谎言；③邀请前成员讲述自己的切身感受，揭露破坏性膜拜团体的内幕和本质，对民众起到警示作用；④保证网站内容的真实性、知识性、趣味性、可读性和可视性；⑤丰富网站内容，应该涉及政治、经济、历史、文学、心理学、法学等领域的内容，使之成为一个文化学习阵地。

（四）强化社区预警防控的康复保障机制

“社区是以一定地理区域为基础的社会群体。”[①] 随着我国城镇建设和经济的发展，兴起了许多新型的集镇社区和城市社区，不管何种社区形式都包括有社会组织最基本的内容，可以说它是宏观社会的缩影。近年来，由于社会生活的发展与变化，从政府和企、事业分流出来的一部分社会职能，需要社区来承担。比如，劳教所这种体制已经废除了，一部分工作转移到社区进行解决，如何使社区治理工作中在文化、教育和生活方式上顺应社会发展的需要，如何就各种不同情况进行差异分类管理，这是新形势下提出的新问题。

此处提供建议如下。

1. 强化社区协作防控机制

这是“四联体”式防控工作的基础性环节，是抵御膜拜入侵的“防火墙”。其必要性可以从三个方面来看：一是从社会责任看，社区居住人员多，成分具有多元性，防控工作的最大资源是人民群众的广泛参与，最强的防线是基层基础的牢固。因此，充分利用辖区单位、学校、居民等群防群控力量，把问题防范在“萌芽”状态之中。二是从信息传播形式看，在社区居住的人员相互联系较为密切，膜拜团体组织者的活动也往往集中在社区，他们走街串巷、登门宣教、挨家挨户发放传单，鼓动人们参加活动，社区容易成为膜拜思想传播扩散的地方。三是从社区治理的目标来看，社区是促进人们融入社会，不受歧视、不被孤立、不与社会隔离，能有方便条件参加社会生活的场所。因此，充分利用以街道和居委会为核心

① 中国百科大辞典编委会编：《中国大百科全书·社会学卷》，中国大百科全书出版社 1993 年版，第 356 页。

的社区资源，促进社会生活的和谐，防止膜拜思想的侵入。

社区防控工作可以从以下几个方面展开。

（1）指定专人负责

社区防控工作应该落实目标管理责任，严防膜拜思想的传入，逐级落实人员并可以实行定点包干负责制，在社区指定专人负责防控膜拜活动的工作。每年定期培训社区的基层工作者，使之成为反膜拜工作的第一线力量。社区主要关注三类人员：第一类是稳定型成员，他们基本上处于思想稳定状态，对他们进行心理健康的维护，平时多进行交流与沟通；第二类是波动型成员，他们时好时坏，仍有一些小活动，对这些人继续进行心理健康教育；第三类是危害型成员，他们一有风吹草动就可能跳出来，对他们应该进行严格监控和教育帮助。

（2）进行职业训练

职业训练的目的是最大限度地促进成员的社会功能，尽可能地减少心理功能退化，或减少因无所事事而重归于膜拜团体，并为就业和工作安置创造条件。许多成员长期的一门心思“练功”，无心追求职业发展，有些成员会辞职或处于失业的边缘状态，这不利于他们回归社会重新生活。而职业发展也是成员转变的一个条件，因此可以在社区开展职业训练活动。首先，让成员参与到具有生产效果的活动中，给予一定的报酬，让他们获得主宰自己生活的信心；其次，职业训练还要解决他们生活的意义，让他们操作力所能及的不同职业角色，增强控制工作环境的能力，给予自己职业发展的意义；最后，让他们通过制造出来的产品来体现生命的愉快，有效地接触社会活动，从而改善“退化”的心理状态。通过职业训练改善成员的情绪体验、增加社会生活的接触机会，提高社会适应能力，促进自己与社会共同发展。

（3）丰富社区文化生活

随着中国经济生活的迅速发展，中国人也正处于由“生存性需求”走向“精神性需求”的进程中，尤其是对于中老年人来说，他们更需要丰富的精神生活。根据国家统计局数据报道，全国60岁以上人口约1.7亿，占总人口比重13.26%。① 按照国际惯例，60岁以上老年人占人口比例达

① 国家统计局：《2010年第六次全国人口普查主要数据公报（第1号）》，2011年4月。

10%以上，即为“老龄社会”的标准。膜拜成员中以退休的老年人为多，这是由于他们生理机能老化，身体各系统功能衰退、活力减退，抵抗病菌感染的能力降低，各种疾病尤其是慢性疾病增多，加之他们已退出社会主流活动，交往活动减少，经济收入降低等，很容易产生自卑感、失落感和孤独感。因此，社区多安排一些趣味性活动，为老年人搭建健身、娱乐和休闲场所，丰富日常生活，让他们感到有事可做，心情愉快并有所依附，也就不会去追随膜拜团体了。

这里要强调的是农村社区，各级党委和政府对农民的关怀主要集中在经济上和物质上，而对于农民群众的精神文化方面的关注则相对不够，甚至无暇顾及农村文化生活，使农村成为膜拜活动的“重灾区”。改善的方法：①实行城乡联动，城里各级剧团里集聚了许多艺术人才，深入农村演戏，活跃文化生活；②设立相关的农村文化专干，鼓励、支持和帮助农民开展形式多样的文化活动；③着力建设广播电视“村村通”“户户有”，使文化信息资源共享，使农民接受正面的信息；④不断完善农村公共文化设施建设，如农家书屋、数字化电影放映等为主要内容的农村文化惠民工程；⑤经常性地组织开展“送文化下乡”活动，组织文化专门人才到乡镇社区进行专业指导。动员各种资源有效利用，丰富农村社区的文化生活，使农民远离迷信的膜拜文化。

2. 强化成员身体保健服务机制

1976年，世界卫生组织提出一种新的、有效的、经济的保健途经，即社区保健，它顺应了全球的疾病患者的康复需求，在发展中国家得到了迅速发展。我国的卫生医疗问题是群众反映最为强烈的问题之一。“看病难”“看病贵”“看病累”，优质医疗资源供不应求的矛盾突出，这些矛盾必然会影响人们的情绪和对政府的抱怨。根据有关调查统计，有83%的成员最初练功是因为想祛病健身；53%的成员再次复发也是因为祛病健身；82%的成员心理健康存在不同程度的问题。① 许多人是因为身患疾病，经多方医治效果不佳，且不堪医疗费用负荷而加入膜拜团体的。在我国目前人口多、医疗资源不足的情况下，社区保健无疑是一种很好的方式。这主要是利用社区资源，因地制宜地开展社区和家庭服务，为成员提供身体保健服

① 北京市防范和处理邪教问题办公室主编：《防范邪教工作理论研讨会论文集》，2009年。

务，比如定期进行健康体检，指导合理搭配饮食，选择适合的运动项目，转介医院及时就诊等，切实改善他们的生存质量。对于成员而言，社区保健虽不能包治百病，但可以情暖人心，它更方便、快捷、价廉，有利于他们回归家庭和社会主流生活。人们常说一句话：“奔小康，要健康”，有了小康生活和身体健康，也就不会对膜拜活动感兴趣了。

3. 建立成员心理康复援助机制

由于极端信仰及其症状是由心理—社会—文化等因素所引起，因而采用心理康复具有重要的意义。一般而言，膜拜成员的文化程度较低，缺乏相关的心理健康知识，解决问题的能力不足，让他们自己康复往往是力不从心的。中国属于还不富裕的发展中国家，对于弱势群体的支持还很有限。社区对待一些成员应该提供心理康复援助，这不仅仅是单纯的思想教育，而要让成员感受到温暖和关怀，在社会信息化的生活中能够与时俱进。在成员的心理问题中最常见的是偏执心理、认知偏差、人格异常、情绪焦虑、冲动行为以及心理戒断样症状等。因此，有必要在社区建立心理康复辅导项目，以社区机构和保健人员为依托，运用心理学理论和心理操作技术援助成员。可以采用的方法是：①疏导性心理方法。成员的心理负担较重，心情不好，尽量让他们疏泄内心的想法、苦闷和痛苦以缓解情绪。②解释性心理方法。通过解释以澄清问题，使成员获得领悟，学习自己解决问题。成员容易出现情绪激动，帮助时要避免与其争论，对他们提出的合理要求尽量满足，不能办到的事情要耐心解释，不强迫、不许愿，也不敷衍。③认知心理方法。帮助成员建立正常的认知功能，帮助他们分析自己存在的负性认知方式，不偏信、不偏见、不迷信、不歪曲事实。④心理放松方法。教会成员处理情绪焦虑的放松方法，比如呼吸、肌肉和想象放松方法，使他们会调控自己的情绪，避免冲动行为。同时帮助成员建立正确的心理防御机制，在面对困难时会寻求新的出路。⑤心理支持方法。积极鼓励成员参加各种活动，提高他们的社会适应能力。

综上所述，需要指出的是，由于膜拜事件具有突发性和复杂性，在实际工作中可根据实施情况运行预警防控系统，许多流程可以同时或叠加进行，只要能够保证问题解决的速度与质量，有必要适当地进行随机应变。

（五）“四联体”社会预警防控运行模式评估

“四联体”式社会预警防控工作涉及领域广，政策性强，需要做到科学严谨、规范运作、定期检查和有序推进，工作既要有指导性，又要有约束力，还要有灵活性。因此，应该有定期工作督察、考核和评估工作制度，并将此项工作列入政绩考评内容之中。评估进行量化打分，每一项符合标准评10分，缺一项扣3分，做得不好扣2分，既保证预警防控机制的有效运作，又不限制工作的灵活性。

具体评估内容如下。

1. 管理组织机构评估

做到“七有”：有组织机构、有人员队伍、有管理制度、有工作计划、有膜拜成员档案、有工作场所、有评估表彰标准。

2. 开展工作质量评估

做到“五落实”：工作对象落实、工作任务落实、工作经费落实、工作场地落实、问题解决落实。

3. 基层防控工作评估

做到“四挂钩”：将成员的教育转化与基层单位的综合考评挂钩；与当地无膜拜事故挂钩；与创建省、市、县级模范单位挂钩；与社会安全挂钩。

4. 成员回归效果评估

做到“三有”：有基层随访人员、有定期随访制度、有成员随访记录。这项工作在成员回归社会后应该持续进行二年，每月一次。

总之，“四联体”社会预警防控模式及其工作内容，是各部门相互协作配合的过程，政府机构起到核心作用，与司法部门、民间机构、专业机构、社区管理实现联动，民间机构充分发挥自身的灵活性，专家团队提供教育理念和技术方法，志愿者和社区人员大力开展心理辅导工作，各组成部分积极发挥优势，相互配合与支持，全民式的社会预警防控工作机制就能有效地运行，才能有力保障社会安全与经济建设的快速发展。

归纳“四联体”式社会预警防控运行模式如图6－3所示。

主要参考书目

一　中文著作

陈青萍：《精神控制论——从临床心理学视角分析膜拜现象》，人民出版社2010年版。

陈青萍：《现代临床心理学》，中国社会科学出版社2012年版。

陈昌文主编：《宗教与社会心理》，四川人民出版社2003年版。

戴晨京：《中国宗教与中国社会和谐》，载《宗教与和谐社会》，新纪元国际出版社2007年版。

戴康生：《当代新兴宗教》，东方出版社1999年版。

樊富珉、张天舒：《自杀以及预防与干预研究》，清华大学出版社2009年版。

傅佩荣：《西方哲学与人生》，上海三联书店2008年版。

郭安：《当代世界邪教与反邪教》，人民出版社2003年版。

江开达主编：《精神病学》，人民出版社2005年版。

金宜久：《当代宗教与极端主义》，中国社会科学出版社2008年版。

李心天主编：《医学心理学》，北京医科大学、中国协和医科大学联合出版社1998年版。

梁丽萍：《中国人的宗教皈依历程：以山西佛教徒与基督教徒为对象的考察》，载《宗教社会科学》（第一辑），中国社会科学出版社2008年版。

林传鼎主编：《心理学词典》，江西科学技术出版社1987年版。

刘澎：《当代美国宗教》，社会科学文献出版社2012年版。

龙敬儒：《西方国家治理邪教的对策》，载《正与邪的较量》，科学出版社2005年版。

罗大华、马皑主编:《犯罪心理学》，中国人民大学出版社 2012 年版。

罗伟虹:《世界邪教与反邪教研究》，宗教文化出版社 2002 年版。

吕大吉:《宗教学通论新编》，中国社会科学出版社 1998 年版。

梅锦荣编著:《神经心理学》，中国人民大学出版社 2011 年版。

欧阳肃通:《转型视野下的中国农村宗教——兼以乡村基督教为个案考察》，中国社会科学出版社 2009 年版。

彭聃龄主编:《普通心理学》，北京师范大学出版社 2008 年版。

彭时代:《宗教信仰与民族信仰的政治价值研究》，民族出版社 2007 年版。

钱凤元主编:《世界邪教全景透视》，经济日报出版社 2000 年版。

《中国大百科全书·社会学卷》:《我们的全球伙伴关系》，牛津大学出版社 1995 年版。

任继愈:《任继愈宗教论文集》，中国社会科学出版社 2010 年版。

沙连香主编:《社会心理学》，中国人民大学出版社 2007 年版。

陕西省防范和处理邪教问题办公室编印《走出深渊》2002 年版。

孙时进:《社会心理学导论》，复旦大学出版社 2011 年版。

汪向东、王希林、马弘:《心理卫生评定量表手册》（增订版），中国心理卫生杂志社 1999 年版。

王明旭、李小龙编著:《大学生自杀与干预》，人民卫生出版社 2011 年版。

王晓慧、孙家华主编:《现代精神医学》，人民军医出版社 2002 年版。

向德平主编:《社会问题》，中国人民大学出版社 2011 年版。

许利平:《亚洲极端势力》，社会科学文献出版社 2007 年版。

杨士隆:《犯罪心理学》，教育科学出版社 2002 年版。

俞国良:《社会心理学》，北京师范大学出版社 2007 年版。

俞可平主编:《治理与善治》，社会科学文献出版社 2000 年版。

詹姆斯·罗斯诺:《没有政府角色的治理》，剑桥大学出版社 1995 年版。

中国反邪教协会、美国家庭基金会编:《关爱生命·远离邪教》文集，2004 年 3 月。

中国心理卫生协会编写:《心理咨询师》（基础知识），民族出版社 2005 年版。

中华人民共和国司法部编:《依法取缔邪教组织、防范和惩治邪教活动》，法律出版社 1999 年版。

朱熹:《四书章句集注》，中华书局 2012 年版。

中国百科大辞典编委会编:《中国大百科全书·社会学卷》，中国大百科全书出版社 1993 年版。

[奥] 西格蒙德·弗洛伊德:《弗洛伊德后期著作选》，林尘、张唤民等译，上海译文出版社 2005 年版。

[法] 古斯塔夫·勒庞:《乌合之众：大众心理研究》，艾之凡译，中山大学出版社 2013 年版。

[美] 丹尼斯·库恩:《心理学导论——思想与行为的认识之路》，邓刚等译，中国轻工业出版社 2004 年版。

[美] 詹姆斯、吉利兰:《危机干预策略》，高申春等译，高等教育出版社 2009 年版。

[美] 科米尔、葆拉:《心理咨询师的问诊策略》，张建新等译，中国轻工业出版社 2009 年版。

[美] 埃里希·弗罗姆:《生命之爱》，王大鹏译国际文化出版公司 2003 年版。

[美] 彼得·贝格尔:《神圣的帷幕——宗教社会学理论之要素》，高师宁译，上海人民出版社 1991 年版。

[美] 理查德·格里格、菲利普·津巴多:《心理学与生活》，王垒、王甦等译，人民邮电出版社 2004 年版。

[美] 玛格丽特·泰勒·辛格:《邪教在我们中间》，刘宇红、黄一九译，湖南人民出版社 2000 年版。

[美] 瑞克·艾伦·罗斯:《邪教：洗脑背后的真相》，关群译，（香港）和平图书有限公司 2015 年版。

[美] 斯蒂文·哈桑:《走出邪教》，杨善录、杨菲译，安徽文艺出版社 2001 年版。

[美] 托马斯·奥戴:《宗教社会学》，胡荣、乐爱国译，宁夏人民出版社 1989 年版。

[美] 托马斯·吉洛维奇等:《吉洛维奇社会心理学》，周晓虹等译，中国人民大学出版社 2009 年版。

[美] 威廉·詹姆斯:《宗教经验种种》，尚新建译，华夏出版社 2005 年版。

［美］威廉·詹姆斯：《宗教经验之种种》，唐钺译，商务印书馆 2007 年版。

［美］杨庆堃：《中国社会中的宗教——宗教的现代社会功能与其历史因素之研究》，范丽珠译，上海人民出版社 2007 年版。

［日］岛薗进：《奥姆真理教的轨迹》，株式会社岩波书店 1995 年版。

［日］西田公昭：《マインド・コントロールとは何か》（精神控制是什么?），日本名古屋大学演讲资料 2001 年 10 月。

［西班牙］佩佩·罗德里格斯：《痴迷膜拜》，石灵译，新华出版社 2001 年版。

［英］格尔德，梅奥、考恩：《牛津精神病学教科书》，刘协和、袁德基译，四川大学出版社 2004 年版。

［英］凯特·洛文塔尔：《宗教心理学简论》，罗跃军译，北京大学出版社 2002 年版。

［英］马尔科姆·吉夫斯、［美］沃伦·布朗：《神经科学、心理学与宗教》，刘昌、张小将译，教育科学出版社 2014 年版。

［英］麦克·阿盖尔：《宗教心理学导论》，陈彪译，中国人民大学出版社 2005 年版。

［英］麦克斯·缪勒：《宗教的起源与发展》，金泽译，上海人民出版社 1989 年版。

二 英文著作

Belkin, G. S., *Introduction to Counseling*, Dubuque, I. A.: William C. Brown. 1984.

Brammer, L. M., *The Helping Relationship: Process and Skills*. Upper Saddle River, NJ: Prentice Hall. 1985.

Caplan, G., *The Theory and Practice of Mental Health Consultation*. New York: Basic. 1970.

Conway, Flo, and Jim Siegelman, *Holy Terror*. Doubleday & Company, Inc., Garden City, New York, 1982, p. 150.

Dorn, F. J., *The Social Influence Process in Couseling and Psychotherapy*, Springfield, I. L. :Charles C Thornas. 1986.

Ellis, A. E. ,*Reason and Emotion in Psychotherapy*, New York:Lyle Stuart, 1962.

Evans, R. I. ,*Carl Rogers:The Man and His Ideas*, New York:Dutton, 1975.

Irving Hexham, Karla Poewe. *Understanding Cults and New Age Religions*. Vancouver:Regent College Publishing, 1998.

Rodney Stark, William Sims Bainbridge, *A Theory of Religion* (*new edition*). Piscataway, N. J. :Rutgers University Press, 1996.

Irving Hexam, Karla Poewe, *New Religions as Global Cultures:Making the Human Sacred*. Boulder: Westview Press, 1997.

Janosik, E. H. , Crisis Counseling: A Contemporany Approach, Monterey, C. A. : Wadsworth Health Sciences Division, 1984, Vol. 11.

Kristi Kanel, *A Guide to Crisis Intervention*. Pacific Grove, USA:Brooks/Cole Public, 2003.

Robert Jay Lifton, *Thought reform and the psychology of totalism*. University of North Carolina Press, 1989, Original Publisher:Norton and Co, 1961.

Rogers, C. R. ,*A Theory of Therapy, Personality and Interpersonal Relationships as Developed in the Client-centered Framework*. New York:Mc Graw-Hill, 1959.

Roy Wallis. *The Elementary Forms of the New Religious Life*, London:Routledge & Kegan Paul, 1984.

See Benjamin, Beit-Hallahmi and Michael Argyle, *The Psychology of Religious Behauiour, Belief and Experience*, London and N. Y. Routledge, 1997.

See David L. Sills Editor, *International Encyclopedia of the Social Sciences*, Vol. 15, Copyright 1968, by Crowell Collier and Macmillan. INC. 250.

Spielberger, C. D. , Gorsuch, R. L. and Lushene, R. E. ,*Manual for the State-trait Anxiety Inventory*, Palo Alto. Califomia:Consulting Psychologist Press, 1970.

Cowan D. E. , Bromley D. G. , *Cults and New Religions:A Brief History*, Oxford, Blackwell Publishing. 2008.

Dawson L. L. Cults and New Religious Movements (Who Joins new Religious Movements:Twenty Years of Research and what have we Learned), Blackwell Publishing, Oxford, 2007.

三　中文学术期刊、论文、报纸

"社会治安动态预警研究"课题组：《社会治安预警指标体系及其实现途径》，《中国人民公安大学学报》（社会科学版）2009 年第 3 期。

陈华：《邪教犯罪的心理学分析》，《四川警官高等专科学校学报》2003 年第 1 期。

陈亮：《国外社会安全预警防范理论研究进展》，《情报杂志》2011 年第 8 期。

陈青萍：《邪教痴迷者的人格学研究》，《宗教学研究》2004 年第 1 期。

陈霞：《当代社会的新兴宗教运动》，《四川大学学报》（社会科学版）1995 年第 1 期。

杜继文：《中国的人本主义传统和无神论精神》，《科学与无神论》2008 年第 1 期。

顾钧、杨国栋：《中脑边缘多巴胺神经系统与成瘾的研究进展》，《中国药物滥用防治杂志》2004 年第 2 期。

关小舒：《"一念成魔"：邪教背后的心理学解析》，《科学家》2014 年第 7 期。

侯云英、范秀珍：《动机访谈：促进健康相关行为改变的新方法》，《中国实用护理杂志》2010 年第 5 期。

胡田野：《借鉴与完善：遏制宗教极端主义的立法研究》，《政法学刊》2013 年第 5 期。

胡宗音：《世界主要膜拜团体简介》，《国际资料信息》2001 年第 5 期。

金宜久：《不能将宗教与宗教极端主义混为一谈》，《中国宗教》2002 年第 4 期。

康晓光：《"法轮功"问题的政治效应》，《中国社会导刊》2000 年第 1 期。

李传忠：《邪教的偏离行为与社会控制》，《济南大学学报》2001 年第 6 期。

李钧鹏：《新兴宗教运动十题：社会学研究的回顾》，《世界宗教文化》2011 年第 6 期。

李宁、董业平、曾祥焱：《一种活动式稳定情绪的好方法：24 式太极拳练习》，《武汉体育学院学报》2007 年第 5 期。

刘希：《论宗教对我国少数民族地区犯罪的社会控制》，《四川警察学院学报》2008 年第 1 期。

罗欣：《论犯罪问题的宗教因素》，《江苏公安专科学校学报》1999 年第 5 期。

罗子超、温煜赞、杨咏瑶、区敏琪、黄剑虹、白琪文：《动机访谈式疗法的戒烟治疗效果之研究》，第六届两岸四地烟害防制交流研讨会论文，南京，2012 年 11 月。

骆宏之、许百化：《动机访谈式疗法：一种以咨客为中心的行为改变咨询技术》，《应用心理学》2005 年第 2 期。

马品彦：《宗教极端主义的本质与危害》，《新疆社会科学》2008 年第 6 期。

时春荣：《美国的基督教与社会稳定》，《国外社会科学》2008 年第 3 期。

童修伦、金俊、肖文清：《法轮功修炼者人格特征和心理健康初步研究》，《中国健康心理学杂志》2000 年第 5 期。

王登峰：《自我和谐量表的编制》，《中国临床心理学杂志》1994 年第 2 期。

王二平、张本波、陈毅文、史伟：《社会预警系统与心理学》，《心理科学进展》2003 年第 4 期。

王江蓉、张拓红：《中国成年居民社会资本相关因素与健康自评的关系》，《北京大学学报》（医学版）2012 年第 3 期。

王奇昌：《南阳市镇平县北庄基督教调查》，《科学与无神论》2008 年第 1 期。

王小玲、朱霞、张月平、杨业兵：《军校大学生特质焦虑对决策行为的影响》，《中华行为医学与脑科学》2011 年第 1 期。

王艳辉、张卫、李董平等：《青少年的气质与烟酒使用：交互效应检验》，《心理发展与教育》2012 年第 3 期。

王永智：《论宗教信仰与人的需要》，《齐鲁学刊》2011 年第 6 期。

吴云贵：《伊斯兰原教旨主义、宗教极端主义与国际恐怖主义辨析》，《国外社会科学》2002 年第 1 期。

徐珊珊：《青年男服刑人员的人格特征和人际信任》，《科技文汇》2008 年第 10 期。

许军等：《自测健康评定量表的研制与考评》，《中国行为医学科学》2000 年第 1 期。

许少英、刘婧、冼志莲、黄艾：《动机访谈对居家痴呆照顾者情绪、应对方式及自我效能的影响》，《中华护理教育》2010 年第 12 期。

阎耀军：《论社会预警的概念及概念体系》，《理论与现代化》2002 年第 5 期。

阴国恩、戴斌荣：《运用心理学理论分析与转化膜拜信仰者》，《天津师范大学学报》（社会科学版）2003 年第 5 期。

元青、刘善红：《我国历史上邪教产生和发展的背景分析》，《中国反邪教通讯》2014 年第 5 期。

张海钟、姜永志：《自我和谐与人际信任的区域跨文化心理学研究》，《宁波大学学报》2009 年第 6 期。

赵鹏霞：《男性服刑人员的人格特征和人际信任关系探析》，《牡丹江大学学报》2010 年第 6 期。

周晓林：《执行控制：一个具有广阔理论前途和应用前景的研究领域》，《心理科学进展》2004 年第 5 期。

宗舜：《“极端”思想从来不是正信宗教的合理内核》，《中国宗教》2004 年第 2 期。

中华人民共和国国家统计局：《2010 年第六次全国人口普查主要数据公报》（第 1 号），《北京周报》2011 年第 22 期。

林欢欢：《藏传佛教与犯罪控制研究》，硕士学位论文，中国政法大学，2009 年。

刘涛：《论当代邪教的根源与防治》，硕士学位论文，西北大学，2010 年。

刘溪：《特质焦虑、应急和应对同心理健康关系的研究》，硕士学位论文，天津师范大学，2008 年。

杨成莲：《动机性会谈对亚临床强迫倾向的干预研究》，硕士学位论文，首都师范大学，2009 年。

祝理谙：《治理理论视角下我国社团组织发展问题研究》，硕士学位论文，湖南大学，2011 年。

［德］Secarts：《法轮功：第五支反华队伍》，《反邪教论坛》2014 年第 1 期。

[美] 爱德华·J. 拉尔森、拉里·威泽姆：《一份科学家信教调查卷的思考》，风雷译，《世界宗教文化》1998 年第 1 期。

[美] 菲利普·G. 津巴多：《解读今天的“膜拜”——其背后的隐藏与折射》，耿耿译，《科学与无神论》2011 年第 4 期。

[美] 格雷戈里·S. 布莱米林：《大学生加入膜拜团体的原因以及校园如何应对膜拜问题》，耿耿译，《科学与无神论》2012 年第 4 期。

[日] 铃木擀夫：《强迫观念》，《日本临床精神医学》1999 年第 28 号。

[英] R. A. W. 罗茨：《新治理：没有政府的治理》，杨雪冬译，《政治学研究》1996 年第 5 期。

美国家庭基金会赫伯特·罗斯代尔、迈克尔·兰戈尼“如何使用膜拜术语(On Using the Term Cult)”，网址 www. icsahome. com/infoserv_ respond.

谢腾、林立茂：《25 名邪教成员自恋人格特征调查分析》，来自凯风网，网址 http：//www. kaiwind. com/anticult/llyt/201205/03/t20120503_ 853705. shtml，2012 年 5 月 3 日。

《山东招远 5·28 故意杀人案调查》，《华商报》2014 年 6 月 2 日第 A2 版。

嵇石：《起底邪教“血水圣灵”》，《南方都市报》2015 年 9 月 7 日第 A4—5 版。

四 英文学术期刊、论文、报纸

David G. Bromley, Bruce C. Busching, “Understanding the Structure of Contractual and Covenantal Social Relations: Implications for the Sociology of Religion,” *Sociological Analysis*. 1988.

Eysenck M. , Mogg K. , May J. , Richards A. and Mathews A. , “Bias in Interpretation of Ambiguous Sentences Related to Threat in Anxiety,” *Journal of Abnormal Psychology*, 1991, Vol. 100.

Gasde. I. , Block, R. A. , “Gult Experience: Psychological Abuse, Distress, Personality Characteristics, and Changes in Personal Relationships Reported by Former Members of Church Universal and Trivonphant,” *Cultic Studies Journal*. 15.

Gleason K. A. , Jensen-Campbell L. A. , and Richardson, D. , “Agreeableness and Aggression in Adolescence,” *Aggressive Behavior*, 2004, Vol. 30.

Harland J. , White M. , Drinkwater C. , Chinn D. , Farr L. and Howel D. , "The new Castle Exercise Project: a Randomised Controlled Trial of Methods to Promote Physical Activity in Primary Care," *British Medical Journal*, 1999, Vol. 319.

Harold E. S. , Joan Kub, "The Art of Motivating Behavior Change: the Use of Motivational Interviewing to Promote Health," *Public Health Nursing*, 2001, Vol. 3.

Hirsch, C. R. , Clark, D. M. , "Information-processing Bias in Social Phobia," *Clinical Psychology Review. Special Issue: Social Phobia and Social Anxiety*, 2004, Vol. 24, No. 6.

Kurt D. Michael, Lisa Curtin, Dale E. Kirkley and Dan L. Jones, "Group-based Motivational Interviewing for Alcohol Use among College Students: an Exploratory Study," *Professional Psychology: Research and Practice*, 2006, Vol. 37, No. 6.

Marcia L. Rich. "Integrating shamanic methodology into the spirituality of addictions recovery work," *Internet Journal Mental Health Addiction*, 2012, Vol. 10.

Mark I. Sirkin, "Clut Involvement: A Systems Approach to Assessment and treatment," *Psychotherapy*, 1990, Vol. 1.

Massimo Introvigne, "The future of new religions," *Futures*, 2004, Vol. 32.

Miyake A. , Friedman N. P. , Emerson M. J. , et al. , "The Unity and Diversity of Executive Function and their Contribution to Complex 'Frontal lobe' Tasks: a Latent Variable Analysis," *Cognitive Psychology*, 2000, Vol. 41, No. 1.

Olatunji B. O. , Cole D. A. , "The Longitudinal Structure of General and Specific Anxiety Dimensions in Children: Testing a Latent Trait-state-occasion Model," *Psychological Assessment*, 2009, Vol. 21.

P. Stephen, C. Melisa, "Attributions for Success and Failure in Algebra of Samoan Community College Student: A Prifile Analysis," *Journal of Instructional Psychology*, 1986, Vol. 13, No. 1.

Patricia Anne Vanderheyden, "Religious Addiction: the Subtle Destruction of the Soul," *Pastoral Psychology*, 1999, Vol. 47, No. 2.

Prochaska J. O, lemente C. C. and Norcross J. C. , "In Search of how People Change: Applications to Addictive Behaviors," *Am Psychology*, 1992, Vol. 47.

Project MATCH Research Group, "Project MACTH: Rationale and Methods for a Multisite Clinical Trial Matching Patients to Alcoholism Treatment," *Alcohol*,

2003, Vol. 17, No. 6.

Rogers C. R. ,"A Process Conception of Psychotherapy," *American Psychologist*, 1958, Vol. 13.

Rollnick S. R. ,Heather N. and Bell A. ,"Negotiating Behavior Change in Medical Setting: the Development of Brief Motivational Interviewing," *Journal Mental Health*, 1992, Vol. 1.

Rotter, J. B. ,"Generalized Expectancies for Interpersonal Trust," *American Psychologist.* 1971, Vol. 26, No. 6.

See Lewis R. Rambo, "Current Research on Religious Conversion," *Religious Studies Review*, 1982, Vol. 8, No. 2.

Shin D. C. ,Johnson D. M. ,"A Vowed Happiness as an Overall Assessment of the Quality of Life," *Social Indicators Research*, 1978, , Vol. 5, No. 4.

Simpson, J. A. ,"Psychological Foundations of Trust," *Current Directions in Psychological Science*, 2007, Vol.

Smith D. ,Heckemeyer C. ,Kratt P. ,et al. ,"Motivational Interviewing to Improve Adherence to a Behavioral Weight_control Program for Older Obese Women with NIDDM," *Diabetes Care*, 2007, Vol. 20, No. 1.

Smith E. E. , Jonides J. , "Storage and Executive Processing in the Frontal Lobes," *Science*, 1999, Vol. 283.

Stotts A. L. ,Diclenstein C. C. ,"A Motivational Intervention for Resistant Pregnant Smokers," *Addict Behavior*, 2002, Vol. 27.

Swanson A. J. ,Pantalon M. V. ,"Motivational Interviewing and Treatment Adherence among psychiatrically and dually Diagnosed Patients," *J Nerv Ment Dis*, 2009, Vol. 187.

Weeks J. W. , Heimberg R. G. , Fresco D. M. , Hart T. A. , Turk C. L. and Schneier, F. R. ,et al. ,"Empirical Validation and Psychometric Evaluation of the Brief Fear of Negative Evaluation Scale in Patients with Social Anxiety Disorder," *Psychological Assessment*, 2005, Vol. 17.

Wilcox V. L. ,Kasl S. V. and Ldler E. L. ,"Self-rated Health and Physical Disability in Elderly Surviors of a Major Medical Event," *Journal of Gerontology: Social Science*, 1996, Vol. 51, No. 1.

Yvonne Walsh, Robin J. H. Russell, "The Personality of Ex-cult Members," *Personality and Individual Differences*, 1995, Vol. 19, No. 3.

Conlan, L., "Brainwashed, the Seductive Appeal of Mindless Neuroscience," *British Journal of psychiatry*, 2014, Vol. 205, No. 5.

Matthews C. H., Salazar C, F., "Second-generation Adult Former Cult Group Members' Recovery Experiences: Implications for Counseling," *International Journal for the Advancement of Counselling*, 2014, Vol. 36, No. 2.

Coates D. D., "Life inside a Deviant Religious group: Conformity and Commitment as Ensured through 'Brainwashing' or as the Result of Normal Processes of Socialization," *International Journal of Law, Crime and Justice*, 2015, Vol. 7.

Goldberg L., "Influence of a Charismatic Antisocial Cult Leader: Psychotherapy with an Ex-cultist Prosecuted for Criminal Behavior," *International Journal of Cultic Studies*, 2012, Vol. 3, No. 1.

Jenkinson, Gillie, "An Investigation into Cult Pseudo-personality: What is it and how does it Form," *Cultic Studies Review*, 2008, Vol. 7, No. 3.

Kent, Stephen A., "Contemporary Uses of the Brainwashing Concept: 2000 to mid-2007," *Cultic Studies Review*, 2007, Vol. 7, No. 2.

Almendros C., Nishida K, ά. Rodríguez-Carballeira and Carrobles J. A., Ordo · ez B., "Psychological Abuse in Manipulative Groups: Research in Japan and Spain," *Paper Presented at the Annual International Conference of International Cultic Studies Association (ICSA)*, Brussels, Belgium, 2007.

Latta S. L., "Adult Children of Cults: the Experiences of Individuals Born and Raised in a cult as they Transition into Mainstream Society," Degree Master Thesis, California State University, 2011.

后　记

破坏性膜拜问题的研究在我国起步较晚，但该领域已逐渐成为学者关注的热点问题，许多学者从宗教学、社会学、法律学角度对这一困扰社会的问题展开了研究。本书是从心理学视角进行破坏性膜拜团体危害社会的预警思考，目的是体现心理学为社会安全服务之宗旨。这是一个新的研究领域、一个新的研究视角，也是一个正在实践和不断完善认识的过程，有些内容还所知不深。开展这类研究具有一定的探索性，有值得商榷的地方，但是任何领域无论风险如何都值得研究，这里引用林语堂先生的一句名言自励："麻烦总是有的，不要只是想着回避，应该设法去了解。"同时，也忐忑于水平所限，未能深入浅出地分析和透彻解释一些问题，书中会有许多疏漏与不足，真诚地欢迎各位学者及读者不吝赐教，也期待各位研究者日后的研究成果。

本书写作过程中得到许多人的帮助与支持。首先感谢我的研究生梁颖和谈小佩，她们参加了该项课题研究，辛苦地奔波于各地，对各种不同类型的膜拜成员进行了调研、取样、访谈和实验，在真实资料基础上建立了基本数据信息，并对数据进行了综合性和多态性研究，为本书奠定了翔实客观的基础，也为本书贡献了"动机访谈干预实验"和"认知执行功能实验"的具体内容。感谢我的2015届临床心理咨询与治疗方向的五位研究生所给予的积极帮助，感谢西安市市委李良老师、陕西省司法部门施小娟老师在调查、实验和访谈过程中给予的大力帮助，感谢陕西师范大学宗教研究中心吕建福教授给予的支持，感谢各位领导和同事的鼓励，感谢中国社会科学出版社凌金良先生给予的大力帮助。我还要感谢在调查和实验过程中给予我们充分信任，向我们吐露心声的各位前成员，他们绝大多数都是单纯之人。由于近年来国际学术界通用“Destructive Cult Group”，即“破坏性膜拜团体”以凸显邪教的犯罪性质，故本书使用“破坏性膜拜团体”之称谓。本书使用“膜拜成员”之称，以避免带有过度负面评判称呼的“邪教成员”，便于接受心理辅导以及促进社会回归工作。

本书中约有 2000 字参考了陈青萍《精神控制论——从临床心理学视角分析膜拜现象》之书，还参考了一些其他资料，可能会有遗漏未能在书中一一注明，在此以极为虔诚之心向诸位作者一并谨致谢意。

陈青萍于陕西师范大学

2016. 02. 10